Die neuen Verjährungsfristen

Frank-Michael Goebel

Richter am Landgericht Koblenz

Bibliographische Information Der Deutschen Bibliothek

Die Deutsche Bibliothek verzeichnet diese Publikation in der Deutschen Nationalbibliographie; detaillierte bibliographische Daten sind im Internet über http://dnb.ddb.de abrufbar.

ISBN 3-448-06581-1   Bestell-Nr. 07128-0001

Lektorat: Rechtsanwältin Birte Treder

© 2005 Rudolf Haufe Verlag GmbH & Co. KG, Freiburg • Berlin • München

Hindenburgstr. 64, 79102 Freiburg, Postfach 100121, 79120 Freiburg

http://www.haufe-recht.de, E-Mail: online@haufe-berlin.de

Die Angaben entsprechen dem Wissensstand bei Redaktionsschluss am 30. November 2004. Da Hinweise und Fakten dem Wandel der Rechtsprechung und der Gesetzgebung unterliegen, kann für die gemachten Angaben keine Haftung übernommen werden. Die Informationen sind nur für den persönlichen Gebrauch des Lesers bestimmt. Dieses Werk sowie alle darin enthaltenen einzelnen Beiträge und Abbildungen sind urheberrechtlich geschützt. Jede Verwertung, die nicht ausdrücklich vom Urheberrechtsgesetz zugelassen ist, bedarf der vorherigen Zustimmung des Verlags. Das gilt insbesondere für Vervielfältigungen, Bearbeitungen, Übersetzungen, Mikroverfilmungen und die Einspeicherung und Verarbeitung in elektronischen Systemen.

Zur Herstellung der Bücher wird nur alterungsbeständiges Papier verwendet.

Druck: Bosch-Druck, 84004 Landshut

Inhaltsverzeichnis

Vorwort 7

Abkürzungsverzeichnis 9

I Die Reform des Verjährungsrechtes 2002 und 2005 13
1   Die Schuldrechtsreform 2002 als Ausgangspunkt 13
2   Der zweite Schritt der Strukturreform 2005 14
3   Weitere gesetzgeberische Schritte 16

II Das Gesetz zur Anpassung der Verjährungsvorschriften 19
1   Überblick über die Anpassungsregelungen 19
   1.1 Allgemeines 19
   1.2 Besonderheiten im Handels- und Gesellschaftsrecht 21
2   Die Neuregelungen im Einzelnen 24
   2.1 Änderungen des BGB – Korrektur der Schuldrechtsmodernisierung 24
      2.1.1 Neue Verjährungsfrist für die Kosten der Zwangsvollstreckung 24
      2.1.2 Neue Regelung für die Wiedereinsetzung bei Inventarfrist 27
   2.2 Änderungen gesellschaftsrechtlicher Verjährungsvorschriften 27
      2.2.1 Anpassung der Verjährungsvorschriften des HGB 28
          2.2.1.1 Verjährung der Ansprüche aus Wettbewerbsverstößen des Handlungsgehilfen 28
          2.2.1.2 Verkürzung der Verjährung aus dem Handelsvertretervertrag 28
          2.2.1.3 Verjährung der Ansprüche aus dem Wettbewerbsverstoß des Gesellschafters der OHG 29
          2.2.1.4 Veränderte Verjährungsvorschriften im Seehandelsrecht 30
      2.2.2 Neue Verjährungsfrist für Auseinandersetzungsansprüche bei der Verschmelzung von Genossenschaften 32
      2.2.3 Änderung der Verjährungsfristen im AktG 34
          2.2.3.1 Regelverjährung für Ansprüche gegen die Gründungsprüfer 34
          2.2.3.2 Änderung der Verjährung der Hauptverpflichtung der Aktionäre 35
          2.2.3.3 Neue Verjährungsfrist für den Rückgewähranspruch nach § 62 AktG 40
          2.2.3.4 Verjährungsfrist für Ansprüche aus Wettbewerbsverstoß von Vorstandsmitgliedern 41
          2.2.3.5 Verjährungsfrist für Ansprüche aus Wettbewerbsverstoß des persönlich haftenden Gesellschafters der KG a.A. 42
          2.2.3.6 Verjährungsregelung für die Verlustübernahmepflicht nach § 302 AktG 42
          2.2.3.7 Nachhaftungsansprüche nach § 327 Abs. 4 AktG bei der Eingliederung 44

2.2.4 Neue Verjährungsfristen im GmbHG..45
    2.2.4.1 Verlängerte Verjährungsfrist für den Differenzanspruch bei der Sacheinlage..45
    2.2.4.2 Schaffung einer zentralen Verjährungsvorschrift für den Einlageanspruch...47
    2.2.4.3 Neuregelung der Verjährungsvorschrift des § 31 Abs. 5 GmbHG...49

2.2.5 Anpassung des Gesetzes betreffend die Erwerbs- und Wirtschaftsgenossenschaften..51
    2.2.5.1 Sonderverjährungsfrist für den Anspruch auf Zahlung des Geschäftsanteiles..51
    2.2.5.2 Verjährungsfrist für Genossenschaftsprüfer.......................53
    2.2.5.3 Verjährung des Auseinandersetzungsanspruches des ausgeschiedenen Genossen..53
    2.2.5.4 Verjährung der Auseinandersetzungsansprüche nach Insolvenzkündigung..54

2.3 Änderungen berufsrechtlicher Verjährungsvorschriften...55
  2.3.1 Änderungen der Bundesrechtsanwaltsordnung..55
  2.3.2 Anpassung der Patentanwaltsordnung...57
  2.3.3 Anpassung des Steuerberatergesetzes..58

2.4 Änderungen der Verjährungsvorschriften der InsO..58
  2.4.1 Überblick..58
  2.4.2 Aufhebung von § 26 Abs. 3 Satz 3 InsO...59
  2.4.3 Verjährung der Haftungsansprüche gegen den Insolvenzverwalter..........59
  2.4.4 Neufassung der Verjährungsregelung bei Anfechtungshandlungen.........60
  2.4.5 Aufhebung der Bestimmung in § 147 Abs. 2 InsO über den Verjährungsbeginn..61

2.5 Änderungen energiewirtschaftlicher Verjährungsvorschriften...................................62
  2.5.1 Regelverjährung für Ansprüche nach der Verordnung über Allgemeine Bedingungen für die Elektrizitätsversorgung von Tarifkunden................62
  2.5.2 Regelverjährung für Ansprüche nach der Verordnung über Allgemeine Bedingungen für die Gasversorgung von Tarifkunden.............................64
  2.5.3 Regelverjährung für Ansprüche nach der Verordnung über Allgemeine Bedingungen für die Versorgung mit Wasser...65
  2.5.4 Änderung der Verordnung über Allgemeine Bedingungen für die Versorgung mit Fernwärme..67

2.6 Änderungen sonstiger zivilrechtlicher Nebengesetze...69
  2.6.1 Streichung der Verjährungsregelung im Arzneimittelgesetz....................69
  2.6.2 Korrektur der Rechtsprechung zur Verjährungsfrist nach dem Bundes-Bodenschutzgesetz..70
  2.6.3 Regelverjährung für den Rückforderungsanspruch gegen Wohnungsvermittler...71
  2.6.4 Regelverjährung für Ansprüche nach dem Lebensmittelspezialitätengesetz.....73
  2.6.5 Regelverjährung für Ansprüche nach dem Rindfleischetikettierungsgesetz......74

	2.6.6	Änderung der Telekommunikations-Kundenschutzverordnung 75
	2.6.7	Längere Verjährung für Ansprüche aus Beförderungsverträgen für den Straßenbahn- und Obusverkehr sowie für den Linienverkehr mit Kraftfahrzeugen 76
	2.6.8	Keine Änderung des Grundbuchbereinigungsgesetzes 77

3 Das In-Kraft-Treten und die Übergangsregelungen 78
   3.1 Das In-Kraft-Treten des Gesetzes zur Anpassung der Verjährungsvorschriften 78
   3.2 Die Übergangsregelung nach dem Gesetz zur Anpassung der Verjährungsvorschriften 79
   3.3 Die besondere Übergangsregelung für § 327 Abs. 4 Aktiengesetz 81
   3.4 Das Übergangsrecht zum Gesetz über die Schuldrechtsmodernisierung 82

III Das Verjährungsrecht nach §§ 194–218 BGB 87

1 Der Gegenstand der Verjährung 87
2 Zweck und Folgen der Verjährung 89
   2.1 Überblick zu den Folgen der Verjährung 89
   2.2 Die Rechtsfolgen der Verjährung im Einzelnen 90
3 Der Anwendungsbereich der §§ 194 ff. BGB 93
4 Die regelmäßige Verjährungsfrist 94
5 Die besonderen Verjährungsfristen der §§ 196–198 BGB 95
   5.1 Die Verjährungsfrist bei Rechten an einem Grundstück 95
   5.2 Die dreißigjährige Verjährungsfrist nach § 197 BGB 97
   5.3 Die Verjährung bei der Rechtsnachfolge nach § 198 BGB 102
6 Der Beginn der Verjährungsfristen 102
   6.1 Der Beginn der regelmäßigen Verjährungsfristen 102
      6.1.1 Der Verjährungsbeginn nach § 199 Abs. 1 BGB 103
      6.1.2 Die positive Kenntnis oder grob fahrlässige Unkenntnis 104
      6.1.3 Der auf das Jahresende hinausgeschobene Verjährungsbeginn 106
      6.1.4 Die Verjährungshöchstfristen 106
   6.2 Der Beginn der Verjährungsfrist von festgestellten Ansprüchen 109
   6.3 Der Beginn der übrigen Verjährungsfristen nach § 200 BGB 110
7 Die Vereinbarung über die Verjährung 111
8 Die Hemmung und Ablaufhemmung der Verjährung 112
   8.1 Allgemeines 112
   8.2 Die Hemmung der Verjährung bei Verhandlungen 113
   8.3 Die Hemmung der Verjährung durch Rechtsverfolgung 115
      8.3.1 Die Hemmungstatbestände 115
      8.3.2 Die Ablaufhemmung bei Rechtsverfolgungsmaßnahmen 119
   8.4 Die Hemmung der Verjährung durch andere Maßnahmen 120
      8.4.1 Die Hemmung der Verjährung bei einem Leistungsverweigerungsrecht . 120
      8.4.2 Die Hemmung der Verjährung wegen höherer Gewalt 120

	8.4.3	Die Hemmung der Verjährung aus familiären oder ähnlichen Gründen 121
	8.4.4	Die Hemmung der Verjährung bei Ansprüchen wegen der Verletzung der sexuellen Selbstbestimmung 122
	8.4.5	Die Ablaufhemmung bei nicht voll Geschäftsfähigen 123
	8.4.6	Die Ablaufhemmung in Nachlassfällen 124

8.5 Erstreckung der Hemmung der Verjährung auf parallele Ansprüche 124

9 Der Neubeginn der Verjährung 124

IV Anhang 127

1 Die allgemeinen Verjährungsregelungen des BGB 127
2 Übersichtsschema: Höchstfristen bei der Regelverjährung 130
3 Das Gesetz zur Anpassung von Verjährungsvorschriften 131
4 Synoptische Darstellung der Gesetzesänderungen durch das Gesetz zur Anpassung von Verjährungsvorschriften an das Gesetz zur Modernisierung des Schuldrechts 135
5 Synoptische Darstellung der Gesetzesänderungen des allgemeinen Verjährungsrechtes zum 1. Januar 2002 147
6 Aufsätze zum Verjährungsrecht 157

Stichwortverzeichnis 161

Vorwort

Mit dem Gesetz zur Anpassung von Verjährungsvorschriften an das Gesetz zur Modernisierung des Schuldrechtes fügt der Gesetzgeber seinem Bemühen um eine Neuordnung des Verjährungsrechtes im Sinne einer größeren Systematisierung und einheitlichen Strukturierung einen weiteren Baustein an. Der Gesetzgeber korrigiert und ergänzt mit diesem Gesetz die Neuregelung des Verjährungsrechtes durch die Schuldrechtsreform im BGB und passt die bisherigen vielfältigen Verjährungsregelungen in den zivilrechtlichen Nebengesetzen an diese Grundstruktur im BGB an.

Die Kenntnis des neuen Verjährungsrechtes ist nicht nur für den Rechtsanwalt und für den Wirtschaftsjuristen wesentlich. Auch in Wirtschaftsunternehmen muss man sich die Frage nach der Verjährung stellen, da die Dauer der Verjährungsfrist für zu kalkulierende Risiken und die notwendige Höhe von Rückstellungen von Bedeutung ist. Dies gilt erst Recht im Rückversicherungsrecht. Nicht unerheblich ist die fortdauernde Haftung auch beim Wechsel der Unternehmensform oder dem Ausscheiden von einzelnen Gesellschaftern oder Geschäftsführern. Gerade hier zeigt das neue Verjährungsrecht Änderungen und Besonderheiten, die dementsprechend bei Gesellschaftern, Geschäftsführern und allen, die mit Fragen von Unternehmensformen und deren Wechsel beschäftigt sind, bekannt sein sollten. In diesem Sinne richtet sich das Werk über den Juristen hinaus auch an die in Unternehmen verantwortlich Tätigen anderer Fachdisziplinen.

Das vorliegende Werk soll die Änderungen des Gesetzes zur Anpassung der Verjährungsvorschriften an das Gesetz zur Modernisierung des Schuldrechtes vorstellen und einen Überblick zu den neuen Verjährungsregelungen in den betroffenen Rechtsbereichen geben, das gesamte Verjährungsrecht aller zivilrechtlichen Haupt- und Nebengesetze in seinen Facetten darstellen zu wollen. Diese Aufgabe muss entsprechenden Spezialmonographien vorbehalten bleiben.

In seinem ersten Teil zeichnet das Werk die Reformentwicklung des Verjährungsrechtes zur Neuregelung im Jahre 2002 bis zur jetzigen Anpassung der zivilrechtlichen Nebengesetze nach, um dann im zweiten Teil die von dem Gesetz zur Anpassung von Verjährungsvorschriften an das Gesetz zur Modernisierung des Schuldrechtes im Einzelnen geänderten und angepassten Vorschriften der zivilrechtlichen Nebengesetze vorzustellen. Dabei wird die bisherige Verjährungsregelung dargelegt, die Neuregelung vorgestellt und werden die praktisch anwendbaren Vorschriften verzeichnet. Im dritten und letzten Teil wird dann im Zusammenhang skizziert, welchen allgemeinen Verjährungsregelungen die angepassten Vorschriften nunmehr unterliegen, soweit die Neuregelung im BGB maßgeblich ist. Dabei wird besonderer Wert auf praxisnahe Hinweise für die Anwendung des neuen Verjährungsrechtes gelegt.

Die Arbeiten am Manuskript zu diesem Werk wurden auf der Grundlage des Gesetzesbeschlusses im Deutschen Bundestag am 28. Oktober 2004 (BT-Drs. 15/3653 und BT-Drs. 15/4060) abgeschlossen, um der Praxis zum In-Kraft-Treten des Gesetzes bereits eine entsprechende Handreichung bieten zu können, die einen Überblick zur voraussichtlichen Neuregelung bietet und zugleich ermöglicht, sich auf diese einzustellen.

Ich danke allen, die an der schnellen und zügigen Umsetzung dieses Werkes ihren Anteil haben, insbesondere meiner Lektorin Frau Treder, die in der Informationsbeschaffung ebenso wie in der kritischen Durchsicht des Manuskriptes eine große Hilfe war. Daneben natürlich auch meiner Frau Dr. Christine und meinen Söhnen Florian und Jonas, die an den Abenden und Wochenenden für dieses Projekt großes Verständnis aufgebracht haben.

Rhens/Koblenz, November 2004   Frank-Michael Goebel

frank@goebel-rhens.de

www.goebel-rhens.de

Abkürzungsverzeichnis

AcP	Archiv für die civilistische Praxis
a.F.	alte Fassung
ADS	Allgemeine Deutsche Seeversicherungsbedingungen
AktG	Aktiengesetz
AnwBl	Anwaltsblatt (Zeitschrift)
ArbRB	Arbeitsrecht-Blattei
Art.	Artikel
Aufl.	Auflage
AVBEltV	Verordnung über Allgemeine Bedingungen für die Elektrizitätsversorgung von Tarifkunden
AVBFernwärmeV	Verordnung über Allgemeine Bedingungen für die Versorgung mit Fernwärme
AVBGasV	Verordnung über Allgemeine Bedingungen für die Gasversorgung von Tarifkunden
AVBWasserV	Verordnung über Allgemeine Bedingungen für die Versorgung mit Wasser
BAG	Bundesarbeitsgericht
BauR	Zeitschrift für das gesamte öffentliche und private Baurecht
BauRB	Der Bau-Rechts-Berater (Zeitschrift)
BayOblG	Bayerisches Oberlandesgericht
BB	Der Betriebs-Berater (Zeitschrift)
BGB	Bürgerliches Gesetzbuch
BGBl.	Bundesgesetzblatt
BGH	Bundesgerichtshof
BGHR	Rechtsprechung des Bundesgerichtshofs
BGHZ	Entscheidungen des Bundesgerichtshofs in Zivilsachen
BMJ	Bundesjustizministerium
BörsG	Börsengesetz
bzw.	beziehungsweise
d.h.	das heißt
DB	Der Betrieb (Zeitschrift)
DM	Deutsche Mark
DNotZ	Deutsche Notar-Zeitschrift
DRiZ	Deutsche Richterzeitung
DStR	Deutsches Steuerrecht (Zeitschrift)
DVBl	Deutsches Verwaltungsblatt (Zeitschrift)

e.V.	eingetragener Verein
EGAktG	Einführungsgesetz zum Aktiengesetz
EGBGB	Einführungsgesetz zum Bürgerlichen Gesetzbuch
EGHGB	Einführungsgesetz zum Handelsgesetzbuch
EGZPO	Einführungsgesetz zur Zivilprozessordnung
ErbbauVO	Erbbaurechts-Verordnung
EuGH	Europäischer Gerichtshof
EWiR	Entscheidungen zum Wirtschaftsrecht
EWIV-AG	Gesetz zur Ausführung der EWG-Verordnung über die Europäische wirtschaftliche Interessenvereinigung
EWIV-VO	EWG-Verordnung über die Europäische wirtschaftliche Interessenvereinigung
f./ff.	folgende Seite/Seiten
FamRZ	Zeitschrift für das gesamte Familienrecht
GenG	Genossenschaftsgesetz
GKG	Gerichtskostengesetz
GmbHG	Gesetz betreffend die Gesellschaften mit beschränkter Haftung
GmbHR	GmbH-Rundschau (Zeitschrift)
GmbH-StB	GmbH-Steuerberater (Zeitschrift)
Grundeigentum	Das Grundeigentum (Zeitschrift)
GRUR	Gewerblicher Rechtsschutz und Urheberrecht (Zeitschrift)
GVKostG	Gerichtsvollzieherkostengesetz
HGB	Handelsgesetzbuch
HRV	Handelsregisterverordnung
i.V.m.	in Verbindung mit
InsO	Insolvenzordnung
InvG	Investmentgesetz
JA	Juristische Arbeitsblätter (Zeitschrift)
JR	Juristische Rundschau (Zeitschrift)
Jura	Juristische Ausbildung (Zeitschrift)
JurBüro	Das juristische Büro (Zeitschrift)
JuS	Juristische Schulung (Zeitschrift)
JZ	Juristen-Zeitung
KG a.A.	Kommanditgesellschaft auf Aktien
KKZ	Kommunale Kassenzeitschrift
KostO	Kostenordnung
KStG	Körperschaftsteuergesetz

LG	Landgericht
LJV	Landesjustizverwaltung
MDR	Monatsschrift für Deutsches Recht (Zeitschrift)
NJW	Neue Juristische Wochenschrift (Zeitschrift)
NJW-RR	NJW-Rechtsprechungsreport (Zeitschrift)
NVwZ	Neue Zeitschrift für Verwaltungsrecht
NZG	Neue Zeitschrift für Gesellschaftsrecht
NZI	Neue Zeitschrift für Insolvenz und Sanierung
NZM	Neue Zeitschrift für Miet- und Wohnungsrecht
NZS	Neue Zeitschrift für Sozialrecht
NZV	Neue Zeitschrift für Verkehrsrecht
OHG	Offene Handelsgesellschaft
OLG	Oberlandesgericht
PA	Prozessrecht aktiv
PartGG	Partnerschaftsgesellschaftsgesetz
PflVG	Pflichtversicherungsgesetz
PKH	Prozesskostenhilfe
RGZ	Entscheidungen des Reichsgerichts in Zivilsachen
RiA	Recht im Amt (Zeitschrift)
RIW	Recht der internationalen Wirtschaft (Zeitschrift)
RVG	Rechtsanwaltsvergütungsgesetz
S.	Seite
u.a.	unter anderem
UmwG	Umwandlungsgesetz
VE	Vollstreckung effektiv
VersR	Versicherungsrecht (Zeitschrift)
vgl.	vergleiche
WEG	Wohnungseigentumsgesetz
WM	Wertpapiermitteilungen (Zeitschrift)
WpHG	Wertpapierhandelsgesetz
WRP	Wettbewerb in Recht und Praxis (Zeitschrift)
ZAP	Zeitschrift für Anwaltspraxis
ZEuP	Zeitschrift für Europäisches Privatrecht
ZEV	Zeitschrift für Erbrecht und Vermögensnachfolge

ZfS	Zeitschrift für Schadensrecht
ZGS	Zeitschrift für das gesamte Schuldrecht
ZIP	Zeitschrift für Wirtschaftsrecht und Insolvenzpraxis
ZMR	Zeitschrift für Miet- und Raumrecht
ZNotP	Zeitschrift für die NotarPraxis
ZPO	Zivilprozessordnung
ZFE	Zeitschrift für Familien- und Erbrecht
ZfIR	Zeitschrift für Immobilienrecht
ZVI	Zeitschrift für Verbraucher-Insolvenzrecht
ZWE	Zeitschrift für Wohnungseigentumsrecht

I   Die Reform des Verjährungsrechtes 2002 und 2005

1   Die Schuldrechtsreform 2002 als Ausgangspunkt

Mit dem Gesetz zur Modernisierung des Schuldrechtes vom 26. November 2001 (BGBl. I 2001, 3138), welches zum 1. Januar 2002 in Kraft getreten ist, hat der Gesetzgeber begonnen, das Verjährungsrecht einer umfassenden Neuordnung zu unterziehen. Mit dem Gesetz zur Anpassung von Verjährungsvorschriften an das Gesetz zur Modernisierung des Schuldrechtes vollzieht der Gesetzgeber nun den zweiten Schritt seiner Strukturreform, indem er zivilrechtliche Nebengesetze der neuen Struktur des Verjährungsrechtes, wie sie in Teil III dargestellt wird, anpasst.

Die Änderung der Verjährungsvorschriften im Rahmen der Schuldrechtsmodernisierungsreform hat ihren Ursprung in Richtlinien der Europäischen Gemeinschaft, insbesondere der Verbrauchsgüterkaufrichtlinie[1], der Richtlinie zur Bekämpfung von Zahlungsverzug im Geschäftsverkehr[2] sowie der e-commerce-Richtlinie[3]. So verlangt die Verbrauchsgüterrichtlinie 1999/44/EG vom 25. Mai 1999, die zum 1. Januar 2002 in neues Recht umzusetzen war, dass Ansprüche des – insgesamt ebenfalls neu zu ordnenden – Kaufrechts frühestens in zwei Jahren verjähren.

> **Hinweis:**
> Dies hat unmittelbare Folgen für die juristische Praxis. Bei der Auslegung des Verjährungsrechtes ist zukünftig die Auslegung der Richtlinie 1999/44/EG vom 25. Mai 1999 durch den Europäischen Gerichtshof (EuGH) neben der Rechtsprechung der nationalen Gerichte zu beachten. Auch bedeutet dies, dass nun die Instanzgerichte die Möglichkeit haben, die jeweils letzte Instanz eines Rechtszuges sogar verpflichtet ist, bei Auslegungsfragen dem EuGH eine Vorlage zu unterbreiten.

Diesen europarechtlichen Anpassungszwang hat der Gesetzgeber zum Anlass genommen, das Verjährungsrecht umfassend zu reformieren. Dabei sind folgende Gesichtspunkte als tragend herauszuarbeiten:

Das bisherige Verjährungsrecht entsprach nicht mehr den Bedürfnissen des heutigen Wirtschaftsverkehrs, da die Verjährungsfristen teilweise zu kurz und teilweise – insbesondere die regelmäßige Verjährung mit 30 Jahren – als zu lang beurteilt wurden.

Eine Harmonisierung der Verjährungsfristen sollte bei den verschiedenen gesetzlichen Vertragstypen für eine einheitliche Struktur sorgen.

Nachdem bisher ein geschlossenes System der Verjährung innerhalb des BGB und in den zivilrechtlichen Nebengesetzen nicht bestanden hat, sollte die Möglichkeit geschaffen werden, die in 80 Einzelgesetzen bestehenden 130 Verjährungsregelungen wieder auf eine zentrale Regelung im BGB zurückzuführen.

Die Verjährungsfrist sollte zukünftig unabhängig von der – oftmals schwierigen – Qualifizierung von vertraglichen, atypischen, typenkombinierten und typenverschmolzenen Schuldverhältnissen und dem durchzusetzenden Anspruch bestimmt werden können.

---

[1] Richtlinie vom 25.5.1999 – 1999/44/EG, Abl. EG Nr. L 171, 12.
[2] Richtlinie vom 26.9.2000 – 2000/35/EG, Abl. EG Nr. L 200, 35.
[3] Richtlinie vom 8.6.2000 – 2000/31/EG, Abl. EG Nr. L 178, 1.

Unterbrechungstatbestände sollten als ungerechtfertigte Differenzierungen nahezu völlig den neuen Hemmungstatbeständen weichen müssen. Nur in Ausnahmefällen sollte ein Neubeginn der Verjährungsfrist möglich sein.

Bei der damit angelegten Neuordnung des Verjährungsrechtes hat sich der Gesetzgeber für eine **zweistufige Vorgehensweise** entschieden (vgl. Gegenäußerung der Bundesregierung zum Gesetz zur Modernisierung des Schuldrechts, BT-Drs. 14/6857, S. 42):

In einem **ersten Schritt**, der mit dem Gesetz zur Modernisierung des Schuldrechts vollzogen wurde, hat er das neue System der Verjährungsfristen festgelegt.

In einem **zweiten Schritt** sollen die zahlreichen Vorschriften auf dem Gebiet des Verjährungsrechts vereinheitlicht und auf das mit dem Schuldrechtsmodernisierungsgesetz geschaffene neue System umgestellt werden. In dem Gesetz zur Modernisierung des Schuldrechts sind bereits vereinzelt Anpassungen vorgenommen worden. Auch hat der Gesetzgeber die Gelegenheit genutzt, bei zwischenzeitlichen fachgesetzlichen Reformgesetzgebungsvorhaben die Verjährungsvorschriften im Zusammenhang mit der Sachmaterie umzustellen.

Im ersten Schritt baute die Änderung des Verjährungsrechtes vor allem auf dem Bericht einer Arbeitsgruppe der Bund/Länder-Kommision zur Schuldrechtsreform auf.[4] Zentrale Elemente der Neuregelung waren die Einführung einer Regelverjährung von drei Jahren, ein von der Kenntnis des Anspruchsinhabers abhängiger Verjährungsbeginn und die weitgehende Abschaffung der Unterbrechung der Verjährung zugunsten ausgeweiteter Tatbestände zur Hemmung der Verjährung.[5] Der Gesetzgeber hat sich damit an den **Principles of European Contract Law**,[6] d.h. dem Standard für ein europäisches Vertragsrecht orientiert. Die damit erreichte Harmonisierung des europäischen Rechtes ist insbesondere unter Berücksichtigung des intensiven Austausches von Waren, Kapital und Dienstleistungen in der Europäischen Union zu begrüßen. Es darf allerdings nicht übersehen werden, dass es durch die von der Regelverjährung abweichenden Verjährungsvorschriften im Kauf-, Werk- und Reisevertragsrecht noch immer zu Unterschieden kommt.

Das nun beschlossene Gesetz zur Anpassung von Verjährungsvorschriften an das Gesetz zur Modernisierung des Schuldrechtes ist Teil des zweiten Schrittes, in dem vor allem die zivilrechtlichen Nebengesetze dem mit der Schuldrechtsreform geschaffenen Verjährungsrecht der §§ 194–218 BGB angepasst werden.

2 Der zweite Schritt der Strukturreform 2005

Das Gesetz zur Anpassung von Verjährungsvorschriften an das Gesetz zur Modernisierung des Schuldrechtes[7] stellt den Kernbereiches des zweiten Schrittes des Gesamtvorhabens dar. Der Deutsche Bundestag hat das Gesetz am 23. September 2004 in erster Lesung beraten und zur federführenden Beratung an den Rechtsausschuss des Deutschen Bundestages verwiesen. Am 28. Oktober 2004 hat der Deutsche Bundestag das Gesetz in leicht geänderter Fassung[8] beschlossen. Der Bundesrat hat sich in seiner Sitzung vom 26. November 2004 mit dem Gesetz befasst, ohne hiergegen Einspruch zu erheben. Nach der Übergangsregelung in Art. 26 des Gesetzes tritt dieses am Tag nach der Verkündung in Kraft.

---

[4] Siehe hierzu im Einzelnen unter http://www.uni-koeln.de/jur-fak/instipr, Stichwort Schuldrechtsreform.
[5] Insoweit ausführlich in Teil III.
[6] ZEuP 2003, 895; dazu Zimmermann, ZEuP 2003, 707 sowie Busch u.a., ZEuP 2001, 223.
[7] BT-Drs. 15/3653.
[8] BT-Drs. 15/4060.

Das Gesetz fußt auf Art. 74 Abs. 1 Nr. 1, 11, 18, 19 und 20 des Grundgesetzes. Danach steht dem Bund die konkurrierende Gesetzgebungskompetenz zu. Dass auf dem Gebiet des Verjährungsrechtes eine bundeseinheitliche Regelung erforderlich ist, kann nicht ernsthaft bestritten werden. Die Aspekte der Rechtssicherheit, länderübergreifender Wirtschaftstätigkeiten und letztlich der Gewährleistung einheitlicher Lebensverhältnisse fordern eine solche einheitliche Regelung. Dies ist auch schon im Rahmen der Änderungen des Verjährungsrechtes mit dem Gesetz zur Schuldrechtsmodernisierung nicht ernsthaft in Zweifel gezogen worden.

Die Anpassung konzentriert sich dabei allerdings auf die Verjährungsvorschriften in den privatrechtlichen Rechtsmaterien, die umfassend auf Änderungsbedarf hin überprüft wurden. Lediglich im Bereich des Versicherungsvertragsrechts[9] und des Seehandelsrechts[10] wurde im Hinblick auf demnächst anstehende Gesamtreformen auf eine singuläre Anpassung der Verjährungsvorschriften verzichtet. Weitere Reformschritte sind hier also zu erwarten.

Der Bereich des öffentlichen Rechts wird von der jetzigen Neuregelung bzw. Anpassung nicht umfasst. Im öffentlichen Recht gelten grundsätzlich eigenständige Verjährungsregelungen, so dass auf die zivilrechtlichen Verjährungsbestimmungen nur hilfsweise zurückgegriffen werden darf, soweit hierauf verwiesen wird oder eine Verjährungsregelung gänzlich fehlt.

Der Gesetzgeber hat darüber hinaus die Problematik gesehen, dass die Einbeziehung des öffentlichen Rechts in die jetzige Anpassung eine umfassende systematische Abstimmung von Regelungsmaterien auf Bundes- und Landesebene erfordern würde. Die unterschiedlichen Gesetzgebungskompetenzen und die Beteiligung von Bundestag, Bundesrat und 16 Landesparlamenten haben den Gesetzgeber erwogen, hiervon abzusehen. Zu hoffen bleibt allerdings, dass damit keine allgemeine Aufgabe der Reformbemühungen in diesem Bereich verbunden ist, sondern auch hier Anstrengungen unternommen werden, um zu einer einheitlichen Struktur zu gelangen. In Einzelfällen wurde von der Ausklammerung des öffentlichen Rechtes allerdings eine Ausnahme gemacht, soweit das Fachgesetz auch zivilrechtliche Ansprüche betrifft. So wurde der Ausgleichsanspruch nach § 24 Bundesbodenschutzgesetz und dessen Verjährung in den jetzigen Reformschritt einbezogen.

Nachdem der Bundesgesetzgeber und die Länder sich im Rahmen der Beratungen des Kostenrechtsmodernisierungsgesetzes darauf verständigt haben, die Verjährungsregelungen des damals geltenden Kostenrechtes nicht zu verändern, wurden die verfahrensrechtlichen Kostengesetze wie etwa das RVG[11], GKG, die KostO oder das GVKostG ebenfalls nicht mit in die Anpassung einbezogen. Ungeachtet dessen handelt es sich insoweit auch um öffentliches Recht.

---

[9] Am 19.4.2004 hat die Expertenkommission der Bundesjustizministerin ihren Bericht zur Reform des Versicherungsvertragsrechtes übergeben. Hier wird wohl alsbald mit der Vorlage eines Referentenentwurfes zu rechnen sein. Näheres unter www.bmj.de.

[10] Die Bundesjustizministerin hat hier im Juli 2004 eine Sachverständigengruppe eingesetzt, die Vorschläge zu einer umfassenden Reform erarbeiten soll. Gegenstand der Reform des Seehandelsrechts wird das gesamte Fünfte Buch des HGB sein, insbesondere die Vorschriften über die Partenreederei, den Kapitän, die Verklarung, den Frachtvertrag, das Konnossement, die Schiffsgläubigerrechte und die Verjährung. Dabei wird zu untersuchen sein, ob und in welchem Umfang diese Vorschriften sich als überholt, unpraktikabel oder überflüssig erweisen und deshalb gestrichen oder geändert werden sollten. Zudem wird geprüft, wo Regelungslücken geschlossen werden und in welchen Bereichen das Seehandelsrecht stärker mit den Vorschriften des BGB und den allgemeinen transportrechtlichen Vorschriften in Einklang gebracht werden sollten; vgl. dazu die Verlautbarungen unter www.bmj.de.

[11] Zur Verjährung der anwaltlichen Vergütungsansprüche vgl. ausführlich Goebel/Gottwald, Berliner Kommentar zum RVG, Berlin 2004, § 8 Rn. 40–61.

Der Schwerpunkt der Änderung liegt in der Anpassung der Verjährungsfristen in den Verjährungsregelungen der zivilrechtlichen Spezialgesetze. Schon bisher waren hier Verweisungen auf die Bestimmungen des Verjährungsrechtes nach §§ 194 ff. BGB enthalten, die der Gesetzgeber anlässlich der Neuordnung dieser Vorschriften geändert hat. Allerdings handelt es sich hierbei lediglich um technische Anpassungsmaßnahmen, die die Substanz der spezialgesetzlichen Verjährungsregelung unberührt gelassen hat.

Während das System der Verjährungsvorschriften mit der Schuldrechtsreform zum 1. Januar 2002 neu strukturiert wurde, fehlte es bisher noch an einer Anpassung der einzelnen Verjährungsfristen in den zivilrechtlichen Nebengesetzen.

Die Gründe, die für eine Änderung des Verjährungsrechtes innerhalb des BGB, insbesondere die erhebliche Verkürzung der Regelverjährung maßgeblich waren, greifen auch hier durch. So sahen zahlreiche Vorschriften des Zivilrechts außerhalb des BGB bisher besondere Fristen für die Verjährung einzelner Ansprüche vor, da die vor dem 1. Januar 2002 geltende regelmäßige Verjährungsfrist von 30 Jahren nach § 195 BGB a.F. als zu lang und den freien Wirtschaftsverkehr hindernd angesehen wurde. Soweit die lange Verjährungsfrist von 30 Jahren als viel zu lang angesehen wurde, führte der Gesetzgeber in den einzelnen Fachgesetzen kürzere Verjährungsfristen ein. Diese verdrängten als lex specialis die regelmäßige Verjährung. Die meisten Verjährungsfristen der Fachgesetze bewegten sich im Korridor von zwei bis fünf Jahren.

> **Hinweis:**
> Nachdem das Motiv für die abweichenden kürzeren Verjährungsfristen in den zivilrechtlichen Nebengesetzen mit der neuen regelmäßigen Verjährungsfrist von drei Jahren durch das Gesetz zur Modernisierung des Schuldrechts entfallen ist, konnte nunmehr die Grundsystematik auf die Fachgesetze übertragen werden.

3 Weitere gesetzgeberische Schritte

Die Bundesregierung hat schon in der Begründung des Gesetzes zur Anpassung von Verjährungsvorschriften an das Gesetz zur Schuldrechtsmodernisierung deutlich gemacht, dass dieses nur die zivilrechtlichen Nebengesetze betrifft. Unzweifelhaft steht deshalb für die Zukunft noch eine Harmonisierung weiterer Rechtsbereiche, insbesondere auch der öffentlich-rechtlichen Verjährungsvorschriften, aus.

> **Hinweis:**
> Hier ist allerdings eine Koordination mit den 16 Bundesländern erforderlich, so dass nicht auszuschließen ist, dass dieser Reformbedarf zwar erkannt ist, in der Umsetzung aber noch einen erheblichen Zeitraum in Anspruch nehmen wird.

Der Bundesrat hat in seiner Stellungnahme zum Gesetz zur Anpassung von Verjährungsvorschriften an das Gesetz zur Schuldrechtsmodernisierung gebeten, im Interesse eines möglichst einheitlichen Verjährungsrechts auch die Aufhebung der verjährungsrechtlichen Sonderregelungen der §§ 37a, 37b Abs. 4, § 37c Abs. 4 und § 37d Abs. 4 Satz 2 WpHG, des § 46 BörsG sowie des § 127 Abs. 5 InvG zu prüfen.

Nach § 37a WpHG verjähre der Schadensersatzanspruch des Kunden gegen ein Wertpapierhandelsunternehmen wegen Verletzung der Pflicht zur Information und wegen fehlerhafter Beratung im Zusammenhang mit einer Wertpapierdienstleistung oder Wertpapiernebendienstleistung in drei Jahren von dem Zeitpunkt an, in dem der Anspruch entstanden sei. In gleicher Weise geregelt sei die Verjährung des in § 37d Abs. 4 WpHG statuierten Schadensersatzanspruchs des Anlegers wegen Verletzung von Informationspflichten bei Finanztermingeschäften. Die Parallelvorschriften der §§ 37b und 37c WpHG beträfen Schadensersatzansprüche gegen den Emittenten von Wertpapieren wegen unterlassener unverzüglicher Veröffentlichung kursbeeinflussender Tatsachen und wegen Veröffentlichung unwahrer Tatsachen in einer Mitteilung über kursbeeinflussende Tatsachen; diese Ansprüche verjährten bislang innerhalb eines Jahres von dem Zeitpunkt an, in dem der Anspruchsteller von den anspruchsbegründenden Umständen Kenntnis erlange, spätestens nach Ablauf von drei Jahren seit der Unterlassung bzw. seit der Veröffentlichung (§ 37b Abs. 4 und § 37c Abs. 4 WpHG). Ebenfalls innerhalb eines Jahres ab Kenntnis, spätestens innerhalb von drei Jahren nach der Prospektveröffentlichung bzw. nach Abschluss des Kaufvertrages verjährten die Prospekthaftungsansprüche nach § 44 BörsG (§ 46 BörsG) und nach § 127 InvG (§ 127 Abs. 5 InvG). Im Allgemeinen Teil der Begründung zu dem Gesetzentwurf (S. 16 ff.) werde zu Recht darauf hingewiesen, dass die durch das Gesetz zur Modernisierung des Schuldrechts neu bestimmte regelmäßige Verjährungsfrist nach §§ 195 und 199 BGB das erklärte Ziel habe, grundsätzlich für alle Ansprüche als angemessene Ausgestaltung der Verjährung anwendbar zu sein. Abweichungen von dieser allgemeinen Verjährungsregelung sollten nur erfolgen, wenn zwingende Sachgründe dies erforderten. Dies gelte sowohl für die in § 195 BGB geregelte dreijährige Verjährungsdauer als auch für die Anknüpfung des Verjährungsbeginns gemäß § 199 BGB. Zwingende Gründe, weshalb für die genannten anlegerschützenden Ansprüche von der Verjährungssystematik der §§ 195 und 199 BGB abgewichen werden sollte, seien nicht ersichtlich. Konsequenterweise habe daher noch der Referentenentwurf zu dem vorliegenden Gesetzentwurf die Aufhebung der §§ 37a, 37b Abs. 4 und § 37c Abs. 4 WpHG vorgesehen. Hinsichtlich der vorgeschlagenen Umstellung des § 37a WpHG auf die Anknüpfung des Verjährungsbeginns nach § 199 BGB sei hierbei zur Begründung zutreffend ausgeführt worden, gegen die subjektive Anknüpfung gemäß § 199 Abs. 1 Nr. 2 BGB ließen sich keine überzeugenden Argumente anführen, der Schadensersatzanspruch wegen Verletzung der Pflicht zur Information und wegen fehlerhafter Beratung entspreche den im BGB geregelten Schadensersatzansprüchen nach §§ 280, 241 und 280, 311 Abs. 2 Nr. 2, § 241 BGB, die ebenfalls innerhalb der regelmäßigen Verjährungsfrist verjährten. Dieselben Erwägungen träfen auch für den Schadensersatzanspruch nach § 37d Abs. 4 WpHG zu. Bezüglich der vorgeschlagenen Aufhebung des § 37b Abs. 4 und des § 37c Abs. 4 WpHG habe der Referentenentwurf in der Begründung zutreffend ausgeführt, dass eine Abweichung von der regelmäßigen Verjährung nach §§ 195 und 199 BGB nicht gerechtfertigt sei. Gerade der Schutz des Erwerbers von Wertpapieren erfordere es, durch eine angemessene Verjährungsfrist dem Erwerber eine tatsächliche Chance zur Realisierung seiner Ansprüche einzuräumen. Auch die Schnelllebigkeit der Börsengeschäfte erfordere keineswegs eine solch kurze Verjährungsfrist. Die Pflicht der Emittenten zur Veröffentlichung richtiger Tatsachen unterschieden sich nicht von Pflichten in anderen Bereichen des Geschäftslebens. Dem sei nichts hinzuzufügen. Entsprechendes gelte aber auch für die Prospekthaftungsansprüche nach § 44 BörsG und nach § 127 InvG.

Die Bundesregierung ist dem entgegengetreten und hat dies damit begründet, dass sich die betroffenen Wirtschaftsverbände im Rahmen des Gesetzgebungsverfahrens zum vierten Finanzmarktförderungsgesetz[12] einhellig gegen eine weitere Verlängerung der Verjährungsfrist ausgesprochen und dies mit Nachteilen für den Finanzplatz Deutschland begründet hätten, nachdem die Bundesregierung zuvor noch bei der Beratung zum Anlegerschutzverbesserungsgesetz[13] zugesagt hatte, der Bitte der Länderkammer in einem weiteren gesonderten Gesetzgebungsverfahren noch in diesem Jahr nachzukommen.

---

[12] BT-Drs. 14/8017.
[13] BT-Drs. 15/3174.

II Das Gesetz zur Anpassung der Verjährungsvorschriften

1 Überblick über die Anpassungsregelungen

1.1 Allgemeines

Wie bereits bei der Darstellung der Reformschritte des Gesetzgebers im Verjährungsrecht ausgeführt, gehen die Verjährungsvorschriften in den zivilrechtlichen Nebengesetzen weitgehend darauf zurück, dass die bis zum 31. Dezember 2001 gültige regelmäßige Verjährungsfrist von 30 Jahren als zu lang empfunden wurde. Wirtschaftliche Gesichtspunkte haben kürzere Intervalle gefordert, um Rechtssicherheit und damit Planungssicherheit herzustellen und auch die wirtschaftliche Absicherung von Haftungsrisiken auf vertretbare Zeiträume zu konzentrieren. Aus diesem Grunde wurden kürzere Sonderregelungen ohne systematische Ordnung innerhalb der Gruppe der zivilrechtlichen Nebengesetze geschaffen.

Mit der Neuregelung des Verjährungsrechtes und der Einführung der neuen regelmäßigen Verjährungsfrist von drei Jahren in § 195 BGB ist diese Problematik entfallen. Schon bei der Wahl dieser neuen regelmäßigen Verjährungsfrist hat der Gesetzgeber darauf geachtet, dass sie tatsächlich für den durchschnittlichen Anspruch geeignet und tatsächlich so bemessen ist, dass sie „regelmäßig" für die Verjährung von Ansprüchen vorgesehen werden kann.

> **Hinweis:**
> Ziel der Bemühungen war es nämlich gerade, besondere Vorschriften über die Verjährungsfrist unnötig werden zu lassen und hierdurch zu einer verbesserten Übersichtlichkeit und Vereinheitlichung des zersplitterten Verjährungsrechts zu gelangen. Während die alte regelmäßige Verjährungsfrist von 30 Jahren tatsächlich zur Ausnahme geworden ist, soll die neue regelmäßige Verjährungsfrist auch tatsächlich wieder zur Regel werden.

Die Schwelle für ein außerordentliches Abweichen von der regelmäßigen Verjährung sollte diesem Ziel genügend möglichst hoch angesetzt werden. Der Gesetzgeber hat sich für die Anpassung der Verjährungsvorschriften in den zivilrechtlichen Nebengesetzen selbst das Erfordernis einer besonderen Begründung bei der Annahme einer abweichenden Verjährungsfrist zum Ziel gesetzt. Dabei sollte der Aspekt, dass das Fachgesetz bisher noch eine von der neuen Regelverjährung abweichende Verjährungsfrist aufwies, die Fortdauer der Abweichung nicht rechtfertigen können. Es war festzustellen, dass häufig keine besonderen Gründe für eine von der neuen dreijährigen Regelverjährung abweichende Verjährungsfrist mehr bestanden.

Nur wenn ein zwingendes sachliches Bedürfnis für eine kürzere Verjährungsfrist bestand, verblieb es bei der bisherigen Regelung und damit einer Abweichung von der Regelverjährungsfrist, was besonders im Handels- und Gesellschaftsrecht erforderlich war. Dies hat in vielen Fällen dazu geführt, dass sich die Verjährungsfristen zukünftig vielfach auf die Regelverjährung verlängern und die Neuregelung nur in wenigen Fällen zu einer Verkürzung der Verjährungsfrist führt.

> **Hinweis:**
> Beachtet werden muss allerdings, dass die Neuregelung des Verjährungsrechtes in §§ 194 ff. BGB auch eine neue Regelung des **Verjährungsbeginns** mit sich gebracht hat. Nach § 199 Abs. 1 BGB beginnt die Verjährung nämlich grundsätzlich erst mit dem Schluss des Jahres, in dem der Anspruch entstanden ist und der Gläubiger von den den Anspruch begründenden Umständen Kenntnis erlangt hat oder ohne grobe Fahrlässigkeit hätte erlangen müssen.[14] Im **Extremfall** kann dies selbst bei Anwendung der Regelverjährungsfrist von drei Jahren zu einer rein tatsächlichen **Verjährungsfrist von vier Jahren** ab der Kenntnis des Gläubigers vom entstandenen Anspruch und von bis zu 30 Jahren bei dessen Unkenntnis führen.

---

[14] Siehe hierzu im Einzelnen unter 4.

Dem Gesetzgeber standen grundsätzlich verschiedene **Wege zur Anpassung der Verjährungsvorschriften** in den zivilrechtlichen Nebengesetzen zur Verfügung, die er beide auch genutzt hat:

- Zum einen hat er **bestehende Sonderregelungen in den Fachgesetzen ersatzlos gestrichen**.

> **Hinweis:**
> Gemäß der Systematik des Allgemeinen Teils des BGB gelten die Verjährungsvorschriften der §§ 194 ff. BGB nicht nur für die innerhalb des BGB geregelten Ansprüche, sondern auch für alle anderen Ansprüche privatrechtlicher Art. Dies gilt auch, soweit die Ansprüche in einem zivilrechtlichen Nebengesetz begründet sind, sofern dort keine Sonderregelungen getroffen sind. An dieser Systematik hat auch das Gesetz zur Modernisierung des Schuldrechts nichts geändert.

Soweit der Gesetzgeber bisherige Sonderregelungen gestrichen hat, führt dies also zur umfassenden Anwendbarkeit der Verjährungsvorschriften der §§ 194–218 BGB in ihrer Gesamtheit, einschließlich sämtlicher Hemmungs- und sonstiger Bestimmungen.

Der Gesetzgeber hat aus dieses Systematik heraus auf ausdrückliche Verweisungsregelungen verzichtet, soweit er die Anwendbarkeit der Gesamtheit der Verjährungsvorschriften der §§ 194–218 BGB für sachgerecht erachtet hat. Die Umstellung erfolgte in diesen Fällen dadurch, dass die Spezialnorm ersatzlos gestrichen wurde. Dies gilt beispielsweise für
- § 90 Arzneimittelgesetz,
- § 3 Abs. 4 Lebensmittelspezialitätengesetz,
- § 51b Bundesrechtsanwaltsordnung,
- § 5 Abs. 1 Satz 2 des Gesetzes zur Regelung der Wohnungsvermittlung,
- § 93 Abs. 4 des Umwandlungsgesetzes,
- § 45b der Patentanwaltsordnung,
- § 68 des Steuerberatungsgesetzes,
- § 7 der Verordnung über Allgemeine Bedingungen für die Elektrizitätsversorgung von Tarifkunden,
- § 7 der Verordnung über Allgemeine Bedingungen für die Gasversorgung von Tarifkunden,
- § 7 der Verordnung über Allgemeine Bedingungen für die Versorgung mit Wasser,
- § 7 der Verordnung über Allgemeine Bedingungen für die Versorgung mit Fernwärme,
- § 9 Abs. 4 des Rindfleischetikettierungsgesetzes,
- § 15 der Verordnung über die Allgemeinen Beförderungsbedingungen für den Straßenbahn- und Omnibusverkehr sowie für den Linienverkehr mit Kraftfahrzeugen.

- In bestimmten Fällen wurde die Verjährungsfrist im Fachgesetz gestrichen, dann aber ein **ausdrücklicher Verweis „auf die Regelungen über die regelmäßige Verjährung nach dem Bürgerlichen Gesetzbuch"** aufgenommen. Ein solcher ausdrücklicher Verweis dient in Einzelfällen der Klarstellung. Dies galt insbesondere dort, wo es sich um Ansprüche handelte, bei denen fraglich sein konnte, ob sie dem öffentlichen oder dem privaten Recht zuzuordnen sind, so dass Unsicherheiten entstehen könnten, ob §§ 194 ff. BGB tatsächlich heranzuziehen sind. Diese Regelung wurde gewählt in
  - § 8 der Telekommunikations-Kundenschutzverordnung,
  - §§ 62, 146 InsO.

- In anderen Fällen war eine Abweichung in einzelnen Verjährungsfragen, etwa die Anknüpfung an einen von § 199 BGB **abweichenden Verjährungsbeginn**, aus sachlichen Gründen geboten, so dass auf die Regelungen im BGB nur ergänzend zu verweisen war. Auch lagen Konstellationen vor, bei denen an die Verjährungsfrist **zusätzliche inhaltliche Regelungen** im Spezialgesetz geknüpft waren, deren Bezugspunkte durch eine ersatzlose Streichung der Verjährungsnorm entfallen wären. Letztlich wurden die Verjährungsvorschriften **abweichend von der Regelverjährung** festgesetzt und an weitere oder abweichende Voraussetzungen gebunden. Dies hat der Ge-

setzgeber vor allem im Handels- und Gesellschaftsrecht für erforderlich gehalten. So ist er in folgenden Fällen verfahren:
- § 61 Abs. 2, § 113 Abs. 3 HGB,
- § 54 Abs. 4, § 62 Abs. 3, § 88 Abs. 3, § 284 Abs. 3, § 302 Abs. 4, § 327 Abs. 4 AktG,
- § 9 Abs. 2, § 19 Abs. 6, § 31 Abs. 5, § 55 Abs. 4 GmbHG,
- § 22 Abs. 6 GenG.

1.2 Besonderheiten im Handels- und Gesellschaftsrecht

Eine **besondere Situation** musste im **Handels- und Gesellschaftsrecht** beachtet werden, da hier nicht nur die Ansprüche und deren Verjährung zwischen den Beteiligten zu berücksichtigen waren, sondern auch die besondere Schutzfunktion von Verjährungsvorschriften gegenüber am unmittelbaren Anspruchsverhältnis nicht beteiligten Dritten.

Soweit die jeweilige Spezialregelung im Handels- und Gesellschaftsrecht durch die regelmäßige Verjährungsfrist nach § 195 BGB mit ihrem aus § 199 BGB begründeten und an die Kenntnis der anspruchsbegründenden Voraussetzungen gebundenen subjektiven Beginn der Verjährungsfrist ersetzt worden wäre, hätte die Regelung ihren Zweck verfehlt, wenn der der Verjährung unterliegende Anspruch primär im Interesse Dritter liegt.

Dies war in besonderer Weise für den Gläubigerschutz im Kapitalgesellschaftsrecht zu berücksichtigen. Die Ansprüche gegen die Gesellschafter aus Kapitalaufbringung und Kapitalerhaltung sind zwar formal der Gesellschaft zugewiesen. Diese Ansprüche stellen jedoch zumindest idealtypisch ein Gegengewicht für die Gefährdung dar, die den Gesellschaftsgläubigern daraus erwächst, dass sie ihre Ansprüche mangels persönlicher Haftung der Gesellschafter allein aus dem Gesellschaftsvermögen befriedigen können. Zum Schutz der Gesellschaftsgläubiger soll verhindert werden, dass Vermögenswerte von der Gesellschaft auf die Gesellschafter verschoben werden. Die Gesellschaftsgläubiger erfahren häufig aber weder von den anspruchsbegründenden Tatsachen noch von der Person des Schuldners. Soweit sie ausnahmsweise dennoch davon erfahren, können sie die Durchsetzung der Ansprüche nur begrenzt beeinflussen. Demgegenüber hat die Gesellschaft regelmäßig bereits bei Fälligkeit die Kenntnis vom entstandenen Anspruch im Sinne des § 199 Abs. 1 Nr. 2 BGB, weil sie durch ihre Organe die Fälligkeit selbst herbeiführt.

Der wesentliche Vorteil des subjektiven Verjährungssystems, die Ansprüche solange als durchsetzbar zu erhalten, bis der Gläubiger eine reale Chance zu ihrer Durchsetzung erhält, kommt den primär schutzbedürftigen Gesellschaftsgläubigern also nicht unmittelbar zugute, gefährdet aber die Schutzfunktion gegenüber möglichen Rechtsnachfolgern der Gesellschafter.

Soweit also die von § 199 Abs. 1 Nr. 2 BGB vorausgesetzte Kenntnis oder grob fahrlässige Unkenntnis der Gesellschaft kein taugliches Kriterium für den Verjährungsbeginn darstellt, hat der Gesetzgeber angenommen, dass die von der subjektiven Kenntnis abweichende **objektive Verjährungshöchstfrist nach § 199 Abs. 4 BGB mit zehn Jahren** als originäre Verjährungsfrist herangezogen werden kann.

Grundsätzlich hat der Gesetzgeber danach im **Aktien- und GmbH-Recht** für die Kapitalaufbringung und die Kapitalerhaltung eine **einheitliche Zehnjahresfrist** normiert, deren Beginn allein an die objektive Entstehung des Anspruchs nach § 199 Abs. 4 BGB anknüpft.

Auf die faktische oder rechtliche **Unverjährbarkeit der Ansprüche** als Ausnahme vom Grundsatz des § 194 Abs. 1 BGB wurde insbesondere mit Rücksicht auf Gesamtrechtsnachfolger der verpflichteten Gesellschafter **verzichtet**, wobei zu beachten ist, dass für die Einzelrechtsnachfolge besondere Vorschriften gelten. Entsprechend wurde auch die Einlageverpflichtung im Genossenschaftsrecht behandelt.

Besondere Verjährungsvorschriften hat der Gesetzgeber dagegen in anderen Bereichen des Handels- und Gesellschaftsrechtes beibehalten:
- für die Haftung von Gründern (§ 51 AktG, § 9b Abs. 2 GmbHG),
- für die Haftung von Organen (§ 130a Abs. 3 Satz 6 HGB, §§ 48, 51, § 93 Abs. 6, §§ 116, 117 Abs. 6, § 309 Abs. 5, § 310 Abs. 4, § 317 Abs. 4, § 318 Abs. 4 AktG, § 25 Abs. 3, §§ 27, 205 Abs. 2 UmwG, § 43 Abs. 4, § 52 Abs. 3 GmbHG, § 34 Abs. 6, § 41 GenG, § 5 Abs. 3 EWIV-AG),
- für die Haftung von Mitgesellschaftern (§ 9b Abs. 2, § 31 Abs. 3 und 5 GmbHG).

In diesen Fällen ist eine **einheitliche Verjährungsfrist von fünf Jahren** zu beachten. Insoweit handelt es sich weitgehend um Ansprüche, die zumeist an die Nichtleistung der primär zur Einlage bzw. Rückgewähr verpflichteten Gesellschafter anknüpfen und zum Teil gegenüber den Verpflichtungen der primären Schuldner sogar ausdrücklich subsidiär sind. Die Fünfjahresfrist begründet dabei – wie schon nach früherem Recht – eine Privilegierung gegenüber der längeren Haftung der eigentlichen Hauptschuldner.

> **Hinweis:**
> Dabei darf allerdings nicht übersehen werden, dass die Ansprüche gegen den Hauptschuldner nun nicht mehr nach 30 Jahren, sondern bereits nach zehn Jahren ab der objektiven Entstehung des Anspruches verjähren.

Der Gesetzgeber hat hier **zwei Problembereiche** im Hinblick auf den Beginn der Verjährung gesehen:
- Die Ansprüche gegen Gründer, Organe und Mitgesellschafter dienen ebenso wie die Kapitalschutzregeln auch den externen Gläubigern, die – anders als die anspruchsberechtigte Gesellschaft – von den anspruchsbegründenden Tatsachen und der Person des Schuldners regelmäßig keine Kenntnis erlangen. Es besteht damit die Gefahr, dass die Regelverjährung zu Lasten der Gläubiger frühzeitig abläuft, wenn die Regelung des § 199 Abs. 1 BGB für den Verjährungsbeginn maßgeblich wäre.
- Zum anderen geht es aber insbesondere bei der Organhaftung um die Folgen unternehmerischer Entscheidungen. Geschäftsführer sowie Vorstands- und Aufsichtsratsmitglieder benötigen für ihre Tätigkeit nach objektiven Kriterien Gewissheit, ab wann ihnen für ein bestimmtes Verhalten keine Inanspruchnahme mehr droht. Eine Fristenspanne, die in Ausnahmefällen von drei bis zu zehn oder gar 30 Jahren reicht, entspricht diesem Bedürfnis nicht. Die stattdessen geltende, objektiv beginnende Fünfjahresfrist erleichtert auch die Risikokalkulierung.

> **Hinweis:**
> Dies gilt insbesondere auch für D&O-Versicherer (Directors & Officers Liability Insurance), die Schäden aus Pflichtverletzungen von Organmitgliedern regulieren. Den Organen wird so erleichtert, derartige Versicherungen überhaupt abzuschließen. Überlange Rückstellungszeiten für entsprechende Risiken hindern letztlich auch wirtschaftliche Dispositionen.

Im Wesentlichen unverändert bleiben auch die Vorschriften zur **Nachhaftungsbegrenzung**, d.h. die Ausschlussfrist gegenüber dem Rechtsnachfolger des eigentlich Haftenden, für die weiterhin eine **einheitliche Frist von fünf Jahren** gelten soll (§ 26 Abs. 1, § 28 Abs. 3, §§ 159, 160 HGB, § 10 Abs. 2 PartGG, Art. 37 EWIV-VO, § 1 EWIV-AG, § 327 Abs. 4 AktG, §§ 45, 133, 157, 224 UmwG).

Abgesehen von den Verjährungsfristen des § 159 HGB, des ihm nachgebildeten § 327 Abs. 4 AktG und des § 133 Abs. 6 UmwG handelt es sich hierbei um ein geschlossenes **System von Ausschlussfristen**. Diese sollen gewährleisten, dass Unternehmer die Rechtsform für ihr unternehmerisches Handeln nach ihren wirtschaftlichen Bedürfnissen wählen und wechseln können. Die Aufnahme der unternehmerischen Tätigkeit und die Wahl der Rechtsform sollen nicht von vornherein durch die

Überblick Anpassungsregelungen

Sorge vor einer unabsehbaren Weiterhaftung eingeschränkt sein, die bei Rechtsformwechsel oder Marktaustritt drohen könnte.

> **Hinweis:**
> Die Gläubiger werden durch das Publizitätserfordernis und eine transparente Nachhaftungsfrist geschützt. Dies erscheint dem Gesetzgeber angemessen und ausreichend.

Nach § 159 HGB verjähren Ansprüche gegen den Gesellschafter aus Verbindlichkeiten der Gesellschaft in fünf Jahren nach der Auflösung der Gesellschaft, sofern nicht der Anspruch gegen die Gesellschaft einer kürzeren Verjährung unterliegt. Dies beruht auf der Überlegung, dass nach der Auflösung einer Personengesellschaft die Haftung mangels einer entsprechenden Überleitungsnorm nicht auf ein anderes Haftungssubjekt als Rechtsnachfolger übergeleitet wird. Der Gläubiger der Gesellschaft ist vielmehr auf mögliche Ansprüche gegen die Gesellschafter selbst beschränkt. Die Gesellschafter der aufgelösten Personengesellschaft haften also nicht neben einem fortbestehenden Haftungssubjekt weiter bzw. „nach". Die persönliche Haftung der Gesellschafter ist vielmehr der einzige Schutz für ungesicherte Gläubiger, deren Forderungen in der Liquidation der Gesellschaft nicht befriedigt wurden. Würde man jedoch den Fall des § 159 HGB der regelmäßigen Verjährung gemäß §§ 195, 199 BGB unterwerfen, so stünde § 159 HGB in Widerspruch zum sonstigen, an Fünfjahresfristen orientierten System der Nachhaftungsbegrenzung. Durch den subjektiven Verjährungsbeginn gemäß § 199 Abs. 1 Nr. 2 BGB wäre auch nicht sichergestellt, dass die der Haftung des Gesellschafters zugrunde liegenden Ansprüche gegen die Gesellschaft stets oder auch nur regelmäßig in einer kürzeren Frist als fünf Jahren verjähren. Aus diesem Grunde hat der Gesetzgeber an der **Sonderverjährung** gemäß § 159 HGB festgehalten.

In gleicher Weise wurde **§ 133 Abs. 6 UmwG** als **Verjährungsvorschrift** für die Ansprüche nach § 133 Abs. 2 UmwG i.V.m. §§ 125, 23 UmwG bei der Unternehmensspaltung erhalten. Diese verjähren weiterhin nach **fünf Jahren**. Der Verjährungsbeginn richtet sich hier nach § 133 Abs. 4 UmwG und beginnt mit dem Tage, an dem die Eintragung der Spaltung in das Register des Sitzes des übertragenden Rechtsträgers nach § 125 UmwG i.V.m. § 19 Abs. 3 UmwG als bekannt gemacht gilt. Die rechtstechnische Ausgestaltung als Verjährungstatbestand anstelle der sonst gewählten Ausschlussfristen hat der Gesetzgeber damit begründet, dass der Anspruch auf Gewährung gleichwertiger Sonderrechte einmalig durch die Spaltung entsteht und es daher keiner Ausschlussfrist für später fällig werdende Ansprüche bedürfe. Hieran will der Gesetzgeber auch zukünftig aus Gründen einer systematischen Geschlossenheit festhalten.

Demgegenüber hat der Gesetzgeber keinen Grund gesehen, auch für den bisherigen Fall des **§ 327 Abs. 4 AktG** an dem Modell einer Sonderverjährungsfrist festzuhalten, sondern hat diese entsprechend der Regelung in § 160 HGB in eine **Ausschlussfrist** von fünf Jahren umgewandelt.

Die besonderen **Verjährungsvorschriften für Wettbewerbsverbote** nach § 61 Abs. 2, § 113 Abs. 3 HGB, § 88 Abs. 3, § 284 Abs. 3 AktG sind gleichfalls im Wesentlichen beibehalten worden. Der Struktur und Systematik nach entsprechen diese Vorschriften bereits dem Modell der §§ 195, 199 BGB mit einer an die subjektive Kenntnis geknüpften Verjährungsfrist und objektiven Verjährungshöchstfristen. Die deutlich kürzeren Verjährungsfristen von drei Monaten und die Verjährungshöchstfrist von fünf Jahren rechtfertigen sich daraus, dass Wettbewerbsverbote besonders begründungsbedürftige Ausnahmen von § 1 GWB darstellen, so dass der Gesetzgeber hieran festhalten möchte.

> **Hinweis:**
> Wie in § 199 Abs. 1 Satz 2 BGB löst zukünftig jedoch bereits die grob fahrlässige Unkenntnis des berechtigten Prinzipals den Verjährungsbeginn aus. Der Anspruchsgegner kann die kurze Verjährungsfrist für sich also in Anspruch nehmen, wenn er nachweisen kann, dass der Prinzipal es mehr als drei Monate vor seiner Inanspruchnahme in ungewöhnlich sorgfaltswidriger Weise versäumt hat, sich von dem Geschäft Kenntnis zu verschaffen.

Außerhalb der vorbezeichneten Ausnahmetatbestände ist der Gesetzgeber der Auffassung, dass die regelmäßige Verjährung gemäß §§ 195, 199 BGB auch im Handels- und Gesellschaftsrecht zur Anwendung gelangen kann. Die Zeitspanne erscheint dem Gesetzgeber ausreichend, damit beispielsweise der Handelsvertreter seine Ansprüche gegen den Unternehmer geltend machen kann. Gleiches gelte für Ansprüche der Gesellschafter oder der Gesellschaftsorgane gegen die Gesellschaft.

> **Hinweis:**
> Die allermeisten handels- und gesellschaftsrechtlichen Ansprüche, bei denen bislang in Einzelfällen eine besondere Verjährungsfrist galt, wurden daher der regelmäßigen Verjährung nach den reformierten BGB-Vorschriften unterstellt. Dies verschafft dem Anwender eine bessere Übersicht und ist geeignet, in systematischer Klarheit Rechtssicherheit zu schaffen.

2 Die Neuregelungen im Einzelnen

2.1 Änderungen des BGB – Korrektur der Schuldrechtsmodernisierung

Der Gesetzgeber hat das jetzige Anpassungsgesetz zunächst benutzt, um einem nicht unwesentlichen Einwand aus der Praxis gegen die Neuregelung des Verjährungsrechtes mit dem Gesetz zur Modernisierung des Schuldrechtes von 2001 Rechnung zu tragen, ohne dass ihm dies tatsächlich hinreichend gelungen ist.

2.1.1 Neue Verjährungsfrist für die Kosten der Zwangsvollstreckung

Der Gesetzgeber hat zunächst die Verjährung des Anspruches auf Ersatz der notwendigen Kosten der Zwangsvollstreckung der dreißigjährigen Verjährungsfrist des § 197 Abs. 1 BGB unterworfen.

§ 197 BGB unterwirft verschiedene Ansprüche der langen dreißigjährigen Verjährungsfrist. Mit § 197 Abs. 1 Nr. 3–5 BGB werden hiervon insbesondere rechtskräftig festgestellte und sonst vollstreckbare Ansprüche erfasst. Diese Regelung hat der Gesetzgeber nunmehr um eine neue Nr. 6 ergänzt.

Mit dem neuen § 197 Abs. 1 Nr. 6 BGB werden die Ansprüche auf Erstattung der Kosten der Zwangsvollstreckung ausdrücklich der dreißigjährigen Verjährung unterworfen. Hier war zuletzt streitig geblieben, ob mit der Neuregelung nach der Schuldrechtsreform für die Kosten der Zwangsvollstreckung die Regelverjährung gilt. Insbesondere Gläubigervertreter, wie der Bundesverband Deutscher Inkasso Unternehmen e.V.[15], haben auf eine entsprechende Klarstellung gedrängt.

Nach § 788 Abs. 1 Satz 1 ZPO können die Kosten der Zwangsvollstreckung mit der titulierten Forderung beigetrieben werden, bei deren Vollstreckung die Kosten angefallen sind. Auch nach Erfüllung der titulierten Forderung kann mit dem Titel über die erfüllte Forderung die Vollstreckung wegen der Kosten nach § 788 ZPO fortgesetzt werden, ohne dass es eines besonderen Kostentitels bedarf.

> **Hinweis:**
> Seit der Zweiten Zwangsvollstreckungsnovelle zum 1. Januar 1999 ist der Gläubiger allerdings berechtigt, die ihm notwendig entstandenen Kosten der Zwangsvollstreckung nach § 788 Abs. 2 i.V.m. §§ 103 ff. ZPO festsetzen zu lassen. Dies empfiehlt sich insbesondere dann, wenn ein Streit über die Notwendigkeit der Vollstreckungskosten nicht auszuschließen ist und zu einem späteren Zeitpunkt Schwierigkeiten beim Nachweis der Notwendigkeit zu befürchten sind. Der darauf ergehende Kostenfestsetzungsbeschluss unterliegt in jedem Fall der dreißigjährigen Verjährung nach § 197 Abs. 1 ZPO.

---

[15] www.bdiu.de.

Die Vollstreckung der notwendigen Kosten der Zwangsvollstreckung ist auch dann allein nach § 788 ZPO möglich, wenn der titulierte Anspruch nicht auf Geld gerichtet war. Durch diese Regelung wird dem Gläubiger erspart, zur Geltendmachung der Zwangsvollstreckungskosten ein weiteres Verfahren durchzuführen; im Ergebnis kann hierdurch der Anspruch auf Ersatz der Vollstreckungskosten ohne eigenen Titel vollstreckt werden.

Hinweis:
Dies ist allerdings ohne weiteres gerechtfertigt, da der Schuldner die Erstattung dieser Kosten immer auch aus materiell-rechtlichen Gründen, nämlich seinem Verzug schuldet. Eine wirkliche Rechtsmittelverkürzung ist hiermit für den Schuldner also nicht verbunden, zumal er sich gegen die Notwendigkeit der angesetzten Kosten mit der Erinnerung nach § 766 ZPO bzw. der sofortigen Beschwerde nach § 793 ZPO zur Wehr setzen kann.

Dass mit dieser Verfahrensweise der gesetzlichen Anordnung der Vollstreckbarkeit keine weiteren Kosten verursacht werden, kommt sowohl dem Gläubiger als auch dem Schuldner zugute und ist der tragende Gesichtspunkt dieser Regelung.

Die Verjährung des Ersatzanspruchs für diese Vollstreckungskosten war bisher weder im BGB noch in der ZPO ausdrücklich geregelt, so dass die Anwendung der Regelverjährung nahe gelegen hätte. Dies bedurfte aber keiner näheren Klärung, weil unter der Geltung des alten Rechts vor In-Kraft-Treten der Schuldrechtsreform der Anspruch auf Erstattung der Vollstreckungskosten im Ergebnis unbestritten einer dreißigjährigen Verjährungsfrist unterlag. Dabei konnte dahin gestellt bleiben, ob sich diese dreißigjährige Frist in unmittelbarer oder analoger Anwendung der Regelung der Verjährung des rechtskräftig festgestellten Anspruchs nach § 218 Abs. 1 BGB a.F. oder aus der regelmäßigen Verjährung nach § 195 BGB a.F. ergab.

Rechtsprechung und Literatur waren wohl überwiegend der Auffassung, dass die dreißigjährige Verjährungsfrist des § 218 BGB a.F. auch auf die Verjährung von Ansprüchen aus § 788 Abs. 1 Satz 1 ZPO anzuwenden ist.[16]

Hinweis:
Beachtet man, dass § 197 Abs. 1 Nr. 3–5 BGB n.F. die Regelung in § 218 BGB a.F. inhaltlich übernommen hat, erscheint es vertretbar, anzunehmen, dass der Gesetzgeber an der bisherigen Rechtslage nichts ändern wollte. Dies wird auch in der Literatur so in Anwendung von § 197 Abs. 1 Nr. 3 BGB vertreten.[17] Von diesem werden also die Ansprüche auf Ersatz der Zwangsvollstreckungskosten umfasst. Dies ist für die Praxis auch nicht unerheblich. Wenn die notwendigen Kosten der Zwangsvollstreckung der Regelverjährung unterfielen, wären die vor dem 1. Januar 2002 entstandenen notwendigen Kosten mit Ablauf des 31. Dezember 2004 verjährt, wenn der Gläubiger keine Maßnahmen zur Hemmung oder zum Neubeginn der Verjährung veranlasst hat. Die jetzige Neuregelung wäre bei einem In-Kraft-Ttreten nach dem 31. Dezember 2004 aber nicht geeignet gewesen, die bereits eingetretene Verjährung rückwirkend zu beseitigen. Ob die neue gesetzliche Regelung noch im Dezember 2004 in Kraft tritt, war nicht sicher absehbar.

Angesichts des durch die Schuldrechtsreform eingetretenen Auseinanderfallens der regelmäßigen Verjährung von drei Jahren nach § 195 BGB und der Verjährung rechtskräftig festgestellter Ansprüche von dreißig Jahren nach § 197 Abs. 1 Nr. 3–5 BGB hat der Gesetzgeber allerdings zu Recht eine gesetzliche Klarstellung dieser Rechtslage als angemessen erachtet. Ansätzen in der Literatur, die Ansprüche nach § 788 Abs. 1 Satz 1 ZPO der neuen kurzen regelmäßigen Verjährung nach § 195 BGB zu unterwerfen, ist damit jedenfalls für die Zukunft die Grundlage entzogen.

---

[16] KG, DR 1943, 154; Münchener Kommentar, 4. Aufl., § 218 Rn. 5.
[17] Münchener Kommentar, 4. Aufl., Band 1a, § 197 Rn. 16.

Der Gesetzgeber hat erkannt, dass die Anwendung der Regelverjährung von drei Jahren auf den Erstattungsanspruch für die notwendigen Kosten der Zwangsvollstreckung den Gläubiger in jedem Falle zwingen würde, diese Kosten im Wege der Kostenfestsetzung nach § 788 Abs. 2 ZPO i.V.m. § 103 ff. ZPO zu titulieren, um den Verjährungseintritt zu vermeiden. Alternativ bliebe dem Gläubiger nur die Möglichkeit, durch regelmäßige, wenn auch absehbar fruchtlose Vollstreckungsversuche den Neubeginn der Verjährung des materiellen Kostenerstattungsanspruchs nach § 212 Abs. 1 Nr. 2 BGB zu erreichen.

Beide Fälle würden weitere Kosten verursachen, die § 788 ZPO im Interesse beider Parteien gerade vermeiden will. Der Gläubiger soll nicht gezwungen werden, zu Lasten des Schuldners und letztlich auch zu seinen Lasten als Zweit(kosten)schuldner weitere Kosten zu verursachen, um seinen bisherigen Kostenerstattungsanspruch vor der Verjährung zu sichern.

Nach den jetzigen Ausführungen der Gesetzesbegründung wollte der Gesetzgeber an dem Anliegen, diesen unerwünschten Kosten- und Arbeitsaufwand für Anwaltschaft und Gerichte zu vermeiden, durch das Gesetz zur Modernisierung des Schuldrechts, das § 218 Abs. 1 BGB a.F. inhaltsgleich in § 197 Abs. 1 Nr. 3–5 BGB übernommen hat, nichts ändern.

Die Regelung in § 197 Abs. 1 Nr. 6 BGB beseitigt die Rechtsunsicherheit, die ansonsten bis zu einer etwaigen höchstrichterlichen Klärung der Frage fortbestanden und die Gefahr ausgelöst hätte, dass sich vorsorglich eine unerwünschte Praxis der eigenständigen Titulierung der Zwangsvollstreckungskosten etabliert.

> **Hinweis:**
> Dies hat der Gesetzgeber allerdings nicht gänzlich verhindert. Da nicht erkennbar war, ob das Gesetz vor dem 1. Januar 2005 in Kraft tritt, waren Gläubiger bereits gezwungen, die vor dem 1. Januar 2002 angefallenen Vollstreckungskosten titulieren zu lassen.

Aufgrund ihres Standortes als selbständige Nr. 6 in § 197 Abs. 1 BGB gilt die Bestimmung nicht nur für die Kosten der Zwangsvollstreckung aus rechtskräftig festgestellten Ansprüchen nach § 197 Abs. 1 Nr. 3 BGB, sondern entsprechend der Reichweite des § 788 ZPO unabhängig von der Art der zu vollstreckenden Titel auch für die vollstreckbaren Ansprüche aus § 197 Abs. 1 Nr. 4 und 5 BGB. Letztlich findet die Regelung dann auch auf alle vollstreckbaren Ansprüche Anwendung, die nach den Bestimmungen des 8. Buches der ZPO vollstreckt werden und für die die Regelung des § 788 ZPO Anwendung findet.

In Ergänzung zur Erweiterung von § 197 Abs. 1 BGB um eine Nr. 6 war es erforderlich, **§ 201 BGB** als maßgebliche Vorschrift für den Beginn der dreißigjährigen Verjährungsfrist entsprechend **anzupassen** und die neue Nr. 6 auch hier aufzunehmen. Mit der Ausdehnung der Regelung des § 201 Satz 1 BGB auf den Fall des § 197 Abs. 1 Nr. 6 BGB beginnt die Verjährung von Ansprüchen auf Erstattung der Kosten der Zwangsvollstreckung mit der Rechtskraft der vollstreckbaren Entscheidung, der Errichtung des vollstreckbaren Titels oder der Feststellung im Insolvenzverfahren, bei deren Vollstreckung die Kosten angefallen sind, jedoch nicht vor der Entstehung des Anspruches, d.h. nicht vor dem Anfall der Vollstreckungskosten.

> **Hinweis:**
> Da die kostenauslösende Vollstreckungsmaßnahme nach § 212 Abs. 1 Nr. 2 BGB die dreißigjährige Verjährungsfrist des titulierten Hauptanspruchs nach § 197 Abs. 1 Nr. 3–5 BGB zugleich neu beginnen lässt, ist gesichert, dass Hauptanspruch und Kostenanspruch nach § 788 ZPO verjährungsrechtlich im Gleichlauf behandelt, d.h. insbesondere in die Fristenverwaltung integriert werden können.

2.1.2 Neue Regelung für die Wiedereinsetzung bei Inventarfrist

Nach § 1993 BGB ist der Erbe berechtigt, ein Verzeichnis des Nachlasses als **Inventarverzeichnis** bei dem Nachlassgericht einzureichen, um so seine Haftung für Nachlassverbindlichkeiten beschränken zu können. Das Nachlassgericht hat dem Erben nach § 1994 BGB hierfür auf Antrag der Gläubiger eine **Frist** zu bestimmen, die nach § 1995 BGB mindestens einen Monat, jedoch höchstens drei Monate betragen soll und die mit der Zustellung des die Frist festsetzenden Beschlusses, frühestens jedoch mit der – ggf. gesetzlich fingierten – Annahme der Erbschaft beginnt. Diese Frist kann nach § 1995 Abs. 3 BGB nach dem freien Ermessen des Nachlassgerichtes verlängert werden.

§ 1996 BGB regelt dann, wie zu verfahren ist, wenn der Erbe die **Inventarfrist** ebenso **versäumt** hat wie die rechtzeitige Beantragung einer Fristverlängerung. Durch § 1996 Abs. 1 BGB in der bisherigen Fassung wird dem Erben bei Versäumung der Inventarfrist oder der Frist zur Beantragung der Verlängerung der Inventarfrist wegen höherer Gewalt die Möglichkeit eingeräumt, die Fristversäumung durch ein der **Wiedereinsetzung** vergleichbares Institut zu heilen. Das Gleiche gilt, wenn der Erbe von der Zustellung des Beschlusses mit der Fristsetzung ohne sein Verschulden keine Kenntnis erhalten hat.

Die Vorschrift entspricht § 233 ZPO in seiner bis zur Vereinfachungsnovelle vom 3. Dezember 1976 geltenden Fassung, der nur die Fälle der Verhinderung des Erben an der Einhaltung der Fristen bei höherer Gewalt oder schuldloser Unkenntnis des sie bestimmenden Gerichtsbeschlusses erfasst hat. Dies erschien dem Gesetzgeber zu recht nicht mehr sachgerecht, weil auch darüber hinaus Fälle der schuldlosen Verhinderung denkbar sind. Es ist nicht ersichtlich, warum dem Erben dann keine neue Frist gesetzt werden soll. Entsprechend stellen auch die verfahrensrechtlichen Wiedereinsetzungsvorschriften in § 233 ZPO, § 22 Abs. 2 FGG lediglich auf ein Verschulden des Säumigen ab.

Die jetzige **Neuregelung** des § 1996 Abs. 1 BGB passt die Gesamtregelung dem heutigen Inhalt von § 233 ZPO an. Danach kommt die erneute Fristsetzung zur Errichtung eines Nachlassinventars immer dann in Betracht, wenn der Erbe die ihm ursprünglich gesetzte Frist ebenso schuldlos versäumt hat wie die Stellung eines Verlängerungsantrages und er einen entsprechenden Antrag auf Einräumung einer erneuten Inventarfrist binnen einer weiteren Frist von zwei Wochen nach Wegfall des Hindernisses zur Errichtung des Nachlassinventars oder Beantragung der Fristverlängerung und spätestens vor dem Ablauf eines Jahres seit dem Ablauf der ersten gesetzten Frist beim Nachlassgericht stellt.

Außerdem kann künftig auch bei schuldloser Versäumung der zweiwöchigen Antragsfrist des § 1996 Abs. 2 BGB ein Antrag auf Gewährung einer neuen Frist gestellt werden. Dies entspricht ebenfalls der Regelung des § 233 ZPO. Danach ist Wiedereinsetzung auch bei schuldloser Versäumung der Wiedereinsetzungsfrist des § 234 Abs. 1 ZPO zu gewähren. Es erschien dem Gesetzgeber sachgerecht, hier eine vergleichbare Regelung zu schaffen, zumal der Erbe bislang nur dann bei Versäumung der Frist des § 1996 Abs. 2 BGB ohne Rechtsnachteil bleibt, wenn sie durch höhere Gewalt bedingt ist, §§ 1997, 206 BGB, andere Fälle unverschuldeter Säumnis aber nicht erfasst werden.

In Folge der Änderung von § 1996 Abs. 1 BGB war es erforderlich, **§ 1997 BGB anzupassen**. § 1997 BGB erfasst nun nur noch die Fälle, in denen der Erbe während des Laufes der Inventarfrist oder der Frist nach § 1996 Abs. 2 BGB geschäftsunfähig oder in der Geschäftsfähigkeit beschränkt wird. Ansonsten richten sich die Folgen schuldloser Fristversäumnis allein nach § 1996 Abs. 1 BGB.

2.2 Änderungen gesellschaftsrechtlicher Verjährungsvorschriften

Ein wesentlicher, vor allem aber praktisch bedeutsamer Regelungsgehalt des Gesetzes zur Anpassung von Verjährungsvorschriften an das Gesetz zur Modernisierung des Schuldrechtes liegt im Handels- und Gesellschaftsrecht. Schon in den allgemeinen Ausführungen wurde die besondere

Bedeutung hervorgehoben. Der Gesetzgeber hat hier eine besondere Differenzierung vorgenommen, da er es nicht selten bei Verjährungsfristen belassen hat, die von der regelmäßigen Verjährung abweichen und auch beim Verjährungsbeginn von §§ 199–201 BGB abweichende Bestimmungen treffen. Im Übrigen unterstehen aber auch diese Regelungen den allgemeinen Verjährungsvorschriften des BGB.

2.2.1 Anpassung der Verjährungsvorschriften des HGB

2.2.1.1 Verjährung der Ansprüche aus Wettbewerbsverstößen des Handlungsgehilfen

Wer in einem Handelsgewerbe zur Leistung kaufmännischer Dienste gegen Entgelt angestellt ist, wird nach § 59 HGB als Handlungsgehilfe tätig. Nach § 60 HGB darf der Handlungsgehilfe ohne Einwilligung seines Arbeitgebers weder ein Handelsgewerbe betreiben noch im Handelszweig seines Arbeitgebers für eigene oder fremde Rechnung Geschäfte machen. Insoweit handelt es sich um ein gesetzliches Wettbewerbsverbot.

Zur tatsächlichen Durchsetzung dieses gesetzlichen Wettbewerbsverbotes ordnet § 61 Abs. 1 HGB an, dass der Handlungsgehilfe seinem Arbeitgeber den Schaden zu ersetzen hat, der diesem durch den Verstoß gegen das Wettbewerbsverbot entsteht. Wahlweise wird dem Arbeitgeber aber auch ein Eintrittsrecht gewährt, d.h. er kann verlangen, dass der Handlungsgehilfe die für eigene Rechnung gemachten Geschäfte als für Rechnung des Arbeitgebers eingegangen gelten lässt und die aus Geschäften für fremde Rechnung bezogene Vergütung herausgibt.

Sowohl der Schadensersatzanspruch als auch die Ansprüche aus dem Eintrittsrecht unterliegen bisher der **besonderen Verjährungsvorschrift des § 61 Abs. 2 HGB**. An dieser abweichenden Verjährungsregelung hält der Gesetzgeber grundsätzlich fest.

Abweichend von der regelmäßigen Verjährung des § 195 BGB behält der Gesetzgeber die **Verjährungsfrist von drei Monaten** bei. Dies begründet er mit dem besonderen Rechtfertigungsbedürfnis für Wettbewerbsverbote, die als solches der marktwirtschaftlich orientierten deutschen Rechtsordnung widersprechen würden. Mit Blick auf § 1 des Gesetzes gegen Wettbewerbsbeschränkungen, der ein Kartellverbot enthält, sind sie nach Auffassung des Gesetzgebers nur zu akzeptieren, soweit sie für den Bestand des vor Wettbewerb zu schützenden Rechtsinstituts, d.h. des Handelsgewerbes bzw. der Handelsgesellschaften erforderlich sind.

Wie in § 199 Abs. 1 Nr. 2 BGB stellt der Gesetzgeber für den Beginn der Verjährungsfrist darauf ab, dass der Arbeitgeber des Handelsgehilfen von dem Abschluss des Geschäftes Kenntnis erlangt. Über die bisherige Rechtslage hinausgehend beginnt die Verjährungsfrist zukünftig aber auch zu dem Zeitpunkt, in dem der Arbeitgeber von den den Anspruch begründenden Tatsachen ohne grobe Fahrlässigkeit hätte Kenntnis erlangen müssen. Für den Gesetzgeber spricht eine – damit unwiderlegbare – Vermutung dafür, dass derjenige Berechtigte, der innerhalb von drei Monaten ab Kenntnis des Wettbewerbsverstoßes oder der grob fahrlässigen Unkenntnis nichts unternommen hat, des Schutzes vor Wettbewerb nicht länger bedarf.

Wie bei § 199 Abs. 1 BGB verlangt auch § 61 Abs. 2 HGB bei einem grundsätzlich subjektiv bestimmten Verjährungsbeginn nach einer Verjährungshöchstgrenze. Als solche hat der Gesetzgeber in Abweichung von § 199 Abs. 3 BGB auch hier eine kürzere Verjährungshöchstfrist von fünf Jahren gewählt. Diese war schon Gegenstand der bisherigen Regelung und wird als solche beibehalten.

2.2.1.2 Verkürzung der Verjährung aus dem Handelsvertretervertrag

Wer für einen anderen Unternehmer als selbständiger Gewerbetreibender Geschäfte vermittelt oder in dessen Namen abschließt, wird nach § 84 HGB als Handelsvertreter tätig. Selbständig ist danach, wer seine Tätigkeit im Wesentlichen frei gestalten und seine Arbeitszeit bestimmen kann.

Die gegenseitigen Rechte und Ansprüche aus dem zwischen dem Handelsvertreter und dem Unternehmer geschlossenen Vertrag folgen §§ 85 ff. HGB. Von besonderer Bedeutung sind dabei die Provisionsansprüche des Handelsvertreters nach §§ 86b und 87 ff. HGB.

Die Verjährung der gegenseitigen Ansprüche aus dem Handelsvertretervertrag war bisher in **§ 88 HGB** geregelt. Die Ansprüche verjährten danach binnen einer Frist von vier Jahren. Die Verjährungsfrist begann mit dem Schluss des Jahres, in dem der Anspruch fällig geworden ist. Hintergrund dieser Regelung war, dass die ursprüngliche regelmäßige Verjährungsfrist von 30 Jahren nach § 195 BGB a.F. für die genannten Ansprüche als unangemessen lang angesehen wurde.

Der Gesetzgeber hat keinen Anlass gesehen, an der Verjährungsfrist von vier Jahren gegenüber der neuen regelmäßigen Verjährungsfrist des § 195 BGB von drei Jahren festzuhalten. Aus diesem Grunde hat er § 88 HGB ersatzlos gestrichen.

> **Hinweis:**
> Dies bedeutet allerdings gegenüber dem bisherigen Recht, dass der Beginn der Verjährungsfrist sich nach § 199 Abs. 1 BGB richtet, so dass allein die Fälligkeit des Anspruches, welche sich für den Provisionsanspruch aus § 87a HGB ergibt, nicht mehr ausreicht, um die Verjährung mit Ablauf des Jahres beginnen zu lassen, in dem der Anspruch fällig geworden ist. Zukünftig ist nach § 199 Abs. 1 Nr. 2 BGB weiter erforderlich, dass der Berechtigte von den den Anspruch begründenden Tatsachen im gleichen Jahr positive Kenntnis erlangt oder aber ohne grobe Fahrlässigkeit hätte erlangen müssen. Anderenfalls zieht sich der Verjährungsbeginn bis zu diesem Zeitpunkt hinaus. Für die Praxis bedeutet dies, dass die positive Kenntnis von entsprechenden Tatsachen beweiskräftig dokumentiert werden muss.

2.2.1.3 Verjährung der Ansprüche aus dem Wettbewerbsverstoß des Gesellschafters der OHG

Nach § 112 HGB darf ein Gesellschafter einer OHG ohne Einwilligung der anderen Gesellschafter weder in dem Handelszweig der Gesellschaft Geschäfte machen noch an einer anderen gleichartigen Handelsgesellschaft als persönlich haftender Gesellschafter teilnehmen. Wie für den Handelsgehilfen in § 60 HGB wird damit auch für den Gesellschafter der OHG ein Wettbewerbsverbot angeordnet.

Verletzt ein Gesellschafter die ihm nach § 112 HGB obliegende Verpflichtung, so kann die Gesellschaft nach § 113 HGB Schadensersatz fordern oder stattdessen von dem Gesellschafter verlangen, dass er die für eigene Rechnung gemachten Geschäfte als für Rechnung der Gesellschaft eingegangen gelten lässt und die aus Geschäften für fremde Rechnung bezogene Vergütung herausgibt oder seinen Anspruch auf die Vergütung abtritt.

> **Hinweis:**
> Beachtet werden muss, dass über die Geltendmachung dieser Ansprüche die übrigen Gesellschafter ohne den gegen das Wettbewerbsverbot verstoßenden Gesellschafter beschließen müssen.

Sowohl der Schadensersatzanspruch als auch die Ansprüche aus dem Eintrittsrecht unterliegen bisher der **besonderen Verjährungsvorschrift des § 113 Abs. 3 HGB**. An dieser abweichenden Verjährungsregelung hält der Gesetzgeber auch zukünftig fest.

Abweichend von der regelmäßigen Verjährung des § 195 BGB begründet der Gesetzgeber für die Ansprüche wegen des Verstoßes gegen das Wettbewerbsverbot des § 112 HGB eine **Verjährungsfrist von drei Monaten**. Nicht anders als bei § 61 Abs. 2 HGB begründet er dies mit dem besonderen Rechtfertigungsbedürfnis für Wettbewerbsverbote, die als solche der marktwirtschaftlich orientierten deutschen Rechtsordnung widersprechen würden. Mehr noch als für den Handlungsgehilfen gilt dies für den Gesellschafter einer OHG als den eigentlich handelnden Unternehmer im Markt. Da § 1 des Gesetzes gegen Wettbewerbsbeschränkungen ein Kartellverbot enthält und dieses nicht durch andere gesetzliche Regelungen unterlaufen werden darf, sind Wettbewerbsverbote nach Auffassung des Gesetzgebers nur zu akzeptieren, soweit sie für den Bestand des vor Wettbewerb zu schützenden Rechtsinstituts erforderlich sind.

Aus den genannten Gründen weicht der Gesetzgeber auch von den nach § 199 Abs. 3 BGB vorgesehenen Verjährungshöchstfristen ab. Als solche hat der Gesetzgeber in Abweichung von § 199 Abs. 3 BGB eine Verjährungshöchstfrist von fünf Jahren gewählt. Diese war schon Gegenstand der bisherigen Regelung und wird als solche beibehalten.

Für den Beginn der Verjährungsfrist wird darauf abgestellt, dass die übrigen Gesellschafter von dem Abschluss des Geschäftes Kenntnis haben. Über die bisherige Rechtslage hinausgehend beginnt die Verjährungsfrist zukünftig aber auch zu dem Zeitpunkt, in dem die Gesellschafter von den den Anspruch begründenden Tatsachen ohne grobe Fahrlässigkeit hätten Kenntnis erlangen müssen. Für den Gesetzgeber spricht eine – damit unwiderlegbare – Vermutung dafür, dass derjenige Berechtigte, der innerhalb von drei Monaten ab Kenntnis des Wettbewerbsverstoßes oder der grob fahrlässigen Unkenntnis nichts unternommen hat, des Schutzes vor Wettbewerb nicht länger bedarf.

2.2.1.4 Veränderte Verjährungsvorschriften im Seehandelsrecht

Das Seehandelsrecht ist im Fünften Buch des Handelsgesetzbuches in §§ 476–905 HGB geregelt. Hinsichtlich der dort begründeten Ansprüche hat der Gesetzgeber ein Sonderverjährungsrecht in §§ 901–905 HGB geschaffen. Das Recht der Verjährung im Seehandelsrecht ist dabei durch Art. 1 Nr. 45 des Seehandelsänderungsgesetzes vom 21. Juni 1972 (BGBl. I S. 966) neu gestaltet worden. Ziel war es, die seerechtlichen Forderungen im HGB als Sonderrecht gegenüber den allgemeinen Vorschriften der §§ 194 ff. BGB a.F. zu regeln. Dies geschah auch hier insbesondere deshalb, weil die dreißigjährige Verjährungsfrist erheblich zu lang und daher nicht sachgerecht war.

Dieser Grund für eine Sonderregelung ist nach Auffassung des Gesetzgebers nunmehr entfallen, weil die regelmäßige Verjährungsfrist angemessen lang ist und durchgreifende Gründe für davon abweichende kürzere Verjährungsfristen, die dazu in den einzelnen Tatbeständen differieren, nicht mehr bestehen. Von daher konnte auch in diesem Bereich der erklärten Zielvorgabe dieses Gesetzentwurfs gefolgt werden, die Vorschriften über die regelmäßige Verjährung nach dem BGB so weit wie möglich für alle Forderungen aus Seefrachtverträgen zur Anwendung zu bringen und hierdurch zur Vereinheitlichung und Vereinfachung beizutragen.

> **Hinweis:**
> Von einer Anpassung muss allerdings dort abgesehen werden, wo ihr internationale Übereinkommen entgegenstehen. Dies ist durchgängig bei den Verjährungsfristen des § 902 HGB der Fall.

Trotz der genannten Vorgabe hat der Gesetzgeber § 901 HGB nicht geändert. Danach verjähren öffentliche Schiffs-, Schifffahrts- und Hafenabgaben, Lotsgelder, Beiträge zur großen Haverei und Rückgriffsansprüche, die den Reedern nach § 736 Abs. 2 HGB zustehen, weiter nach einem Jahr. Da die Ansprüche – mit Ausnahme des zuletzt genannten – nicht zivilrechtlicher, sondern öffentlich-rechtlicher Natur sind, mag dies hierin seinen Grund haben.

Ausgehend von internationalem Recht verjähren
- Forderungen gegen den Verfrachter aus Verträgen über die Beförderung von Reisenden (§ 902 Nr. 1 HGB),
- Schadensersatzforderungen aus dem Zusammenstoß von Schiffen oder aus einem unter § 738c HGB fallenden Ereignis (§ 902 Nr. 2 HGB),
- Forderungen auf Bergelohn oder Sondervergütung einschließlich Bergungskosten (§ 902 Nr. 3 HGB),
- Forderungen wegen der Beseitigung eines Wracks (§ 902 Nr. 4 HGB)

wie bisher nach zwei Jahren.

Von einer Änderung des § 902 Abs. 1 Nr. 1 HGB musste abgesehen werden, weil das Athener Übereinkommen von 1974 über die Beförderung von Reisenden und ihrem Gepäck auf See weitgehend dem deutschen Recht angepasst wurde und dort ebenfalls eine Verjährungsfrist von zwei Jahren vorgesehen ist. Auch das Protokoll von 2002 zu dem Athener Übereinkommen von 1974 über die Beförderung von Reisenden und ihrem Gepäck auf See hat an dieser Frist festgehalten. Da eine Ratifikation des Protokolls von 2002 zu dem Athener Übereinkommen geplant ist, hat der Gesetzgeber zu Recht keinen Sinn darin gesehen, die in § 902 Abs. 1 Nr. 1 HGB enthaltene Verjährungsfrist zu verlängern.

Die Verjährungsfrist der in § 902 Abs. 1 Nr. 2 HGB genannten Ansprüche entspricht Art. 7 Abs. 1 (betreffend Zusammenstoß) und Art. 13 (betreffend Fernschädigung im Sinne des § 738c HGB) des Internationalen Übereinkommens zur einheitlichen Festlegung von Regeln über den Zusammenstoß von Schiffen von 1910. Nachdem auch die Bundesrepublik Deutschland Vertragsstaat dieses Abkommens ist, war von einer Änderung der Verjährungsfrist für diese Ansprüche abzusehen.

Die Verjährungsfrist für die in § 902 Abs. 1 Nr. 3 HGB genannten Ansprüche entspricht Art. 23 des Internationalen Übereinkommens über Bergung von 1989, welches in der Bundesrepublik Deutschland am 8. Oktober 2002 in Kraft getreten ist. So gebot auch hier das internationale Recht, von einer Änderung der Verjährungsfrist Abstand zu nehmen.

In § 902 Abs. 1 Nr. 4 HGB sind auch Ansprüche wegen der Beseitigung eines Wracks aufgeführt. Insoweit war der Gesetzgeber zwar nicht wegen unmittelbar geltender internationaler Vereinbarungen an einem Festhalten an der zweijährigen Verjährungsfrist gezwungen. Aufgrund des engen sachlichen Zusammenhangs zwischen der Bergung und der Wrackbeseitigung wurde jedoch mit dem Seerechtsänderungsgesetz vom 21. Juni 1972 für beide Fälle bewusst die gleiche Verjährungsfrist eingeführt (vgl. Gesetzesbegründung BT-Drs. 6/2225, S. 40 f.). Hieran hält der Gesetzgeber nun auch für die Zukunft fest.

§ 902 Abs. 2 HGB hatte bisher die Möglichkeit geschaffen, dass der Schuldner einer Forderung auf Bergelohn und Bergungskosten die Verjährungsfrist durch Erklärung gegenüber dem Gläubiger verlängern konnte. Diese ausdrückliche Anordnung wurde unter der Geltung des alten Verjährungsrechts wegen § 225 BGB a.F. für erforderlich gehalten. Nach dem neuen § 202 Abs. 2 BGB ist eine Erschwerung der Verjährung, also eine Verlängerung der Verjährungsfrist, ohnehin gesetzlich zulässig, so dass § 902 Abs. 2 HGB entbehrlich war und gestrichen wurde. Rein redaktionell sind die Verjährungsvorschriften nun nicht mehr in § 902 Abs. 1 HGB sondern in § 901 HGB geregelt.

Der Gesetzgeber hält dann auch an den **abweichenden Bestimmungen zum Verjährungsbeginn** fest. Danach gilt für den Verjährungsbeginn:
- Nach § 903 Abs. 1 HGB beginnen die in §§ 901, 902 Nr. 1 HGB geregelten Verjährungsfristen mit dem Schluss des Jahres, in welchem die Forderung fällig geworden ist.
- Die Verjährung der Schadensersatzforderungen aus dem Zusammenstoß von Schiffen oder aus einem unter § 738c HGB fallenden Ereignis nach § 902 Nr. 2 HGB beginnt nach § 903 Abs. 2 HGB dagegen mit dem Ablauf des Tages, an welchem das Ereignis stattgefunden hat.
- Die Verjährung der in § 902 Nr. 3 und 4 genannten Forderungen beginnt mit dem Ablauf des Tages, an welchem die Bergungs- oder Wrackbeseitigungsmaßnahmen beendet worden sind.

> **Hinweis:**
> Die Verjährung von Rückgriffsansprüchen des Schuldners dieser Forderungen beginnt jedoch erst mit dem Tag des Eintritts der Rechtskraft des Urteils gegen ihn oder, wenn kein rechtskräftiges Urteil vorliegt, mit dem Tag, an dem er den Anspruch befriedigt hat; es sei denn, der Rückgriffsschuldner wurde nicht innerhalb von drei Monaten, nachdem der Rückgriffsgläubiger Kenntnis von dem Schaden und der Person des Rückgriffsschuldners erlangt hat, über diesen Schaden unterrichtet.

Nach dem bisherigen § 905 HGB verjährten die Forderungen des Versicherers und des Versicherten aus dem Versicherungsvertrag im Seehandel in fünf Jahren. Die Verjährung begann nach § 905 Abs. 2 HGB mit dem Ablauf des Jahres, in welchem die versicherte Reise beendet war, und bei der Versicherung auf Zeit mit dem Ablauf des Tages, an welchem die Versicherungszeit endete. Wenn das Schiff verschollen war, begann sie mit dem Ablauf des Tages, an welchem die Verschollenheitsfrist endete. § 905 HGB bezog sich dabei auf Ansprüche nach §§ 778–900 HGB, die für die Seeversicherung „praktisch totes Recht" sind.[18] Grund dafür ist, dass die Seeversicherer nach Maßgabe ihrer Versicherungsbedingungen in allen Fällen der Seeversicherung die Geltung der Allgemeinen Deutschen Seeversicherungsbedingungen (ADS) vereinbaren, die eine abschließende Regelung der Seeversicherung enthalten.

> **Hinweis:**
> Nach § 48 der Allgemeinen Deutschen Seeversicherungsbedingungen verjähren Ansprüche aus dem Versicherungsverhältnis in einer Frist von fünf Jahren, gerechnet von dem Schluss des Jahres, in dem die Versicherung endet.

Da in § 48 der Allgemeinen Deutschen Seeversicherungsbedingungen ein späterer Beginn der Verjährungsfrist vorgesehen ist als in § 905 Abs. 2 HGB, hat bis zum In-Kraft-Treten des Gesetzes zur Modernisierung des Schuldrechts die Bedeutung des § 905 HGB lediglich darin bestanden, dass seinetwegen § 48 ADS wegen Verstoßes gegen § 225 BGB a.F. nichtig gewesen ist. Nach § 202 BGB kann nunmehr eine Verlängerung der Verjährung bis zu 30 Jahren wirksam vereinbart werden, womit § 48 ADS nicht mehr zu beanstanden ist. § 905 HGB hat damit insgesamt seine Bedeutung verloren.

Nachdem §§ 901–904 HGB durch das Gesetz zur Anpassung von Verjährungsvorschriften an das Gesetz zur Schuldrechtsmodernisierung lediglich besondere Verjährungsfristen und deren Beginn normieren, gelten im Übrigen §§ 194–218 BGB. Dies gilt insbesondere für die Möglichkeit, abweichende Vereinbarungen über die Verjährung in den Grenzen des § 202 BGB zu treffen, für die Möglichkeiten, die Verjährung zu hemmen und deren Neubeginn zu erreichen.

2.2.2 Neue Verjährungsfrist für Auseinandersetzungsansprüche bei der Verschmelzung von Genossenschaften

Im fünften Abschnitt des ersten Buches des Umwandlungsgesetzes ist in §§ 79–98 UmwG die Verschmelzung unter Beteiligung eingetragener Genossenschaften geregelt. In § 93 UmwG ist die Auseinandersetzung mit einem früheren Genossen, dessen Beteiligung an dem übernehmenden Rechtsträger nach § 90 Abs. 2 UmwG wegen einer erfolgten Ausschlagung als nicht erworben gilt, auf der Grundlage der Schlussbilanz der übertragenden Gesellschaft normiert.

Nach § 93 Abs. 2 UmwG kann der ausscheidende Genosse die Auszahlung des Geschäftsguthabens, das er bei der übertragenden Genossenschaft hatte, verlangen. An den Rücklagen und dem sonstigen Vermögen der übertragenden Genossenschaft hat er vorbehaltlich des § 73 Abs. 3 UmwG betreffend die Erwerbs- und Wirtschaftsgenossenschaften keinen Anteil, auch wenn sie bei der Verschmelzung den Geschäftsguthaben anderer Genossen, die von dem Recht zur Ausschlagung keinen Gebrauch machen, zugerechnet werden.

Reichen die Geschäftsguthaben und die in der Schlussbilanz einer übertragenden Genossenschaft ausgewiesenen Rücklagen zur Deckung eines in dieser Bilanz ausgewiesenen Verlustes nicht aus, so kann der übernehmende Rechtsträger nach § 93 Abs. 3 UmwG von dem früheren Genossen, dessen Beteiligung als nicht erworben gilt, die Zahlung des anteiligen Fehlbetrags verlangen, wenn und soweit dieser Genosse im Falle der Insolvenz Nachschüsse an die übertragende Genossenschaft zu leisten gehabt hätte. Der anteilige Fehlbetrag wird, falls das Statut der übertragenden Genossenschaft nichts anderes bestimmt, nach der Zahl ihrer Genossen berechnet.

---

[18] Prüßmann/Rabe, Seehandelsrecht, 3. Aufl., S. 967.

Neuregelungen im Einzelnen

Die damit begründeten Auseinandersetzungsansprüche verjährten nach bisherigem Recht in § 93 Abs. 4 UmwG in fünf Jahren ab dem Schluss des Kalenderjahres, in dem die Ansprüche fällig wurden. An dieser Regelung hält der Gesetzgeber nicht mehr fest.

§ 93 Abs. 4 UmwG hat ursprünglich den aufgehobenen § 93m Abs. 3 GenG a.F. ersetzt und ist sachlich verwandt mit § 74 GenG.[19] Anders als in § 93 Abs. 4 UmwG betrug die Verjährungsfrist in § 93m Abs. 3 GenG a.F. noch drei Jahre und war dabei ebenfalls mit der „Silvesterregelung", d.h. dem Beginn der Verjährungsfrist mit dem Ablauf des Jahres, in dem die Ansprüche fällig wurden, verbunden.

Nach § 74 GenG beträgt die Frist zwei Jahre und beginnt sechs Monate nach dem Ausscheiden des Genossen, § 73 Abs. 2 GenG. Als die Bestimmung des § 93m GenG a.F. in das UmwG übertragen wurde, legte man die Verjährungsfrist in § 93 Abs. 4 UmwG wie auch sonst im Umwandlungsgesetz auf fünf Jahre fest.[20] Die in § 93 Abs. 1–3 UmwG geregelten Auseinandersetzungsansprüche unterscheiden sich jedoch von den sonstigen Fünfjahresfristen des Umwandlungsgesetzes, in denen es sonst um Fragen der Organhaftung oder um die Nachhaftungsbegrenzung geht. Während die Verjährung der Organhaftung und die Begrenzung der Nachhaftung weiterhin der längeren fünfjährigen Verjährungsfrist unterworfen bleiben sollen,[21] besteht dieses Bedürfnis für die besonderen Auseinandersetzungsansprüche nicht. Eine Drittkonstellation, die hier zu Nachteilen für den Gläubiger führen kann, liegt nicht vor.

Der Gesetzgeber unterwirft die Auseinandersetzungsansprüche des Genossen aus § 93 Abs. 1–3 UmwG aus diesem Grunde zukünftig der Regelverjährung gemäß §§ 195, 199 BGB von drei Jahren, indem er § 93 Abs. 4 UmwG aufhebt.

> **Hinweis:**
> Die Ansprüche aus § 93 UmwG werden – ähnlich wie im Fall des § 73 Abs. 2 GenG – gemäß § 94 Satz 1 UmwG innerhalb von sechs Monaten fällig. Die Frist beginnt mit dem Zugang der Ausschlagungserklärung. Mit der Ausschlagung kennt der Genosse den Anspruchsgrund und den Schuldner. Mit dem Ende des Jahres, in dem Fälligkeit, § 199 Abs. 1 Nr. 1 BGB, und die positive Kenntnis oder grob fahrlässige Unkenntnis, § 199 Abs. 1 Nr. 2 BGB, gegeben sind, beginnt die Dreijahresfrist gemäß § 195 BGB.

Der Gesetzgeber geht insoweit davon aus, dass dem ausgeschiedenen Genossen zugemutet werden kann, innerhalb der Regelverjährung seine Ansprüche geltend zu machen. Wie später noch zu zeigen sein wird, erfolgt dann auch eine Harmonisierung mit der Regelung in § 74 GenG.

> **Hinweis:**
> Allerdings muss beachtet werden, dass nach § 94 UmwG die Auszahlung des Auseinandersetzungsguthabens an weitere Voraussetzungen geknüpft ist. Danach darf die Auszahlung nicht erfolgen, bevor die Gläubiger, die nach § 22 UmwG ihre Ansprüche angemeldet haben, befriedigt oder sichergestellt sind, und nicht vor Ablauf von sechs Monaten seit dem Tag, an dem die Eintragung der Verschmelzung in das Register des Sitzes des übernehmenden Rechtsträgers nach § 19 Abs. 3 UmwG als bekannt gemacht gilt. Da gerade die erste Voraussetzung zu einer nicht unerheblichen Verzögerung der Auszahlung führen kann, kann sich damit auch die Fälligkeit nicht unerheblich hinauszögern.

---

[19] Siehe hierzu unten unter II 2.2.5.3.
[20] Regierungsentwurf BR-Drs. 75/94, S. 110.
[21] Siehe zur Begründung die Ausführungen unter II 1.2.

2.2.3 Änderung der Verjährungsfristen im AktG

2.2.3.1 Regelverjährung für Ansprüche gegen die Gründungsprüfer

In §§ 46–48 AktG sind die Ansprüche der Gesellschaft im Zusammenhang mit ihrer Gründung gegen die Gründer, andere Personen neben den Gründern und den Vorstand und Aufsichtsrat geregelt. Die **Verjährung** der entsprechenden Ansprüche ist in **§ 51 AktG** geregelt.

Nach § 46 AktG sind die Gründer der Gesellschaft als Gesamtschuldner für die Richtigkeit und Vollständigkeit der Angaben, die zum Zwecke der Gründung der Gesellschaft über Übernahme der Aktien, Einzahlung auf die Aktien, Verwendung eingezahlter Beträge, Sondervorteile, Gründungsaufwand, Sacheinlagen und Sachübernahmen gemacht worden sind, verantwortlich. Sie sind ferner dafür verantwortlich, dass eine zur Annahme von Einzahlungen auf das Grundkapital bestimmte Stelle nach § 54 Abs. 3 AktG hierzu geeignet ist und dass die eingezahlten Beträge zur freien Verfügung des Vorstandes stehen. Die Gründer haben, unbeschadet der Verpflichtung zum Ersatz des sonst entstehenden Schadens, fehlende Einzahlungen zu leisten und eine Vergütung, die nicht unter den Gründungsaufwand aufgenommen ist, zu ersetzen. Die näheren Modalitäten regelt § 46 Abs. 2–4 AktG.

Nach § 47 AktG können neben den Gründern weitere Personen der Gesellschaft anlässlich der Gründung als Gesamtschuldner zum Schadensersatz verpflichtet sein:
- derjenige, der bei dem Empfang einer Vergütung, die entgegen den Vorschriften nicht in den Gründungsaufwand aufgenommen ist, wusste oder nach den Umständen annehmen musste, dass die Verheimlichung beabsichtigt oder erfolgt war, oder wer an der Verheimlichung wissentlich mitgewirkt hat;
- derjenige, der im Fall einer vorsätzlichen oder grobfahrlässigen Schädigung der Gesellschaft durch Einlagen oder Sachübernahmen nach § 46 Abs. 2 AktG an der Schädigung wissentlich mitgewirkt hat;
- derjenige, der vor Eintragung der Gesellschaft in das Handelsregister oder in den ersten zwei Jahren nach der Eintragung die Aktien öffentlich ankündigt, um sie in den Verkehr einzuführen, wenn er die Unrichtigkeit oder Unvollständigkeit der Angaben, die zum Zwecke der Gründung der Gesellschaft gemacht worden sind, § 46 Abs. 1 AktG, oder die Schädigung der Gesellschaft durch Einlagen oder Sachübernahmen, § 46 Abs. 2 AktG, kannte oder bei Anwendung der Sorgfalt eines ordentlichen Geschäftsmannes kennen musste.

Nach § 48 AktG sind letztlich Mitglieder des Vorstands und des Aufsichtsrats, die bei der Gründung ihre Pflichten verletzen, der Gesellschaft zum Ersatz des daraus entstehenden Schadens als Gesamtschuldner verpflichtet. Ihre Verantwortlichkeit erstreckt sich insbesondere darauf, dass eine zur Annahme von Einzahlungen auf die Aktien bestimmte Stelle nach § 54 Abs. 3 AktG hierzu geeignet ist, und dass die eingezahlten Beträge zur freien Verfügung des Vorstands stehen. Für die Sorgfaltspflicht und Verantwortlichkeit der Mitglieder des Vorstands und des Aufsichtsrats bei der Gründung gelten im Übrigen §§ 93 und 116 AktG mit Ausnahme von § 93 Abs. 4 Satz 3 und 4 und Abs. 6 AktG.

§ 51 AktG setzt für die Verjährung von gründungsbezogenen Ansprüchen der Gesellschaft die Frist einheitlich auf fünf Jahre fest. Nach dem bisherigen Recht war davon auch noch die Haftung des Gründungsprüfers gemäß § 49 AktG erfasst, der die sinngemäße Anwendung von § 323 Abs. 1–4 HGB anordnet.

Durch Art. 6 des Wirtschaftsprüfungsexamens-Reformgesetzes[22] ist aber § 323 Abs. 5 HGB mit Wirkung zum 1. Januar 2004 aufgehoben worden, so dass für die Haftung des Abschlussprüfers nach § 323 Abs. 1–4 HGB die allgemeine Verjährungsfrist nach dem BGB, d.h. die dreijährige Verjährungsfrist nach § 195 BGB gilt.[23]

---

[22] vom 10.12.2003 (BGBl. I 2003, 2446, 2463).
[23] Regierungsentwurf BT-Drs. 15/1241, S. 53.

Damit standen die Regelungen des HGB und des AktG in Widerspruch zueinander, so dass eine Harmonisierung notwendig war. Der Anknüpfungspunkt für die Sonderverjährung bei Vorschriften, die auf § 323 HGB verweisen, nämlich § 144 AktG, § 11 Abs. 2 UmwG, ist damit entfallen.

In § 51 AktG ist die Verjährung nur insofern abweichend von § 323 Abs. 5 HGB a.F. geregelt gewesen, als sie jedenfalls nicht vor Eintragung der Gesellschaft in das Handelsregister beginnen konnte. Soweit die Gründungsprüfer betroffen sind, erscheint dieser besondere Verjährungsbeginn angesichts der Aufhebung des § 323 Abs. 5 HGB a.F. dem Gesetzgeber als verzichtbar. Im vergleichbaren Fall der Verschmelzung knüpft die Verjährung der Organhaftung von übertragendem und übernehmendem Rechtsträger an die Bekanntmachungsfiktion der Eintragung an, § 25 Abs. 3, § 27 UmwG. Demgegenüber sind die Ansprüche gegen Verschmelzungsprüfer gemäß § 11 Abs. 2 UmwG nach Aufhebung des § 323 Abs. 5 HGB a.F. der Regelverjährung gemäß §§ 195, 199 BGB unterworfen und beginnen daher abhängig von der Kenntnis oder grob fahrlässigen Unkenntnis der Gesellschaft. Eine entsprechende Unterscheidung in Verjährungsfrist und Verjährungsbeginn für Gründer und Organe einerseits und Gründungsprüfer andererseits ist auch im Aktienrecht unbedenklich.

Anders als die Gründer und Organe stehen die Gründungsprüfer außerhalb der Gesellschaft, § 33 Abs. 5 AktG, so dass die Gefahr einer Kollusion zu Lasten der Gesellschaftsgläubiger daher wesentlich geringer ist als bei den Gründern und Organen selbst.

Aus diesem Grunde hat der Gesetzgeber in § 51 AktG die Verweisung auf § 49 AktG gestrichen. Mit dem Wegfall der Bezugnahme auf die Sonderverjährungsvorschrift des § 51 AktG gilt damit für die Gründungsprüfer einer Aktiengesellschaft die Regelverjährung von drei Jahren nach §§ 195, 199 BGB, die mit dem Schluss des Jahres beginnt, in dem der Anspruch entstanden ist und der Geschädigte hiervon Kenntnis erlangt hat oder aber ohne grobe Fahrlässigkeit hätte erlangen müssen.

2.2.3.2 Änderung der Verjährung der Hauptverpflichtung der Aktionäre

Nach § 54 AktG haben die Aktionäre die Hauptpflicht, ihre Einlagen zu leisten. § 54 Abs. 1 AktG begrenzt diese Verpflichtung auf den Ausgabebetrag der Aktien. Die Verpflichtung, die Einlage zu erbringen, rechtfertigt die Haftungsbegrenzung der Aktiengesellschaft nach § 1 Abs. 1 Satz 2 AktG und dient damit vor allem dem Schutz der Gesellschaftsgläubiger.

Soweit nicht in der Satzung der Aktiengesellschaft Sacheinlagen festgesetzt sind, haben die Aktionäre nach § 54 Abs. 2 AktG den Ausgabebetrag der Aktien einzuzahlen. Nach § 54 Abs. 3 AktG kann der vor der Anmeldung der Gesellschaft eingeforderte Betrag nur in gesetzlichen Zahlungsmitteln oder durch Gutschrift auf ein Konto bei einem Kreditinstitut oder einem nach § 53 Abs. 1 Satz 1 oder § 53b Abs. 1 Satz 1 oder Abs. 7 des Gesetzes über das Kreditwesen tätigen Unternehmen der Gesellschaft oder des Vorstandes zu seiner freien Verfügung eingezahlt werden. Forderungen des Vorstandes aus diesen Einzahlungen gelten als Forderungen der Gesellschaft.

Bis zur Schuldrechtsmodernisierung unterlag der Anspruch auf Leistung der Einlage nach der ganz herrschenden Meinung der Regelverjährung nach 195 BGB a.F., so dass er in dreißig Jahren ab dem Zeitpunkt der Fälligkeit verjährte. Nach der Schuldrechtsreform unterlag der Anspruch damit weiterhin der Regelverjährung nun aber von drei Jahren, so dass die Verjährungsfrist ganz erheblich gekürzt wurde, da der Gesetzgeber zunächst auf eine Spezialverjährungsvorschrift verzichtete.

Auch die abweichende Regelung des Verjährungsbeginns nach § 199 Abs. 1 Nr. 2 BGB konnte zu keiner rein faktischen Verlängerung der Verjährungsfrist führen. Indem der Vorstand die Einlage nach § 63 Abs. 1 AktG fordert, kennt er sowohl die den Anspruch begründenden Tatsachen als auch die Person des Schuldners. Diese Kenntnis wirkt für die Gesellschaft, so dass die Fälligkeit und der Verjährungsbeginn – abgesehen von der Jahresendverjährung gemäß § 199 Abs. 1 BGB – nahezu immer zusammenfallen. Letztlich hat sich damit zum früheren § 199 BGB keine Änderung ergeben; die neue Verjährungsfrist von drei Jahren nach § 195 BGB wirkt rein praktisch wie eine Frist mit objektivem Beginn. Die dreijährige Verjährungsfrist sieht der Gesetzgeber jedoch als unzureichend an.

Die eigentlich schutzbedürftigen Gesellschaftsgläubiger erfahren nämlich regelmäßig weder von der Fälligkeit des Einlagenanspruchs noch von der Person des Einlageschuldners. Die Pflicht nach § 272 Abs. 1 Satz 2 und 3 HGB, ausstehende bzw. eingeforderte Einlagen in der Bilanz gesondert auszuweisen, genügt zum Schutz der Gesellschaftsgläubiger häufig nicht. Zum einen wäre der Gläubigerschutz dann von der ordnungsmäßigen Buchführung durch den Vorstand abhängig und insoweit auch einer Manipulationsgefahr ausgesetzt. Zum anderen kann es nicht als grob fahrlässige Unkenntnis im Sinne des § 199 Abs. 1 Nr. 2 BGB angesehen werden, wenn Gesellschaftsgläubiger auf eine Prüfung der Bilanz verzichten, bevor sie in Geschäftsbeziehungen zur Gesellschaft treten. Selbst wenn aber die Gesellschaftsgläubiger die entsprechende Kenntnis haben, können sie die Durchsetzung der Einlageforderung durch die Gesellschaft außerhalb des Insolvenzverfahrens nicht beeinflussen. Die subjektive Anknüpfung des § 199 Abs. 1 BGB, die den Gläubiger vor Verjährung schützen soll, bevor er eine Chance hatte, den Anspruch geltend zu machen, geht folglich im Hinblick auf den Schutz der Gesellschaftsgläubiger ins Leere.

Der Gesetzgeber hat sich deshalb entschieden, nunmehr mit § 54 Abs. 4 AktG eine Sonderverjährungsvorschrift einzufügen, die an die Stelle der regelmäßigen Verjährung gemäß §§ 195, 199 Abs. 1 BGB entsprechend § 199 Abs. 4 BGB eine Verjährungsfrist von zehn Jahren setzt, die ohne Rücksicht auf die Kenntnis oder grob fahrlässige Unkenntnis mit der Entstehung der Forderung beginnt. Die Zehnjahresfrist entspricht auch den Aufbewahrungsfristen, die Unternehmern aus § 257 Abs. 4 HGB, § 147 Abs. 3 Abgabenordnung vertraut sind.

Auch wenn Gesellschafter nicht in jedem Fall selbst unternehmerisch tätig sind, kann zumindest innerhalb dieser Frist erwartet werden, dass beweisrelevante Unterlagen noch vorhanden sind. Dieser Aspekt ist deshalb von besonderer Bedeutung, da die Verjährung von Ansprüchen auch Beweisschwierigkeiten berücksichtigen soll, die durch Zeitablauf entstehen.

Für eine Zehnjahresfrist sprechen aus Sicht des Gesetzgebers auch rechtstatsächliche Erhebungen zur Insolvenzanfälligkeit von Unternehmen in Abhängigkeit von Unternehmensalter und Rechtsform. Danach sind solche Unternehmen am insolvenzanfälligsten, die nicht älter als drei bis fünf Jahre sind. Mehr als die Hälfte der insolventen Unternehmen sind weniger als acht Jahre alt. Zwar können weder Gesetz noch Satzung das Grund- bzw. Stammkapital vor der Gründung so festlegen, dass es dem tatsächlichen Finanzierungsbedarf der Gesellschaft entspricht. Wenn aber die Gesellschaft und mit ihr deren Gläubiger überhaupt je auf die Einlagen der Gesellschafter angewiesen sind, dann am ehesten in den ersten Jahren nach Aufnahme des Geschäftsbetriebs. In dieser Zeit ist der Investitionsbedarf besonders hoch. Sicherheiten sind nur in geringem Maße vorhanden, so dass eine Fremdfinanzierung erschwert ist.

Gemessen an der Rechtsform sind Kapitalgesellschaften auch weitaus insolvenzanfälliger als Rechtsformen ohne Haftungsbeschränkung, wobei Aktiengesellschaften etwas stabiler sind als Gesellschaften mit beschränkter Haftung. Eine Korrelation von Insolvenzalter und Rechtsform ist allerdings nicht belegt.

Die Abkürzung der Verjährung von dreißig auf zehn Jahre wirkt sich im Aktienrecht insofern stärker aus als im GmbH-Recht, als das Grundkapital das Stammkapital im Durchschnitt deutlich übersteigt.

Die Einlageforderungen, die zu Lasten der Gesellschaftsgläubiger zukünftig nach zehn Jahren verjähren sollen, sind daher bei Aktiengesellschaften unter Umständen wesentlich höher als bei Gesellschaften mit beschränkter Haftung. Nach der letzten amtlichen Erhebung des Gesetzgebers aus dem Jahre 1992 waren mehr als zwei Drittel aller Gesellschaften mit beschränkter Haftung nur mit dem Mindeststammkapital ausgestattet, während das Grundkapital bei mehr als der Hälfte aller Aktiengesellschaften zwischen einer und 50 Millionen DM betrug. Allerdings hat sich das durchschnittliche Grundkapital seit 1992 nach Erhebungen der Deutschen Bundesbank mehr als halbiert, während sich die Anzahl der Aktiengesellschaften verfünffacht hat. Der Trend geht also auch bei Aktiengesellschaften zu mehr Gesellschaften mit geringerem Nominalkapital.

Wichtig war dem Gesetzgeber in diesem Zusammenhang, dass Unternehmen mit vielen Beschäftigten und hohen Umsätzen weniger insolvenzanfällig sind als kleinere Unternehmen. Ob das Grundkapital proportional zu Umsatz und Beschäftigtenzahl wachse, sei zwar nicht belegt. Wenn aber die Gesellschafter das gesetzliche Mindestkapital freiwillig überschritten, dürfe dies im Hinblick auf den geplanten Geschäftsumfang geschehen. Je größer das Unternehmen sei, umso weniger dürfe sich auch der Generationswechsel in Gesellschafterbestand oder Geschäftsleitung auswirken, der etwa drei Jahrzehnte nach Geschäftsaufnahme zu einer erneut höheren Insolvenzanfälligkeit führe.

Die Verjährung beginnt dadurch, dass der Vorstand die Aktionäre zur Einzahlung der Einlagen auffordert und dies entweder nach den Bestimmungen der Satzungen oder aber in den Gesellschaftsblättern bekannt gibt, § 63 Abs. 1 AktG. Das Ermessen des Vorstands, die Aktionäre zur Zahlung der Einlage aufzufordern, ist allerdings eingeschränkt. Nach § 36a Abs. 2 Satz 1 AktG sind Sacheinlagen grundsätzlich vor der Anmeldung zum Handelsregister vollständig zu leisten. § 36a Abs. 2 Satz 2 AktG erlaubt lediglich die zeitliche Verzögerung des dinglichen Vollzuges. Dieser darf bis zu fünf Jahren nach der Registereintragung der Gesellschaft aufgeschoben werden.

Hinweis:
Dies bedeutet, dass für Sacheinlagen § 63 Abs. 1 AktG keine Anwendung findet, d.h. es insoweit keiner Aufforderung des Vorstands zur Erbringung der Sacheinlagen bedarf. Diese sind vielmehr unaufgefordert zu leisten.

Nach § 36a Abs. 1 AktG müssen Bareinlagen bei der Anmeldung der Gesellschaft zur Eintragung in das Handelsregister mindestens zu einem Viertel des jeweiligen Ausgabebetrags eingezahlt sein. Dabei dürfen Aktien nach § 10 Abs. 2 AktG nur dann als Inhaberpapier ausgegeben werden, wenn der volle Ausgabebetrag geleistet wurde. Wird also die Mitgliedschaft verbrieft, stellt sich das Problem nicht vollständig geleisteter Einlagen bei Namensaktien sowie bei Zwischenscheinen nach § 10 Abs. 3 AktG. Namensaktien haben in den letzten Jahren an Bedeutung stark gewonnen.[24]

Der Vorstand hat es nach der gesetzlichen Grundkonzeption in der Hand, Einlageforderungen erst lange nach der Anmeldung fällig zu stellen, indem er die Aufforderung zur Leistung der Einlage zunächst zurückstellt. Stellt der Vorstand bei der Wahl des Zeitpunktes der Aufforderung zur Einlagenleistung einen Zusammenhang zwischen Einlageforderung und Finanzierungsbedarf her, so können die Forderungen auch erst Jahrzehnte nach Gründung und Eintragung der Aktiengesellschaft im Handelsregister verjähren. Würde die Gesellschaft eine frühe Fälligkeit herbeiführen und dabei die Interessen der späteren Gesellschaftsgläubiger im Blick behalten, könnte sie mit dem Aktionär wegen § 202 Abs. 2 BGB keine längere Verjährungsfrist als dreißig Jahre vereinbaren.

Nach Auffassung des Gesetzgebers bedarf es – die geschilderte Situation vor Augen – jedoch keiner Verjährungsfrist von dreißig Jahren beginnend mit der Eintragung der Gesellschaft im Handelsregister, wie es nach § 195 BGB a.F. der Fall gewesen ist. Es müsse lediglich verhindert werden, dass ein von den Aktionären beeinflusster Vorstand mit Blick auf die kurze Regelverjährung zu Lasten der Gesellschaftsgläubiger einen frühzeitigen Verjährungsbeginn festlegen könne, indem er die Aufforderung zur Leistung der Einlage früh ausspreche und dann auf die tatsächliche Leistung der Einlagen bewusst nicht achte.

Dem beugt der Gesetzgeber vor, indem er einen neuen § 54 Abs. 4 AktG schafft, wonach der Anspruch der Gesellschaft auf Leistung der Einlagen in zehn Jahren von seiner Entstehung an verjährt.

Die Folgen der Verkürzung der Verjährungsfrist gegenüber dem früheren § 195 BGB a.F. kann zugunsten der Gesellschaftsgläubiger in unterschiedlichem Maße durch Kaduzierung, die Vorstandshaftung und die Anfechtung abgemildert werden.

---

[24] Regierungsentwurf zum Namensaktiengesetz, BT-Drs. 14/4051, S. 9; Wagner, Gesetz zur Namensaktie und zur Erleichterung der Stimmrechtsausübung, Bank 2001, 40; Heidorn u.a., Neue Möglichkeiten durch die Namensaktie, Kreditwesen 2001, 245 und 250.

> **Hinweis:**
> Die Haftung der Vormänner nach Kaduzierung gemäß § 65 AktG und die Ausfallhaftung des ausgeschlossenen Aktionärs nach § 64 Abs. 4 Satz 2 AktG hängt allerdings davon ab, dass die Gesellschaft gegen den säumigen Aktionär vorgeht. Zudem ist die Kaduzierung nur möglich, wenn der Zahlungsanspruch gegen den Aktionär noch durchsetzbar ist.

Größere Bedeutung für den Schutz der Gesellschaftsgläubiger hat hingegen die Haftung des Vorstands für Pflichtverletzungen nach § 93 Abs. 2 i.V.m. Abs. 1 AktG. Nach § 93 Abs. 1 AktG haben Vorstandsmitglieder bei ihrer Geschäftsführung die Sorgfalt eines ordentlichen und gewissenhaften Geschäftsleiters anzuwenden. Vorstandsmitglieder, die eine fällige Einlageforderung verjähren lassen, verletzen diese Sorgfaltsanforderungen an einen ordentlichen und gewissenhaften Geschäftsleiter. Sie sind deshalb nach § 93 Abs. 2 AktG verpflichtet, der Gesellschaft den Schaden zu ersetzen, der ihr aus der Untätigkeit der Vorstandsmitglieder erwächst. Dabei haften mehrere Vorstandsmitglieder, die ihre Pflichten verletzen, als Gesamtschuldner.

> **Hinweis:**
> Dieser Anspruch verjährt nach § 93 Abs. 6 AktG auch in Zukunft in fünf Jahren. § 93 Abs. 6 AktG bestimmt keinen gesonderten Verjährungsbeginn, so dass insoweit die allgemeinen Vorschriften des BGB Anwendung finden. Da diese Frist von der regelmäßigen Verjährung abweicht, beginnt die Verjährung gemäß § 200 BGB mit der Entstehung des Anspruchs, d.h. mit dem Eintritt des Schadens. Die Verjährung der Vorstandshaftung beginnt daher in dem Moment, in dem die Einlageforderung ihrerseits verjährt und folglich nicht mehr durchsetzbar ist. Rein faktisch verlängert sich damit die Verjährungsfrist auf fünfzehn Jahre.

Dieser Haftungsmechanismus kommt mittelbar auch den Gesellschaftsgläubigern zugute. Das haftende Vorstandsmitglied ist verpflichtet, den ausstehenden Einlagebetrag der Gesellschaft zu erstatten. Der Ersatzanspruch kann daher als Schadensersatz fünf weitere Jahre lang von der Gesellschaft oder nach § 93 Abs. 5 AktG für sie auch von den Gesellschaftsgläubigern geltend gemacht werden.

Ob das betreffende Vorstandsmitglied weniger solvent ist als der säumige Aktionär, ist vom Einzelfall abhängig. Unter Umständen ist der Geschäftsführer durch eine D&O-Versicherung geschützt und die Forderung daher möglicherweise weniger gefährdet als die Forderung gegen den Aktionär selbst.

Ein mittelbarer **Anreiz** für den **Vorstand**, die Forderung gegen die Aktionäre nicht verjähren zu lassen, besteht in den Regeln zur Kapitalerhöhung. Nach § 182 Abs. 4, § 203 Abs. 3 Satz 1 AktG soll das Grundkapital nicht erhöht werden, solange ausstehende Einlagen auf das bisherige Grundkapital noch erlangt werden können. In der Anmeldung der **Kapitalerhöhung** ist nach § 184 Abs. 2, § 203 Abs. 3 Satz 4 AktG anzugeben, welche Einlagen auf das bisherige Grundkapital noch nicht geleistet sind und warum sie nicht erlangt werden können. Hiermit ist zugleich ein **Kontrollmechanismus** angelegt, der allerdings nicht vor bewusstem Vorgehen schützt.

Können die ausstehenden Einlagen nicht erlangt werden, weil der Vorstand die Einlageforderungen hat verjähren lassen, hat er dies im Einzelnen zu begründen. Der **Aufsichtsrat** hat damit ebenso wie die Gesellschaftsgläubiger eine Grundlage, um zu prüfen, ob sich aus diesem Sachverhalt **Schadensersatzansprüche** nach § 93 Abs. 2 AktG begründen lassen. Der Aufsichtsrat unterliegt nach § 111 Abs. 1 AktG insoweit der Verpflichtung, die Geschäftsführung gerade auch im Hinblick auf die Erfüllung der sich aus § 93 Abs. 1 AktG ergebenden Pflichten zu überprüfen. Nach § 112 AktG hat er auch die sich aus § 93 Abs. 2 AktG ergebenden Ansprüche gegenüber dem Vorstand außergerichtlich und gerichtlich geltend zu machen. Anderenfalls können sich auch die Mitglieder des Aufsichtsrates selbst schadensersatzpflichtig machen.

Nach § 143 InsO, § 11 Anfechtungsgesetz stehen bereits verjährte Einlageforderungen den Gesellschaftsgläubigern dann zur Verfügung, wenn sich die Aufforderung zur Leistung der Einlage einerseits und die fehlende Verfolgung der tatsächlichen Leistung der Einlage als anfechtbare Rechtshandlung darstellen. Der Gesellschaftsgläubiger kann die verjährten Einlageforderungen dann durch die Erklärung der **Anfechtung** wieder aufleben lassen. Dies gilt also sowohl für die Fälle der Insolvenzanfechtung, die tatsächlich regelmäßig genutzt wird, als auch im Rahmen der Einzelvollstreckung, was offenbar weitgehend unbekannt ist.

Lässt der Vorstand die Einlageforderung verjähren, kann hierin eine anfechtbare Rechtshandlung der Gesellschaft als Schuldnerin im Sinne von § 129 InsO, § 3 Anfechtungsgesetz liegen. Gemäß § 129 Abs. 2 InsO, § 1 Abs. 2 Anfechtungsgesetz sind Unterlassungen aktiven Handlungen ausdrücklich gleichgestellt. Erfolgte die Gläubigerbenachteiligung vorsätzlich, so ist die fehlende Eintreibung der Einlage mit dem Ziel, diese der Verjährungseinrede zu unterwerfen, anfechtbar, wenn die Unterlassung in den letzten zehn Jahren vor der Anfechtung oder der Stellung des Insolvenzantrags erfolgt ist, § 133 InsO, § 3 Anfechtungsgesetz, soweit der Anfechtungsgegner den Vorsatz gekannt hat.

> **Hinweis:**
> Dabei kommt dem Gläubiger die Beweiserleichterung des § 133 Abs. 1 Satz 2 InsO zugute, die sich in entsprechender Form in § 3 Abs. 1 Satz 1 Anfechtungsgesetz findet. Die Kenntnis von der Benachteiligungsabsicht des Vorstandsmitgliedes wird bei dem leistungsverpflichteten Aktionär vermutet, wenn er wusste, dass die Zahlungsunfähigkeit der Gesellschaft drohte und dass die Unterlassung des Vorstandsmitgliedes die Gläubiger benachteiligte. Die letzte Voraussetzung wird immer anzunehmen sein, so dass lediglich die erste – objektive Tatsache – darzulegen und nachzuweisen ist. Die vor dem 1. Januar 1999 geltende schlechtere Beweissituation für die Gläubiger ist damit beseitigt worden.

Hat die Gesellschaft den Anspruch ohne Gegenleistung – unentgeltlich – verjähren lassen, so ist diese Unterlassung als Rechtshandlung anfechtbar, wenn sie weniger als vier Jahre vor der Anfechtung oder der Stellung eines Insolvenzantrages erfolgt ist. Dies ergibt sich aus § 134 InsO, § 4 Anfechtungsgesetz.

> **Hinweis:**
> Soweit Vorsatz erforderlich ist, muss der anfechtungsberechtigte Gläubiger wie gezeigt den Vorsatznachweis führen, auch wenn ihm hierbei die gesetzliche Vermutung Erleichterungen verschafft. Dies vermeidet der Gläubiger, wenn eine unentgeltliche Leistung gemäß § 134 InsO vorliegt, da sie einerseits ohne den Nachweis des Benachteiligungsvorsatzes und der entsprechenden Kenntnis des anderen Teils auskommt, andererseits aber eine nennenswerte Frist von vier Jahren eröffnet. Durch die Anfechtungsmöglichkeit werden die Aktionsmöglichkeiten der Gesellschaftsgläubiger also erheblich erweitert.

Anders als bei eigenen Forderungen können Gesellschaftsgläubiger die Durchsetzung der Gesellschaftsforderung kaum beeinflussen. Sie sind daher in besonderem Maße darauf angewiesen, dass die Einlageforderung zumindest während des Insolvenzverfahrens nicht sogleich verjährt. Soweit die Ansprüche im Insolvenzfall noch nicht verjährt sind, soll dem Insolvenzverwalter daher Gelegenheit gegeben werden, die Ansprüche gegen die Aktionäre zu prüfen und verjährungshemmende Handlungen vorzunehmen.

Dies wird zukünftig durch eine gesetzliche Ablaufhemmung in § 54 Abs. 4 Satz 2 AktG geschehen. Wird das Insolvenzverfahren eröffnet, tritt eine **Ablaufhemmung von sechs Monaten** ein.

Ähnlich wie im Fall des § 211 BGB wird so vermieden, dass der Anspruch verjährt ist, bevor der Insolvenzverwalter die in Betracht kommenden Forderungen überblicken kann. Ist aber das Verfahren eröffnet, so kann die Ablaufhemmung mit sechs Monaten kurz bemessen werden. Der Insolvenzverwalter muss mit ausstehenden Einlageforderungen rechnen und kann gezielt nach Anhaltspunkten hierfür suchen, ohne sich – wie bei sonstigen Gesellschaftsforderungen – zunächst einen vertieften Überblick über sämtliche Geschäftsvorfälle verschaffen zu müssen.

Der Gesetzgeber hat davon abgesehen, die Ablaufhemmung bereits ab Stellung des Eröffnungsantrages beginnen zu lassen. Bis zur Entscheidung des Gerichts kann insbesondere in komplexen Fällen viel Zeit verstreichen. Zwar wird das Insolvenzgericht in diesen Fällen regelmäßig einen vorläufigen Insolvenzverwalter bestellen und der Gesellschaft ein allgemeines Verfügungsverbot auferlegen, § 21 Abs. 2 Nr. 1 und 2 InsO. Der vorläufige Insolvenzverwalter hat dann auch das Vermögen der Gesellschaft zu sichern und zu erhalten, § 22 Abs. 1 Satz 2 Nr. 1 InsO. Zu diesen Sicherungsmaßnahmen kann es auch gehören, verjährungshemmende Handlungen vorzunehmen. Hinreichend gesichert ist dies aber doch erst mit der Eröffnung des Insolvenzverfahrens, so dass der Gesetzgeber den Beginn der Ablaufhemmung nach § 54 Abs. 4 Satz 2 AktG zu recht erst an die Eröffnung des Insolvenzverfahrens gebunden hat.

2.2.3.3 Neue Verjährungsfrist für den Rückgewähranspruch nach § 62 AktG

Nach § 57 AktG dürfen den Aktionären Einlagen nicht zurückgewährt werden. Auch Zinsen dürfen weder gezahlt noch zugesagt werden. Haben die Aktionäre entgegen § 57 AktG oder anderen Vorschriften widerrechtlich Leistungen erhalten, so sind sie nach § 62 Abs. 1 Satz 1 AktG verpflichtet, diese Leistungen zurückzugewähren.

§ 62 Abs. 1 AktG dient damit unmittelbar der Kapitalerhaltung und damit wie die Kapitalaufbringung nach § 54 AktG vor allem dem Schutz der Gesellschaftsgläubiger.

Bis zum In-Kraft-Treten des Gesetzes zur Anpassung von Verjährungsvorschriften an das Gesetz zur Schuldrechtsmodernisierung sind die Rückgewähransprüche aus § 62 AktG nach Abs. 3 in einer Frist von fünf Jahren verjährt. Die Verjährungsfrist beginnt mit dem Empfang der Leistung.

Vor der Schuldrechtsmodernisierung stand diese Frist der Dreißigjahresfrist gemäß § 195 BGB a.F. gegenüber, an deren Stelle die subjektiv beginnende Dreijahresfrist gemäß §§ 195, 199 BGB getreten ist. Wie bei der Kapitalaufbringung passt die regelmäßige Verjährung gemäß §§ 195, 199 BGB auch für die Ansprüche aus § 62 AktG nicht, da sie auf die Kenntnisnahmemöglichkeit der anspruchsberechtigten Gesellschaft und nicht auf diejenige der zu schützenden Gesellschaftsgläubiger abstellt.

Nach § 62 Abs. 2 Satz 1 besteht für die Gesellschaftsgläubiger zwar die Möglichkeit – anders als im Rahmen der vergleichbaren Vorschrift des § 31 GmbHG –, den Anspruch der Gesellschaft selbst geltend zu machen, soweit sie von der Gesellschaft keine Befriedigung erlangen können. Dies wird aber rein praktisch daran scheitern, dass es an der Kenntnis und der Möglichkeit des Nachweises der den Anspruch begründenden Tatsachen fehlt.

Demgegenüber hat die anspruchsberechtigte Gesellschaft regelmäßig durch ihre Organe frühzeitig Kenntnis von der verbotenen Leistung. Bei Anwendung der regelmäßigen Verjährung würde der Rückgewähranspruch daher aufgrund der dann immer frühzeitig vorliegenden Voraussetzungen des § 199 Abs. 1 Nr. 1 und 2 BGB nahezu immer in der Regelfrist von drei Jahren verjähren, wobei diese Frist durch den Verjährungsbeginn am Jahresende nur unwesentlich verlängert würde. Die ohnehin schon kurze Frist des bisherigen § 62 Abs. 3 AktG von fünf Jahren würde durch Anwendung der Regelverjährung weiter verkürzt.

In der bisher geltenden Fassung verjährt der Rückgewähranspruch in einer einheitlichen Frist, ohne dass nach Kenntnis oder Kennenmüssen der Leistungsempfänger differenziert wird. Subjektive Voraussetzungen auf Seiten der Aktionäre sind nur insoweit von Belang, als gutgläubige Dividendenempfänger nach § 62 Abs. 1 Satz 2 AktG nicht zur Rückgewähr verpflichtet sind. Daran hält der Gesetzgeber auch zukünftig fest.

Im Übrigen hat sich der Gesetzgeber entschieden, die Verjährungsfrist nach dem neuen § 62 Abs. 3 Satz 1 AktG auf zehn Jahre zu verlängern. Damit gelingt ihm auch eine Harmonisierung zwischen den Regeln über die Kapitalerhaltung zu den Regeln über die Kapitalaufbringung. Strenge Kapitalaufbringungsregeln mit einer langen Verjährungsfrist wären überflüssig, könnten sie durch Rückgewähr der Einlagen sanktionslos ausgehöhlt werden. Vor einem Rückfluss der Einlagen an die Gesellschafter sind die Gesellschaftsgläubiger daher ebenso zu schützen wie davor, dass die Einlagen der Gesellschaft von vornherein nicht zufließen. Dem wird dadurch Rechnung getragen, dass die Verjährungsfristen für Kapitalaufbringung und Kapitalerhaltung vereinheitlicht werden.

Die frühere Regelverjährungsfrist von dreißig Jahren war nach Auffassung des Gesetzgebers für Rückgewähransprüche gemäß § 62 AktG zu lang, da häufig erst nach gerichtlicher Prüfung feststehe, ob der Aktionär eine verbotene Leistung – etwa im Rahmen einer verdeckten Gewinnausschüttung – erhalten habe. Die Unsicherheit der Prognose könne aber nicht durch jahrzehntelange Unsicherheit über die Haftung fortgesetzt werden. Dies berücksichtige der bisherige § 62 Abs. 3 AktG. Nach Abkürzung der Verjährungsfrist für Einlageforderungen auf zehn Jahre sei eine Vereinheitlichung mit der Verjährung für Rückgewähransprüche im Interesse der Gesellschaftsgläubiger jedoch möglich.

Den Gleichlauf von Kapitalaufbringung und Kapitalerhaltung setzt der Gesetzgeber dann mit § 62 Abs. 3 Satz 2 AktG fort, indem dort zum Schutz der Gesellschaftsgläubiger auf § 54 Abs. 4 Satz 2 AktG verwiesen wird. Wird das Insolvenzverfahren eröffnet, tritt eine **Ablaufhemmung von sechs Monaten** ein, vor der der Anspruch auf Rückgewähr widerrechtlich erhaltener Leistungen nicht verjährt. Ähnlich wie im Fall des § 211 BGB wird so vermieden, dass der Anspruch verjährt ist, bevor der Insolvenzverwalter die in Betracht kommenden Forderungen auf Rückgewähr, insbesondere die nach § 57 AktG unerlaubte Einlagenrückzahlung, überblicken kann. Ist aber das Verfahren eröffnet, so ist die Ablaufhemmung mit sechs Monaten angemessen ausgestaltet. Der Insolvenzverwalter wird grundsätzlich mit Ansprüchen auf Rückgewähr unerlaubter Leistungen rechnen müssen und kann deshalb gezielt nach Anhaltspunkten hierfür suchen, ohne sich – wie bei sonstigen Gesellschaftsforderungen – zunächst einen vertieften Überblick über sämtliche Geschäftsvorfälle verschaffen zu müssen.

2.2.3.4 Verjährungsfrist für Ansprüche aus Wettbewerbsverstoß von Vorstandsmitgliedern

Nach § 88 Abs. 1 AktG darf ein Vorstandsmitglied ohne Einwilligung des Aufsichtsrates weder ein Handelsgewerbe betreiben noch im Geschäftszweig der Gesellschaft für eigene oder fremde Rechnung Geschäfte machen. Vorstandsmitglieder dürfen auch nicht Mitglied des Vorstandes oder Geschäftsführer oder persönlich haftender Gesellschafter einer anderen Handelsgesellschaft sein oder an einer anderen gleichartigen Handelsgesellschaft als persönlich haftender Gesellschafter teilnehmen. Wie für den Handelsgehilfen in § 60 HGB und den Gesellschafter der OHG in § 112 HGB wird damit auch für das Vorstandsmitglied einer Aktiengesellschaft ein Wettbewerbsverbot angeordnet.

Verletzt ein Vorstandsmitglied die ihm nach § 88 Abs. 1 AktG obliegende Verpflichtung, so kann die Gesellschaft nach § 88 Abs. 2 Satz 1 AktG Schadensersatz fordern. Sie kann stattdessen von dem Vorstandsmitglied verlangen, dass es die für eigene Rechnung gemachten Geschäfte als für Rechnung der Gesellschaft eingegangen gelten lässt und die aus Geschäften für fremde Rechnung bezogene Vergütung herausgibt oder seinen Anspruch auf die Vergütung abtritt.

Sowohl der Schadensersatzanspruch als auch die Ansprüche aus dem Eintrittsrecht unterliegen bisher der besonderen Verjährungsvorschrift des § 88 Abs. 3 AktG, an der auch zukünftig festgehalten wird.

Abweichend von der regelmäßigen Verjährung des § 195 BGB begründet der Gesetzgeber für die Ansprüche wegen des Verstoßes gegen das Wettbewerbsverbot des § 88 AktG eine **Verjährungsfrist von drei Monaten**. Nicht anders als bei § 61 Abs. 2 und § 112 HGB begründet er dies mit dem besonderen Rechtfertigungsbedürfnis für Wettbewerbsverbote, die als solches der marktwirtschaftlich orientierten deutschen Rechtsordnung widersprechen würden. Mehr noch als für den Handlungsgehilfen gilt dies für den Gesellschafter einer OHG und das Vorstandsmitglied einer Aktiengesellschaft als die eigentlich handelnden Unternehmer im Markt. Da § 1 des Gesetzes gegen Wettbewerbsbeschränkungen ein Kartellverbot enthält und dieses nicht durch andere gesetzliche Regelungen unterlaufen werden darf, sind Wettbewerbsverbote nach Auffassung des Gesetzgebers nur zu akzeptieren, soweit sie für den Bestand des vor Wettbewerb zu schützenden Rechtsinstituts erforderlich sind.

Aus den genannten Gründen weicht der Gesetzgeber auch von den nach § 199 Abs. 3 BGB vorgesehenen Verjährungshöchstfristen ab. Als solche hat der Gesetzgeber in Abweichung von § 199 Abs. 3 BGB eine Verjährungshöchstfrist von fünf Jahren gewählt. Diese war schon Gegenstand der bisherigen Regelung und wird als solche beibehalten.

Für den Beginn der Verjährungsfrist wird darauf abgestellt, dass die übrigen Vorstandsmitglieder und die Aufsichtsratsmitglieder von der den Schadensersatzanspruch auslösenden Handlung Kenntnis erlangen. Über die bisherige Rechtslage hinausgehend beginnt die Verjährungsfrist zukünftig aber auch zu dem Zeitpunkt, in dem die übrigen Vorstandsmitglieder und die Mitglieder des Aufsichtsrates von den den Anspruch begründenden Tatsachen ohne grobe Fahrlässigkeit hätten Kenntnis erlangen müssen. Für den Gesetzgeber spricht eine – damit unwiderlegbare – Vermutung dafür, dass derjenige Berechtigte, der innerhalb von drei Monaten ab Kenntnis des Wettbewerbsverstoßes oder der grob fahrlässigen Unkenntnis nichts unternommen hat, des Schutzes vor Wettbewerb nicht länger bedarf.

2.2.3.5 Verjährungsfrist für Ansprüche aus Wettbewerbsverstoß des persönlich haftenden Gesellschafters der KG a.A.

§ 284 AktG enthält ein §§ 60, 112 HGB, § 88 AktG entsprechendes Wettbewerbsverbot für persönlich haftende Gesellschafter einer KG a.A. Ähnlich wie in §§ 61, 113 HGB, § 88 AktG ist die Gesellschaft durch Schadensersatzansprüche und Eintrittsrechte geschützt.

Wie dort auch[25] hält der Gesetzgeber in § 284 Abs. 3 AktG an der kurzen dreimonatigen Verjährungsfrist für den Schadensersatzanspruch und das Eintrittsrecht fest. Die Verjährungsfrist beginnt in dem Zeitpunkt, in dem die übrigen persönlich haftenden Gesellschafter und die Mitglieder des Aufsichtsrates von der zum Schadensersatz verpflichtenden Handlung Kenntnis erlangen. Wie schon in den vergleichbaren Vorschriften wird auch § 284 Abs. 3 AktG um den Fall der grob fahrlässigen Unkenntnis der übrigen Komplementäre und der Aufsichtsratsmitglieder als ein für den Verjährungsbeginn relevantes Kriterium ergänzt.

2.2.3.6 Verjährungsregelung für die Verlustübernahmepflicht nach § 302 AktG

Besteht zwischen zwei Aktiengesellschaften ein Beherrschungs- oder ein Gewinnabführungsvertrag, so hat der beherrschende Vertragsteil nach § 302 Abs. 1 AktG jeden während der Vertragsdauer entstehenden Jahresfehlbetrag der beherrschten Aktiengesellschaft auszugleichen, soweit dieser nicht dadurch ausgeglichen wird, dass den anderen Gewinnrücklagen Beträge entnommen werden, die während der Vertragsdauer aufgebaut worden sind. Hat eine abhängige Gesellschaft den Betrieb ihres Unternehmens dem herrschenden Unternehmen verpachtet oder sonst überlassen, so hat das herrschende Unternehmen nach § 302 Abs. 2 AktG jeden während der Vertragsdauer sonst entstehenden Jahresfehlbetrag auszugleichen, soweit die vereinbarte Gegenleistung das angemessene Entgelt nicht erreicht.

§ 302 AktG statuiert damit eine Verlustübernahmepflicht bei bestimmten Unternehmensverträgen. Das leitende Unternehmen in einem Beherrschungsvertrag, das Unternehmen, an das in einem Gewinnabführungsvertrag der Gesellschaftsgewinn abgeführt wird, und das herrschende Unternehmen in einem Betriebspacht- oder Betriebsüberlassungsvertrag haben den Jahresfehlbetrag auszugleichen, der ohne die Verlustübernahmepflicht entstehen würde.

---

[25] Vgl. zur Begründung im Einzelnen die Ausführungen in Teil II unter 2.2.1.1., 2.2.1.3 und 2.2.3.4.

Bisher fehlte es hier an einer besonderen Verjährungsvorschrift, so dass der Anspruch aus § 302 AktG der regelmäßigen Verjährung nach § 195 BGB unterlag. Bis zur Schuldrechtsmodernisierung verjährte der Verlustausgleichsanspruch damit innerhalb von dreißig Jahren nach § 195 Abs. 3 BGB a.F., seitdem in drei Jahren nach § 195 BGB n.F.

Die Verjährung begann mit dem Stichtag für den Jahresabschluss, zu dem der Jahresfehlbetrag hätte ausgewiesen werden müssen, stünde ihm nicht der Ertrag aus der Verlustübernahme gegenüber, § 277 Abs. 3 Satz 2 HGB.

Wie schon bei den anderen gesellschaftsrechtlichen Ansprüchen ist der Gesetzgeber auch hier der Auffassung, dass die nach den allgemeinen Grundsätzen nunmehr maßgebliche Regelverjährung gemäß §§ 195, 199 BGB von drei Jahren auch für die Ansprüche aus § 302 AktG nicht sachgerecht ist.

Der Sinn des § 302 AktG bestehe vorrangig in der Kapitalerhaltung im Interesse der Gesellschaft und ihrer Gläubiger. Die sonst geltenden strengen Kapitalerhaltungsregeln der §§ 57, 58 und 60 AktG würden durch die genannten Unternehmensverträge praktisch außer Kraft gesetzt bzw. stark relativiert, was § 291 Abs. 3, § 2 Abs. 3 AktG zeigten. Der Ausgleichsanspruch stehe daher während der Vertragsdauer auch nicht zur Disposition der Gesellschaft, was sich wiederum aus § 302 Abs. 3 AktG ergebe. Mit Rücksicht darauf habe der BGH in einer Entscheidung vom 5. November 2001 auch die entsprechende Anwendung der Fünfjahresfrist gemäß § 117 Abs. 6, § 309 Abs. 5, § 317 Abs. 4 AktG abgelehnt.[26] Der BGH habe hierzu ausdrücklich auch auf die Gesetzgebungsmaterialien zum AktG 1965 verwiesen. Die genannten Fünfjahresfristen seien seinerzeit nicht erwogen worden. Jedoch habe der Rechtsausschuss zum damaligen Zeitpunkt erörtert, ob statt der Verzichtsregelung des § 302 Abs. 3 AktG vorgesehen werden sollte, dass die Ansprüche drei Jahre nach Beendigung des Vertrages verjähren. Der Ausschuss hielt „eine so kurze Verjährungsfrist angesichts der Bedeutung der Ansprüche nicht für vertretbar".[27] An dieser Beurteilung hat sich durch die Schuldrechtsmodernisierung aus Sicht des Gesetzgebers nichts geändert.

Namentlich Gewinnabführungsverträge würden mit Rücksicht auf die steuerlichen Rahmenbedingungen für mindestens fünf Jahre geschlossen, §§ 14–19 KStG. Die Dreijahresfrist des § 195 BGB würde aber nach § 199 Abs. 1 Nr. 2 BGB spätestens mit Ablauf des Jahres beginnen, in dem der jeweilige Jahresabschluss festgestellt wird. Auf diese Weise könnten Ausgleichsansprüche schon während der Vertragslaufzeit verjähren, obwohl die Gesellschaft erst drei Jahre nach dem Ende der Vertragslaufzeit auf den Anspruch verzichten könnte. Dieses Ergebnis wäre angesichts der steuerrechtlich motivierten Mindestvertragslaufzeit auch durch eine fünfjährige Frist nach dem Vorbild der § 117 Abs. 6, § 309 Abs. 5, § 317 Abs. 4 AktG nicht zu vermeiden.

Allerdings lasse sich daraus, dass die Gesellschaft während der Vertragslaufzeit zuzüglich der drei Jahre nach § 302 Abs. 3 AktG über den Ausgleichsanspruch nicht verfügen könne, nicht zwingend auf die Unverjährbarkeit während der Vertragslaufzeit schließen. Das Verbot des § 302 Abs. 3 AktG solle vermeiden, dass ein Vertrag zu Lasten Dritter – der Gesellschaftsgläubiger – geschlossen wird. Ob dennoch der Ausgleichsanspruch aus Praktikabilitätsgründen während der Vertragslaufzeit verjähren können solle, sei davon getrennt zu beantworten. Auch nach der alten Regelfrist von dreißig Jahren wäre es theoretisch denkbar gewesen, dass Ansprüche während der Vertragslaufzeit verjährten.

Nach der Schuldrechtsmodernisierung sind jedoch auch Gläubiger, die keine Kenntnis von Anspruch und Schuldner erlangen konnten, im Regelfall einer zehnjährigen Verjährungsfrist ausgesetzt, was sich aus § 199 Abs. 4 BGB ergibt. Diese Frist ist grundsätzlich auch für Gesellschaften ausreichend, die durch Unternehmensverträge gebunden sind. Entsprechend hat der Gesetzgeber nun in einem § 302 AktG angefügten Abs. 4 geregelt, dass die Verjährungsfrist für die Ansprüche aus § 302 AktG zehn Jahre beträgt.

---

[26] BGH, NJW 2002, 822, 824.
[27] Bericht des Rechtsausschusses, abgedruckt bei Kropff, Aktiengesetz 1965, S. 392.

Die Abkürzung der Frist von dreißig auf zehn Jahre hat der Gesetzgeber jedoch durch einen späteren Verjährungsbeginn zum Teil ausgeglichen. Nach § 302 Abs. 4 AktG beginnt die Verjährung der Ansprüche zukünftig an dem Tag, an dem die Eintragung der Beendigung des Vertrages in das Handelsregister nach § 10 HGB als bekannt gemacht gilt. Wie beim Verzicht gemäß § 302 Abs. 3 AktG soll also die Bekanntmachungsfiktion der Vertragsbeendigung maßgeblich sein.

Der abweichende Verjährungsbeginn und die zehnjährige Verjährungsfrist sind aus Sicht des Gesetzgebers auch im Vergleich mit strukturell ähnlichen, aber dennoch abweichenden Vorschriften des Aktiengesetzes gerechtfertigt.

So beginne die Dreijahresfrist, innerhalb derer die Gesellschaft über die Ersatzansprüche nicht verfügen könne, außerhalb von § 302 Abs. 3 AktG bereits mit der Entstehung des Anspruchs (§ 93 Abs. 4 Satz 3, §§ 116, 117 Abs. 4, § 309 Abs. 3, § 310 Abs. 4, § 317 Abs. 4, § 318 Abs. 4 AktG). In den genannten Fällen beginne dann auch die Verjährung mit der Entstehung des Anspruchs (§ 93 Abs. 6, §§ 116, 117 Abs. 6, § 309 Abs. 5, § 310 Abs. 4, § 317 Abs. 4, § 318 Abs. 4 AktG).

Im Fall der §§ 50, 51 AktG beginne die Verzichtsfrist ebenso wie die Verjährungsfrist mit der Eintragung in das Handelsregister. Laufe der Fristbeginn für Dispositionsbefugnis und Verjährung bei diesen Vorschriften parallel, bestehe kein Grund, dies bei § 302 AktG anders zu handhaben. Durch die Abweichung von der sonst vorgesehenen Fünfjahresfrist werde zugleich die typische Vertragslaufzeit berücksichtigt, die mindestens fünf Jahre betrage und zu einer nicht nur rechtlich, sondern auch tatsächlich engen Bindung der Vertragspartner führen könne. Demgegenüber sei etwa die jeweilige Amtszeit von Vorstands- und Aufsichtsratsmitgliedern auf höchstens fünf Jahre beschränkt (§ 84 Abs. 1 Satz 1 und 2, § 102 Abs. 1 Satz 1 AktG). Da der Verjährungsbeginn von der Entstehung des Anspruchs auf die Vertragsbeendigung hinausgeschoben wird, erscheine ein weiterer Schutz der Gesellschaftsgläubiger verzichtbar. Demgemäß sei für Ansprüche aus § 302 AktG – anders als für die Fälle der Kapitalaufbringung und Kapitalerhaltung (§ 54 Abs. 4 Satz 2, § 62 Abs. 3 Satz 2 AktG) – keine Ablaufhemmung vorzusehen.

2.2.3.7 Nachhaftungsansprüche nach § 327 Abs. 4 AktG bei der Eingliederung

Die Hauptversammlung einer Aktiengesellschaft kann nach § 319 Abs. 1 AktG die Eingliederung der Gesellschaft in eine andere Aktiengesellschaft mit Sitz im Inland (Hauptgesellschaft) beschließen, wenn sich alle Aktien der Gesellschaft in der Hand der zukünftigen Hauptgesellschaft befinden. Die maßgeblichen Vorschriften zur Eingliederung finden sich dann in §§ 319–327 AktG.

§ 327 Abs. 4 AktG regelt in der bislang geltenden Fassung sodann die Haftung der früheren Hauptgesellschaft nach dem Ende der Eingliederung für die früheren Verbindlichkeiten der eingegliederten Gesellschaft. Danach verjähren Ansprüche gegen die frühere Hauptgesellschaft aus Verbindlichkeiten der bisher eingegliederten Gesellschaft in fünf Jahren seit dem Tag, an dem die Eintragung des Endes der Eingliederung in das Handelsregister nach § 10 HGB als bekannt gemacht gilt, sofern nicht der Anspruch gegen die bisher eingegliederte Gesellschaft einer kürzeren Verjährung unterliegt. Wird der Anspruch des Gläubigers erst nach dem Tag, an dem die Eintragung des Endes der Eingliederung in das Handelsregister als bekannt gemacht gilt, fällig, so beginnt die Verjährung mit dem Zeitpunkt der Fälligkeit.

In Anlehnung an § 159 HGB a.F. wurde § 327 Abs. 4 AktG bei der Aktienrechtsnovelle 1965 als Sonderverjährungsvorschrift eingeführt. Im Rahmen des Nachhaftungsbegrenzungsgesetzes wurde § 327 Abs. 4 AktG allerdings nicht an § 160 HGB angepasst. Ähnlich wie bei § 160 HGB bleibt jedoch nach dem Ende der Eingliederung die eingegliederte Gesellschaft als Haftungssubjekt den Gesellschaftsgläubigern erhalten. Dies unterscheidet die in § 327 Abs. 4 AktG geregelte Konstellation von dem Fall des § 159 HGB, in dem die Gesellschaft als eigentliche Schuldnerin durch Auflösung wegfällt. Daher kann in § 327 Abs. 4 AktG anstelle der bisherigen Sonderverjährung eine Ausschlussfrist nach dem Vorbild von § 160 HGB normiert werden. Dies trägt zur systematischen Geschlossenheit der Nachhaftungsbegrenzungsvorschriften im Handels- und Gesellschaftsrecht bei.

Abweichend von § 160 HGB wurde als maßgeblicher Zeitpunkt allerdings nicht der Tag gewählt, an dem das Ende der Eingliederung in das Handelsregister eingetragen wird. Wie auch sonst im Aktiengesetz nach den Vorschriften der § 302 Abs. 3 Satz 1, § 303 Abs. 1 Satz 1, § 305 Abs. 4 Satz 1 AktG wurde vielmehr auf den Tag abgestellt, an dem der jeweilige Tatbestand – hier die Eintragung des Endes der Eingliederung – als bekannt gemacht gilt.

Endet die Eingliederung, so haftet die frühere Hauptgesellschaft nach der **nunmehr** geltenden Fassung des **§ 327 Abs. 4 AktG** für die bis dahin begründeten Verbindlichkeiten der eingegliederten Gesellschaft, wenn sie vor Ablauf **von fünf Jahren nach dem Ende der Eingliederung** fällig und daraus Ansprüche gegen die frühere Hauptgesellschaft in einer in § 197 Abs. 1 Nr. 3–5 BGB bezeichneten Art festgestellt worden sind oder eine gerichtliche oder behördliche Vollstreckungshandlung vorgenommen oder beantragt wurde; bei öffentlich-rechtlichen Verbindlichkeiten genügt der Erlass eines Verwaltungsaktes. Die Frist beginnt mit dem Tag, an dem die Eintragung des Endes der Eingliederung in das Handelsregister nach § 10 HGB als bekannt gemacht gilt. Die für die Verjährung geltenden allgemeinen Vorschriften der §§ 204, 206, 210, 211 und 212 Abs. 2 und 3 BGB sind entsprechend anzuwenden. Einer Feststellung in einer in § 197 Abs. 1 Nr. 3–5 BGB bezeichneten Art bedarf es nicht, soweit die frühere Hauptgesellschaft den Anspruch schriftlich anerkannt hat.

> **Hinweis:**
> Der Gesetzgeber hat damit die bisherige Verjährungsvorschrift des § 327 Abs. 4 AktG in eine Ausschlussfrist umgestaltet.

2.2.4 Neue Verjährungsfristen im GmbHG

2.2.4.1 Verlängerte Verjährungsfrist für den Differenzanspruch bei der Sacheinlage

Nach § 5 Abs. 4 GmbHG kann die Stammeinlage eines Gesellschafters auch durch eine Sacheinlage erbracht werden. Der Gegenstand der Sacheinlage und der Betrag der Stammeinlage, auf die sich die Sacheinlage bezieht, müssen im Gesellschaftsvertrag festgesetzt werden. Die Gesellschafter haben in einem Sachgründungsbericht die für die Angemessenheit der Leistungen für Sacheinlagen wesentlichen Umstände darzulegen und beim Übergang eines Unternehmens auf die Gesellschaft die Jahresergebnisse der beiden letzten Geschäftsjahre anzugeben.

Erreicht der Wert einer Sacheinlage im Zeitpunkt der Anmeldung der Gesellschaft zur Eintragung in das Handelsregister nicht den Betrag der dafür übernommenen Stammeinlage, hat der Gesellschafter nach § 9 Abs. 1 GmbHG in Höhe des Fehlbetrags eine Einlage in Geld zu leisten.

Dieser Anspruch auf Zahlung der Wertdifferenz zwischen der Sacheinlage und der tatsächlich zu erbringenden Stammeinlage verjährt nach § 9 Abs. 2 GmbHG bisher in fünf Jahren, beginnend mit der Eintragung der Gesellschaft in das Handelsregister.

Mit der Fünfjahresfrist sollten die verpflichteten Gesellschafter gegenüber der Dreißigjahresfrist privilegiert werden, die ansonsten nach § 195 BGB a.F. gegolten hätte. Zum Schutz des Gesellschafters, der die Sacheinlage erbracht hat, hat der Gesetzgeber in der GmbH-Novelle 1980 berücksichtigt, dass die rückblickende Bewertung der Sacheinlagen bezogen auf den Zeitpunkt der Anmeldung schwierig und nach bis zu dreißig Jahren praktisch unmöglich ist. Zudem bestehe nach fünf Jahren erfahrungsgemäß Klarheit darüber, ob sich die Überbewertung zum Nachteil der Gläubiger ausgewirkt habe.[28]

---

[28] Regierungsentwurf BT-Drs. 8/1347, S. 35.

> **Hinweis:**
> Die bereits vor der GmbH-Novelle 1980 von der Wissenschaft entwickelte und von der Rechtsprechung akzeptierte verschuldensunabhängige Differenzhaftung gilt als Ausdruck eines allgemeinen Rechtsgedankens. Die Rechtsprechung wendet daher die in § 9 GmbHG niedergelegten Grundsätze entsprechend auch im Aktienrecht an. Diese Analogie ist allgemein anerkannt, so dass eine gesonderte Regelung der Differenzhaftung im Aktienrecht weiterhin entbehrlich erscheint.

Der Gesetzgeber hat die **Verjährungsfrist** des § 9 Abs. 2 GmbHG nunmehr aber auf **zehn Jahre verlängert**, was sich aufgrund der entsprechenden Anwendung der Vorschrift auch im Aktienrecht auswirken wird. Dies entspreche dem Ziel, eine einheitliche Zehnjahresfrist für Kapitalaufbringung und Kapitalerhaltung im Aktien- wie im GmbH-Recht festzulegen. Geld- und Sacheinlagen sollen demnach grundsätzlich auch dann derselben Verjährungsfrist unterliegen, wenn es sich um überbewertete Sacheinlagen handelt. Auf diese Weise werden zugleich die gravierenden Unterschiede zwischen überbewerteter und verdeckter Sacheinlage abgemildert. Geldeinlagen, die dem Gesellschafter sogleich im Austausch gegen eine nicht in Geld bestehende Leistung zurückgewährt werden, bewirken wirtschaftlich den Erfolg einer Sacheinlage. Da die strengen Sachgründungsvorschriften nicht beachtet sind, behandelt der BGH die Einlage als nicht geleistet. Der Gesellschafter ist erneut zur Geldleistung verpflichtet und kann seine Sachleistung nur aus ungerechtfertigter Bereicherung herausverlangen.

Der hier skizzierte Tatbestand der verdeckten Sacheinlage[29] ist außerordentlich umstritten. Die Rechtsfolgen werden von Wissenschaft und Praxis als unangemessen hart kritisiert. Dies gilt neben der erneuten Leistungspflicht namentlich für die Verjährung. Die entsprechende Anwendung der Fünfjahresfrist gemäß § 9 Abs. 2 GmbHG hat der BGH für das Aktien- wie für das GmbH-Recht abgelehnt, so dass nach altem Verjährungsrecht die Dreißigjahresfrist gemäß § 195 BGB a.F. galt. Nach neuem Verjährungsrecht wäre das Verhältnis umgekehrt: Der dreijährigen Frist gemäß § 195 BGB stünde die Fünfjahresfrist des § 9 Abs. 2 GmbHG gegenüber. Die Regelverjährung würde auch bereits mit Ablauf des Jahres beginnen, in dem der Geschäftsführer nach entsprechendem Gesellschaftsbeschluss die Fälligkeit selbst herbeigeführt und so die gemäß § 199 Abs. 1 Nr. 2 BGB verjährungsauslösende Kenntnis erlangt hat. Derjenige, dessen Einlage als nicht geleistet gilt, würde besser behandelt als derjenige, dessen offen gelegte und vom Registergericht gemäß § 9c Abs. 1 Satz 2 GmbHG geprüfte Sacheinlage sich nachträglich als nicht werthaltig erweist.

Diesen Widerspruch versucht der Gesetzgeber weitgehend zu vermeiden, indem er die Verjährungsfrist in § 9 Abs. 2 GmbHG von fünf auf zehn Jahre verlängert.

Der weiteren Rechtsfortbildung zur verdeckten Sacheinlage möchte der Gesetzgeber nicht vorgreifen. Jedoch gibt er zu bedenken, dass die Unterschiede in der Verjährung reduziert werden. Soweit die Rechtsprechung in Zukunft verdeckte Sacheinlagen als nicht geleistete Geldeinlagen behandelt, kommt die in § 19 Abs. 6 GmbHG vorgesehene Zehnjahresfrist ab Fälligkeit zur Anwendung.[30] Praktische Unterschiede zur Verjährung bei Differenzhaftung ergäben sich durch den abweichenden Verjährungsbeginn, der bei der überbewerteten Sacheinlage wie bisher durch die Eintragung der Gesellschaft in das Handelsregister ausgelöst werden soll. Da die Prüfung der Werthaltigkeit durch die regelmäßig einzuholenden Sachverständigengutachten verzögert werde, könne zwischen Anmeldung und Eintragung ein mitunter erheblicher Zeitraum liegen. Angesichts der Fristverdoppelung in § 9 Abs. 2 GmbHG könne zwar statt auf die Eintragung auch auf die Anmeldung abgestellt werden. Dies wäre jedoch der Rechtssicherheit abträglich, da die Datierung der Anmeldung nicht in gleicher

---

[29] Vgl. hierzu Reuter, Praktische Fragen bei der Heilung verdeckter GmbH-Sacheinlagen, BB 1999, 217; Mohr, Sacheinlagen in GmbH und GmbH & Co. KG, GmbH-StB 2004, 281; Ettinger/Reiff, Die Auswirkungen der Entscheidung des BGH vom 7.7.2003 (NZG 2003, 867) auf zukünftige und bereits vollzogene Heilungen verdeckter Sacheinlagen bei der GmbH, NZG 2004, 258.
[30] Dazu nachfolgend unter II 2.2.4.2.

Weise formalisiert sei wie diejenige der Eintragung, § 15, § 40 Nr. 6, § 43 Nr. 7 HRV. Beginne die Verjährung erst mit der Eintragung und nicht schon mit Fälligkeit, sei eine gesetzliche Ablaufhemmung anders als in § 19 Abs. 6 GmbHG n.F. verzichtbar.

Zudem könne die Benachteiligung, die dem Gesellschafter durch den späteren Verjährungsbeginn und die verlängerte Verjährungsfrist entstehe, ausgeglichen werden, wenn man die allgemeinen Beweislastgrundsätze konsequent anwende. Da es sich bei der Differenzhaftung um einen Anspruch der Gesellschaft handele, sei diese für die anspruchsbegründenden Tatsachen beweispflichtig. Anspruchsbegründend sei die Überbewertung im Zeitpunkt der Anmeldung. Die Beweisführung falle der Gesellschaft umso schwerer, je mehr Zeit seit der verjährungsauslösenden Eintragung vergangen sei. Dies werde die Gesellschaft – mittelbar zum Schutz des Gesellschafters – dazu anhalten, sich frühzeitig über die Werthaltigkeit des eingebrachten Gegenstandes zu vergewissern und diesbezügliche Beweise zu sichern. Für die auch in der obergerichtlichen Rechtsprechung vorgeschlagene Beweislastumkehr bestehe dagegen kein Bedürfnis. Der Anmeldung seien ein Sachgründungsbericht sowie Unterlagen über die Werthaltigkeit der Sacheinlagen beizufügen, § 8 Abs. 1 Nr. 4 und 5 GmbHG. Das Registergericht habe die Werthaltigkeit der Sacheinlagen zu prüfen und die Eintragung der Gesellschaft abzulehnen, wenn Sacheinlagen überbewertet worden seien, § 9c Abs. 1 Satz 2 GmbHG. Dem Gesellschafter, der dieses Verfahren durchlaufen habe, könne der Beweis der Werthaltigkeit nicht angesonnen werden. Der eingebrachte Gegenstand befinde sich in der Verfügungsgewalt der Gesellschaft. Der damit wirtschaftende Geschäftsführer sei daher über den Zustand der Sacheinlage besser informiert als der Gesellschafter.

Problematisch ist allerdings der – außerordentlich häufige – Fall der Einpersonengesellschaft, die insolvent wird. Hier hat der Insolvenzverwalter gegenüber dem Gesellschaftergeschäftsführer ein Informationsdefizit. Aber auch hier gilt zunächst zugunsten des Gesellschafters, dass die Sacheinlage durch das Registergericht geprüft wurde. Auf substantiierten und mit Beweisanträgen versehenen Vortrag muss der Gesellschafter selbstverständlich substantiiert entgegnen, will er nicht die Geständnisfiktion gemäß § 138 Abs. 3 ZPO auslösen. Steht dem Insolvenzverwalter der Gründer und langjährige Gesellschaftergeschäftsführer gegenüber, können zusätzlich die Grundsätze der Rechtsprechung über die so genannte sekundäre Behauptungslast zur Anwendung kommen.

Hinweis:
Die weitere Entwicklung der Rechtsprechung wird hier abzuwarten sein. Nachdem der Gesetzgeber seine Auffassung dargelegt hat, ist allerdings zu erwarten, dass er gesetzgeberisch nachsteuert, wenn die Rechtsprechung seiner Auffassung nicht folgt.

2.2.4.2 Schaffung einer zentralen Verjährungsvorschrift für den Einlageanspruch

§ 19 GmbHG enthält mehrere zentrale Vorschriften zur Einlageverpflichtung der Gesellschafter. Nach § 19 Abs. 1 GmbHG sind Einzahlungen auf die Stammeinlagen nach dem Verhältnis der Geldeinlagen zu leisten. Von besonderer Bedeutung ist das Erlass- und Aufrechnungsverbot in § 19 Abs. 2 GmbHG, wonach die Gesellschafter von der Verpflichtung zur Leistung der Einlagen nicht befreit werden können und gegen den Anspruch der Gesellschaft die Aufrechnung nicht zulässig ist. Auch kann an dem Gegenstand einer Sacheinlage wegen Forderungen, welche sich nicht auf den Gegenstand beziehen, kein Zurückbehaltungsrecht geltend gemacht werden. Auch durch eine Kapitalherabsetzung können die Gesellschafter nach § 19 Abs. 3 GmbHG von der Verpflichtung zur Leistung von Einlagen höchstens in Höhe des Betrages befreit werden, um den das Stammkapital herabgesetzt worden ist. Vereinigen sich innerhalb von drei Jahren nach der Eintragung der Gesellschaft in das Handelsregister alle Geschäftsanteile in der Hand eines Gesellschafters oder daneben in der Hand der Gesellschaft, so hat der Gesellschafter nach § 19 Abs. 4 GmbHG innerhalb von drei Monaten seit der Vereinigung der Geschäftsanteile alle Geldeinlagen voll einzuzahlen oder der Gesellschaft für die Zahlung der noch ausstehenden Beträge eine Sicherung zu bestellen oder einen Teil der Geschäftsanteile an einen Dritten zu übertragen. Letztlich begründet § 19 Abs. 5 GmbHG das

Verbot, die grundsätzliche Bareinlagepflicht zu umgehen. Eine Leistung auf die Stammeinlage, welche nicht in Geld besteht oder welche durch Aufrechnung einer für die Überlassung von Vermögensgegenständen zu gewährenden Vergütung bewirkt wird, befreit den Gesellschafter danach von seiner Verpflichtung nur, soweit sie in Ausführung einer nach § 5 Abs. 4 Satz 1 GmbHG getroffenen Bestimmung erfolgt.

Über die Verjährung des Einlageanspruches enthielt bisher § 19 GmbHG, anders als § 9 Abs. 2 GmbHG, zur überbewerteten Sacheinlage keine Regelung. Die ganz herrschende Meinung schloss hieraus nicht auf die Unverjährbarkeit des Anspruches, sondern auf die Geltung der regelmäßigen Verjährungsfrist,[31] die nach § 195 BGB a.F. dreißig Jahre betrug.

An deren Stelle ist nach der Schuldrechtsmodernisierung die Dreijahresfrist getreten, die abhängig von den Erkenntnismöglichkeiten des Anspruchsberechtigten beginnt, §§ 195, 199 BGB. Die Anwendung dieser Vorschriften widerspricht jedoch dem kapitalschützenden Zweck des Einlageanspruchs, der zwar der Gesellschaft zusteht, jedoch vor allem im Interesse der Gesellschaftsgläubiger gewährt wird.

Da die kurze Regelfrist mit ihrem subjektiven Beginn den Schutz der Gesellschaftsgläubiger nicht hinreichend gewährleistet, bedurfte es nach Auffassung des Gesetzgebers einer besonderen Vorschrift, die nun mit dem neuen § 19 Abs. 6 GmbHG geschaffen ist. Danach verjährt der Anspruch der Gesellschaft auf Leistung der Einlagen in zehn Jahren von seiner Entstehung an.

> **Hinweis:**
> Insoweit geht diese Regelung jetzt § 195 BGB hinsichtlich der Verjährungsfrist und § 199 Abs. 1 BGB hinsichtlich des Verjährungsbeginns als lex specialis vor.

Die Neuregelung orientiert sich wie im Aktienrecht an der zehnjährigen Maximalfrist des § 199 Abs. 4 BGB und ermöglicht es, die Verjährungsfristen für Kapitalaufbringung und Kapitalerhaltung für das Aktien- und GmbH-Recht einheitlich zu gestalten. Auch wenn die Verjährung des Anspruches auf Erbringung der Einlage nicht den allgemeinen Verjährungsvorschriften des BGB unterstellt wird, ergibt sich so ein weiterer Schritt zur Vereinheitlichung der Verjährungsvorschriften im Handels- und Gesellschaftsrecht und damit der Systematisierung des gesamten Verjährungsrechtes.

Wie im Aktienrecht werden die Gesellschaftsgläubiger dadurch geschützt, dass mit dem Eröffnungsbeschluss des Insolvenzgerichtes eine **Ablaufhemmung von sechs Monaten** eintritt.

Die Reglung zeigt ihre Parallele zu § 54 Abs. 4 AktG in der neuen Fassung. Namentlich gilt dies für die Berücksichtigung der gesetzlichen Aufbewahrungsfristen und für die rechtstatsächlichen Erhebungen zur Insolvenzanfälligkeit. Anders als bei der Aktiengesellschaft kann der Einlagenanspruch schon in der Satzung fällig gestellt werden. Ist dies nicht der Fall, bedarf es zur Fälligkeit eines Einforderungsbeschlusses der Gesellschafter nach § 46 Nr. 2 GmbHG, den der Geschäftsführer zumindest abwesenden Gesellschaftern durch eine Aufforderung zur Leistung mitteilen muss. Wesentliche Unterschiede zur Aktiengesellschaft ergeben sich daraus aber nicht. Sacheinlagen müssen bereits bei der Anmeldung vollständig vorhanden sein. Für Geldeinlagen gelten die Mindestquoten gemäß § 7 Abs. 2 GmbHG, die bei der Anmeldung erfüllt sein müssen. Hiervon abgesehen können Einlageforderungen also auch bei einer GmbH erst Jahrzehnte nach Gründung und Eintragung fällig werden und dementsprechend auch erst sehr spät verjähren. Wie im Aktienrecht beugt die Zehnjahresfrist auch hier Abreden der Gesellschafter vor, mit denen sie zu Lasten der Gesellschaftsgläubiger die kurze Regelverjährungsfrist frühzeitig in Gang setzen könnten. Die Gesellschaftsgläubiger sind zusätzlich durch Kaduzierung, Geschäftsführerhaftung und Anfechtung geschützt, wodurch die Abkürzung der Verjährungsfrist von dreißig auf zehn Jahre in gewisser Weise kompensiert wird.[32]

---

[31] Vgl. zuletzt BGH v. 24.7. 2000 – II ZR 202/98, WM 2000, 2301 und BGH v. 22.12.2002 – II ZR 101/02, NJW 2003, 825 = MDR 2003, 270 = BGHR 2003, 228 = BGH 153, 107 = GmbHR 2003, 231.
[32] Vgl. insoweit die Begründung zur Neuregelung in § 54 Abs. 4 AktG unter II 2.2.3.2.

Als **Folgeänderung** zur Neuregelung der Verjährung in § 19 Abs. 6 GmbHG wird diese in dem neu geschaffenen **§ 55 Abs. 4 GmbHG** ausdrücklich auf die Kapitalerhöhung aus Einlagen erstreckt. Danach finden die Bestimmungen in § 5 Abs. 1 und 3 GmbHG über den Betrag der Stammeinlagen, die Bestimmung in § 5 Abs. 2 GmbHG über die Unzulässigkeit der Übernahme mehrerer Stammeinlagen sowie die Bestimmungen in § 19 Abs. 6 GmbHG über die Verjährung auch hinsichtlich der auf das erhöhte Kapital zu leistenden Stammeinlagen Anwendung.

> **Hinweis:**
> Demgegenüber wird die Neuregelung in § 9 Abs. 2 GmbHG durch § 56 Abs. 2 GmbHG bereits in dessen geltender Fassung auf die Kapitalerhöhung übertragen, so dass es hier keiner gesonderten Regelung bedurfte.

2.2.4.3 Neuregelung der Verjährungsvorschrift des § 31 Abs. 5 GmbHG

Nach § 30 GmbHG darf das zur Erhaltung des Stammkapitals erforderliche Vermögen nicht an die Gesellschafter ausgezahlt werden. Eingezahlte Nachschüsse können, soweit sie nicht zur Deckung eines Verlustes am Stammkapital erforderlich sind, an die Gesellschafter zurückgezahlt werden. Die Zurückzahlung darf nach § 30 Abs. 2 Satz 2 GmbHG nicht vor Ablauf von drei Monaten erfolgen, nachdem der Rückzahlungsbeschluss durch die im Gesellschaftsvertrag für die Bekanntmachungen der Gesellschaft bestimmten öffentlichen Blätter und in Ermangelung solcher durch die für die Bekanntmachungen aus dem Handelsregister bestimmten öffentlichen Blätter bekannt gemacht ist. Im Fall des § 28 Abs. 2 GmbHG, d.h. wenn im Gesellschaftsvertrag bestimmt ist, dass die Einforderung von Nachschüssen schon vor der vollständigen Einforderung der Stammeinlagen zulässig ist, ist die Zurückzahlung von Nachschüssen vor der Volleinzahlung des Stammkapitals unzulässig. Zurückgezahlte Nachschüsse gelten als nicht eingezogen.

§ 31 Abs. 1 GmbHG verpflichtet einen Gesellschafter nun zur Erstattung von Zahlungen, die er entgegen § 30 GmbHG empfangen hat. War der Empfänger gutgläubig, so ist der Anspruch gemäß § 31 Abs. 2 GmbHG auf den Betrag beschränkt, der zur Befriedigung der Gesellschaftsgläubiger erforderlich ist. Mit der gleichen Einschränkung haften gemäß § 31 Abs. 3 GmbHG die übrigen Gesellschafter subsidiär, wenn der Betrag von dem primär verpflichteten Empfänger nicht zu erlangen ist. Gemäß § 31 Abs. 4 GmbHG sind diese Ansprüche der Disposition der Gesellschafter entzogen.

Nach der bisherigen Regelung in § 31 Abs. 5 GmbHG unterliegen die Ansprüche gemäß § 31 Abs. 1–3 GmbHG einer Verjährungsfrist von fünf Jahren, die mit der Gewährung der verbotenen Leistung beginnt, § 31 Abs. 5 Satz 1 GmbHG.

Die Fünfjahresfrist stellte gegenüber der früheren Regelverjährung des § 195 BGB a.F. eine Privilegierung dar. Allein der „böslich" handelnde Schuldner profitierte hiervon nicht, sondern haftete nach der Regelfrist des § 195 BGB a.F. dreißig Jahre lang. Mit der Neuregelung des allgemeinen Verjährungsrechtes durch das Gesetz zur Modernisierung des Schuldrechtes hat sich dies umgekehrt, so dass der „bösliche" Schuldner durch die Verkürzung der regelmäßigen Verjährung auf drei Jahre in nahezu allen Fällen besser stünde als der gutgläubige Schuldner. Die Gesellschaft erlangt die verjährungsauslösende Kenntnis dadurch, dass der Geschäftsführer die verbotene Leistung vornimmt. Der Anspruch würde zugunsten des böslichen Schuldners also bereits in drei Jahren verjähren, beginnend mit Ablauf des Jahres, in dem die verbotene Leistung gewährt wurde.

Diesen durch das Gesetz zur Modernisierung ausgelösten Widerspruch will die Neuregelung des § 31 Abs. 5 GmbHG auflösen und zugleich die Verjährungsregelung im Rahmen der neuen Struktur der Verjährungsregelungen im Handels- und Gesellschaftsrecht neu fassen.

Nach § 31 Abs. 5 GmbHG verjährt der Anspruch auf Erstattung verbotener Leistungen gemäß **§ 31 Abs. 1 GmbHG** zukünftig in **zehn Jahren**. Die Verjährung soll weiterhin mit der Gewährung der Leistung beginnen. Eine Unterscheidung zwischen dem gutgläubigen und dem bösgläubigen Empfang findet nicht mehr statt. Der Anspruch gegen die übrigen Gesellschafter nach **§ 31 Abs. 3 GmbHG** verjährt weiter in **fünf Jahren**, beginnend mit dem Ablauf des Tages, an welchem die Zahlung, deren Erstattung beansprucht wird, geleistet ist.

> **Hinweis:**
> Demgegenüber soll dem gutgläubigen Empfänger der eingeschränkte Haftungsumfang gemäß § 31 Abs. 2 GmbHG weiterhin zugute kommen. Er haftet nur insoweit, wie dies zur Befriedigung der Gesellschaftsgläubiger erforderlich ist.

Die Gesellschaftsgläubiger sollen wie bei der Kapitalaufbringung durch eine gesetzliche **Ablaufhemmung** geschützt werden, was dadurch erreicht wird, dass § 31 Abs. 5 Satz 3 GmbHG auf die entsprechende Regelung in § 19 Abs. 6 Satz 2 GmbHG verweist.

Für die Kapitalerhaltung soll demnach wie im Aktienrecht dieselbe Frist gelten wie für die Kapitalaufbringung. Im Aktienrecht verjährten die Erstattungsansprüche seit jeher ohne Rücksicht auf die Gut- oder Bösgläubigkeit des Aktionärs in einer einheitlichen Frist von bisher fünf Jahren. Die gleichfalls schon im ursprünglichen GmbHG enthaltene Differenzierung entspricht dem gesetzlichen Leitbild der GmbH, in der die Gesellschafter der Gesellschaft näher stehen und die Geschäftsleitung stärker beeinflussen können, als dies Aktionären in Bezug auf den Vorstand möglich ist. Die Fälle, in denen ein bösgläubig handelnder Gesellschafter sich verbotene Zahlungen verschafft, mögen daher in der GmbH häufiger auftreten als in der Aktiengesellschaft. Für die Gesellschaftsgläubiger macht es jedoch keinen Unterschied, aus welchen Motiven der Gesellschaft die Haftungssubstanz entzogen wird. Möglicherweise übte die nach altem Verjährungsrecht über dreißig Jahre hinweg drohende Haftung eine abschreckende Wirkung auf den Gesellschafter aus. Nunmehr aber verjähren Ansprüche auf Ersatz von Vermögensschäden selbst bei sittenwidriger vorsätzlicher Schädigung gemäß § 826 BGB in einer Maximalfrist von zehn Jahren seit Entstehung des Anspruchs (§ 199 Abs. 3 Nr. 1 BGB); die Dreißigjahresfrist des § 199 Abs. 3 Nr. 2 BGB kommt nur dann zur Anwendung, wenn die Schadensursache bereits gesetzt wurde, der Schaden aber erst wesentlich später entsteht.

Die auch für den Erstattungsanspruch nach § 31 Abs. 1 GmbHG beschlossene Zehnjahresfrist stellt den bösgläubig handelnden Gesellschafter daher nicht besser, als er nach allgemeinem Verjährungsrecht stünde. Die Zehnjahresfrist verdoppelt allerdings die Verjährungsfrist zu Lasten des gutgläubigen Gesellschafters. Eine Abstufung der Verjährungsfristen nach redlichem oder bösgläubigen Verhalten erschien dem Gesetzgeber jedoch aus verjährungssystematischen Gründen nicht geboten.

Die noch vom Diskussionsentwurf zum Schuldrechtsmodernisierungsgesetz für § 195 BGB vorgesehene Unterscheidung zwischen einer objektiv beginnenden dreijährigen Regelfrist und einer Zehnjahresfrist für arglistiges Verhalten sei nicht Gesetz geworden. Die Gewährleistungsfristen im Kauf- und Werkvertragsrecht unterschieden sich bei frühzeitiger Kenntnis des Berechtigten nur um ein Jahr (§ 438 Abs. 1 Nr. 3, Abs. 3 Satz 1, § 634a Abs. 1 Nr. 1, Abs. 3 Satz 1 BGB). Bei bauwerksbezogenen Gewährleistungsrechten sorgten § 438 Abs. 3 Satz 2, § 634a Abs. 3 Satz 2 BGB lediglich dafür, dass die Arglistverjährung nicht vor dem Ablauf der sonst geltenden Gewährleistungsfrist (§ 438 Abs. 1 Nr. 2, § 634a Abs. 1 Nr. 2 BGB) eintrete. Ein Gleichlauf der Fristen sei daher unabhängig vom Grad der Vorwerfbarkeit möglich. Für den GmbH-Gesellschafter signalisiere die Zehnjahresfrist, dass bei Zahlungen, die nicht zweifelsfrei zulässig sind, das Risiko einer Inanspruchnahme länger als bisher drohe.

Demgegenüber solle die Ausfallhaftung der Gesellschafter gemäß § 31 Abs. 3 GmbHG weiterhin in fünf Jahren verjähren. Anders als nach der gegenwärtigen Fassung von § 31 Abs. 5 GmbHG solle die Fünfjahresfrist jedoch unabhängig davon gelten, ob der wegen des Ausfalls in Anspruch genommene Gesellschafter an der verbotenen Leistung zugunsten des primären Schuldners bewusst mitgewirkt habe. Auch insoweit solle bei der Verjährung nicht zwischen Gut- und Bösgläubigkeit unterschieden werden. Zudem solle der Beschluss über die Eröffnung des Insolvenzverfahrens keine Ablaufhemmung bewirken.

Die kürzere Verjährungsfrist beruht darauf, dass die übrigen Gesellschafter ausdrücklich subsidiär und nur insoweit haften, als dies zur Befriedigung der Gesellschaftsgläubiger erforderlich ist. Dieser nach § 31 Abs. 4 GmbHG nicht disponible Haftungsumfang und die Verjährung entsprechen den Regeln, die auch für die gründungsbezogene Haftung der Gesellschafter nach § 9b Abs. 1 und 2 GmbHG gelten.

Nach § 31 Abs. 6 GmbHG in der bisherigen Fassung konnten die übrigen Gesellschafter, die gemäß § 31 Abs. 3 GmbHG anstelle des Empfängers nach § 30 GmbHG verbotene Zahlungen an die Gesellschaft erstatten mussten, die Geschäftsführer der Gesellschaft in Regress nehmen. Voraussetzung hierfür war, dass den Geschäftsführern ein Verschulden zur Last fiel, d.h. diese schuldhaft die Forderung auf Leistung der Einlage gegen den verpflichteten Gesellschafter nicht geltend gemacht bzw. die zu beanstandende Rückzahlung entgegen § 30 GmbHG schuldhaft veranlasst hatten.

Eine besondere Verjährungsfrist für diesen Regressanspruch ist bisher nicht geregelt gewesen, so dass hierfür die allgemeinen Verjährungsregelungen der §§ 194 ff. BGB zur Anwendung kamen. Der Ausgleichsanspruch verjährte damit nach der gesetzlichen Systematik bis zum 1. Januar 2002 in dreißig Jahren, seit dem 1. Januar 2002 in drei Jahren, was jedoch als unbillig empfunden wurde.

Nach der systematischen Stellung des Anspruches gelten weder § 31 Abs. 5 GmbHG noch § 43 Abs. 4 GmbHG unmittelbar. Die herrschende Ansicht in der gesellschaftsrechtlichen Literatur hielt die Regelverjährung nach § 195 BGB a.F. für zu lang und befürwortete stattdessen eine Analogie zu § 43 Abs. 4 GmbHG. Die Verjährung soll mit der Zahlung des jeweiligen Gesellschafters beginnen, durch die sich dessen Schaden realisiert. Der Haftungsmaßstab wurde § 43 Abs. 1 GmbHG entnommen.

Diese Beurteilung erscheint dem Gesetzgeber auch nach der Reform des Verjährungsrechtes gerechtfertigt, so dass nach dem neu angefügten § 31 Abs. 6 Satz 2 GmbHG die Regelung des § 43 Abs. 1 und 4 GmbHG Anwendung finden soll.

Die neue Regelverjährung gemäß §§ 195, 199 BGB ist mit drei Jahren kürzer als die Verjährungsfrist nach § 43 Abs. 4 GmbHG von fünf Jahren. Auch schützt der Anspruch aus § 31 Abs. 6 GmbHG anders als derjenige aus § 31 Abs. 1 GmbHG nicht die Gesellschaftsgläubiger, sondern die Gesellschafter, denen die den Anspruch begründenden Tatsachen und der Schuldner selbstverständlich bekannt sind, was für eine Übertragung der Regelverjährung aus dem Anspruch nach § 31 Abs. 6 GmbHG gesprochen hätte. Gleichwohl erschien dem Gesetzgeber die Regelverjährung als nicht geeignet, da die Haftung der Geschäftsführer einheitlichen Regeln folgen sollte. Die bereits vor der Schuldrechtsmodernisierung weithin befürwortete Harmonisierung der Geschäftsführerhaftung in den Fällen der § 31 Abs. 6, § 43 Abs. 2 GmbHG soll deshalb durch den Verweis auf § 43 Abs. 1 und 4 GmbHG auch im Gesetzestext zum Ausdruck kommen. Nach § 43 Abs. 1 GmbHG haben die Geschäftsführer in den Angelegenheiten der Gesellschaft die Sorgfalt eines ordentlichen Geschäftsmannes anzuwenden. Die Ansprüche nach § 43 Abs. 1 GmbHG und nun auch § 31 Abs. 6 Satz 1 GmbHG verjähren in fünf Jahren.

2.2.5 Anpassung des Gesetzes betreffend die Erwerbs- und Wirtschaftsgenossenschaften

2.2.5.1 Sonderverjährungsfrist für den Anspruch auf Zahlung des Geschäftsanteiles

Anders als das AktG und das GmbHG schreibt das GenG kein Mindestkapital vor. Die Bestimmung von Einlagen bzw. von Einzahlungen auf den Geschäftsanteil ist vielmehr nach § 7 Nr. 1 GenG dem Statut vorbehalten. Die Zahlungspflichten der Genossen sind durch Auszahlungs-, Erlass- und Aufrechnungsverbote nach § 22 Abs. 4 und 5 GenG geschützt. Das Geschäftsguthaben eines Genossen darf nach § 22 Abs. 4 GenG, solange er nicht ausgeschieden ist, von der Genossenschaft nicht ausgezahlt oder im geschäftlichen Betrieb zum Pfand genommen, eine geschuldete Einzahlung darf nicht erlassen werden. Die Genossenschaft darf den Genossen keinen Kredit zum Zweck der Leistung von Einzahlungen auf den Geschäftsanteil gewähren. Gegen eine geschuldete Einzahlung kann der Genosse nach § 22 Abs. 5 GenG nicht aufrechnen.

Da eine besondere Verjährungsvorschrift bisher fehlte, galt das allgemeine Verjährungsrecht nach §§ 194 ff. BGB. Die Einzahlungsansprüche verjährten deshalb bis zur Schuldrechtsmodernisierung in 30 Jahren (§ 195 BGB a.F.). Seit der Schuldrechtsreform unterliegen die Ansprüche der subjektiv beginnenden Dreijahresfrist gemäß §§ 195, 199 BGB und verjähren nach drei Jahren.

Für die Kapitalaufbringung im Genossenschaftsrecht passt diese Frist ebenso wenig wie im Aktien- und GmbH-Recht. Auch widerspricht diese Regelung der allgemeinen Systematisierung des Verjährungsrechtes im Handels- und Gesellschaftsrecht.

Wie in den anderen Bereichen des Handels- und Gesellschaftsrechtes bedarf die Verjährung daher einer besonderen Frist, die in Anlehnung an § 199 Abs. 4 BGB auf zehn Jahre festgelegt wurde. **§ 22 GenG** wurde nunmehr ein **Abs. 6** angefügt, nach dem der Anspruch der Gesellschaft auf Leistung von Einzahlungen auf den Geschäftsanteil in **zehn Jahren**, beginnend mit seiner Entstehung, verjährt.

Aus dem fehlenden gesetzlichen Mindestkapital darf sicher nicht geschlossen werden, dass die Kapitalaufbringung im Genossenschaftsrecht von geringerer Bedeutung als bei anderen Rechtsformen wäre. Die Verbote gemäß § 22 Abs. 4 und 5 GenG belegen das Gegenteil und zeigen in der Struktur die Nähe zum Aktien- und GmbH-Recht. Soweit die Genossen zu Einzahlungen auf den Geschäftsanteil verpflichtet sind, dienen die daraus resultierenden Ansprüche wesentlich dem Interesse der Genossenschaftsgläubiger. Diese werden allerdings auch durch das genossenschaftsrechtliche Nachschusspflichtkonzept geschützt.

Nach § 6 Nr. 3 GenG muss das Statut festlegen, ob die Genossen Nachschüsse zur Insolvenzmasse leisten müssen. Diese Nachschusspflicht kann unbeschränkt gelten, auf eine bestimmte Haftsumme beschränkt oder aber ganz ausgeschlossen werden. Bei beschränkter Nachschusspflicht darf die Haftsumme nicht niedriger als der Geschäftsanteil festgesetzt werden, § 119 GenG. Sofern also die Nachschusspflicht nicht ausgeschlossen ist, setzt sich die Pflicht, Einzahlungen auf die Geschäftsanteile zu leisten, wirtschaftlich in der Insolvenz der Genossenschaft fort, auch wenn es sich rechtlich um eine andere Pflicht handelt.

Die Verjährbarkeit der Einzahlungsansprüche gefährdet die Genossenschaftsgläubiger daher hauptsächlich dann, wenn die Nachschusspflicht ausgeschlossen ist. Die Situation der Genossenschaftsgläubiger entspricht insoweit derjenigen von Gläubigern einer Aktiengesellschaft oder GmbH. Wie dort laufen die Gläubiger Gefahr, dass die im Statut vereinbarte Zahlung nie geleistet wird. In diesen Fällen ist die regelmäßige Verjährung gemäß §§ 195, 199 BGB, die an die Kenntnis der Genossenschaft anknüpft, zum Schutz der Genossenschaftsgläubiger nicht ausreichend.

Nach dem Vorbild der neuen § 54 Abs. 4 AktG, § 19 Abs. 6 GmbHG ist daher in § 22 Abs. 6 GenG vorgesehen, dass der Anspruch der Genossenschaft in zehn Jahren ab Fälligkeit nach § 7 Nr. 1, § 50 GenG verjährt.

Entsprechend den genannten Vorschriften als Vorbild hat der Gesetzgeber weiter geregelt, dass mit dem Eröffnungsbeschluss des Insolvenzgerichtes eine Ablaufhemmung von sechs Monaten eintritt.

> **Hinweis:**
> Der Gesetzgeber ist davon ausgegangen, dass es nicht sachgerecht wäre, die vorgesehene Zehnjahresfrist auf den Fall der ausgeschlossenen Nachschusspflicht zu beschränken und es im Übrigen bei der Regelverjährung zu belassen. Eine derartige Differenzierung sei dem Genossenschaftsrecht schon bisher fremd gewesen. Zudem sei ein solches Nebeneinander verschiedener Verjährungsfristen für gleichartige Ansprüche verjährungssystematisch verfehlt. Zuletzt müssten Regeln für den Fall vorgesehen werden, dass die ursprünglich vereinbarte Nachschusspflicht nachträglich aufgehoben werde.

2.2.5.2 Verjährungsfrist für Genossenschaftsprüfer

Verbände, Prüfer und Prüfungsgesellschaften sind nach § 62 Abs. 1 GenG zur gewissenhaften und unparteiischen Prüfung und zur Verschwiegenheit verpflichtet. Sie dürfen Geschäfts- und Betriebsgeheimnisse, die sie bei der Wahrnehmung ihrer Obliegenheiten erfahren haben, nicht unbefugt verwerten. Wer seine Obliegenheiten vorsätzlich oder fahrlässig verletzt, haftet der Genossenschaft für den daraus entstehenden Schaden. Mehrere Personen haften als Gesamtschuldner.

Die Ersatzpflicht von Personen, die fahrlässig gehandelt haben, beschränkt sich nach § 62 Abs. 2 GenG auf eine Million Euro für eine Prüfung. Dies gilt auch, wenn an der Prüfung mehrere Personen beteiligt gewesen oder mehrere zum Ersatz verpflichtende Handlungen begangen worden sind, und ohne Rücksicht darauf, ob andere Beteiligte vorsätzlich gehandelt haben.

Die Haftung nach § 62 Abs. 1 und 2 GenG kann durch Vertrag weder ausgeschlossen noch beschränkt werden; das Gleiche gilt von der Haftung des Verbandes für die Personen, deren er sich zur Vornahme der Prüfung bedient.

Nach § 62 Abs. 6 GenG verjährten Ansprüche gegen Prüfungsorgane bisher innerhalb von drei Jahren, beginnend mit dem Eingang des Prüfungsberichtes bei der Genossenschaft.

Hinweis:
Die Vorschrift stand in einem gewissen Widerspruch zu § 323 Abs. 5 HGB a.F., der für vergleichbare Ansprüche eine Verjährungsfrist von fünf Jahren vorsah.

Nachdem der Gesetzgeber § 323 Abs. 5 HGB a.F. mit Art. 6 des Gesetzes zur Reform des Zulassungs- und Prüfungsverfahrens des Wirtschaftsprüfungsexamens (Wirtschaftsprüfungsexamens-Reformgesetz – WPRefG)[33] aufgehoben hat, war es nur konsequent, nun auch § 62 Abs. 6 GenG aufzuheben und die Ansprüche der Genossenschaft der Regelverjährung des BGB zu unterwerfen. Auf diese Weise wird gesetzes- und rechtsformübergreifend die Verjährung von Ansprüchen gegen Prüfungsorgane harmonisiert.

Für die genannten Ansprüche aus § 61 Abs. 1 und 2 GenG gilt nunmehr die dreijährige regelmäßige Verjährungsfrist des § 195 BGB. Diese beginnt mit dem Schluss des Jahres, in dem der Anspruch entstanden ist und der Berechtigte von den den Anspruch begründenden Tatsachen und der Person des Schädigers Kenntnis erlangt hat oder durch grobe Fahrlässigkeit nicht erlangt hat.

2.2.5.3 Verjährung des Auseinandersetzungsanspruches des ausgeschiedenen Genossen

Das Ausscheiden eines Genossen ist in §§ 66 ff. GenG geregelt. Nach § 73 Abs. 1 GenG bestimmt sich die Auseinandersetzung des Ausgeschiedenen mit der Genossenschaft nach der Vermögenslage derselben und dem Bestand der Mitglieder zur Zeit seines Ausscheidens aufgrund der Bilanz, § 73 Abs. 2 GenG. Das Geschäftsguthaben des Genossen ist nach § 73 Abs. 2 GenG binnen sechs Monaten nach dem Ausscheiden auszuzahlen; auf die Rücklagen und das sonstige Vermögen der Genossenschaft hat er vorbehaltlich der Regelung in § 73 Abs. 3 GenG keinen Anspruch. Reicht das Vermögen einschließlich der Rücklagen und aller Geschäftsguthaben zur Deckung der Schulden nicht aus, so hat der Ausgeschiedene von dem Fehlbetrag den ihn treffenden Anteil an die Genossenschaft zu zahlen, wenn und soweit er im Falle des Insolvenzverfahrens Nachschüsse an sie zu leisten gehabt hätte. Der Anteil wird in Ermangelung einer anderen Bestimmung des Statuts nach der Kopfzahl der Mitglieder berechnet. Das Statut kann nach § 73 Abs. 3 GenG Genossen, die ihren Geschäftsanteil voll eingezahlt haben, für den Fall des Ausscheidens einen Anspruch auf Auszahlung eines Anteils an einer zu diesem Zweck aus dem Jahresüberschuss zu bildenden Ergebnisrücklage einräumen. Das Statut kann den Anspruch von einer Mindestdauer der Mitgliedschaft der Genossen abhängig machen sowie weitere Erfordernisse aufstellen und Beschränkungen des Anspruches vorsehen.

---

[33] BGBl. I 2003, 2446.

Nach § 74 GenG verjährten die Auseinandersetzungsansprüche des ausgeschiedenen Genossen bisher in zwei Jahren. Die Vorschrift ist verwandt mit § 93 Abs. 4 UmwG, der mit dem Gesetz zur Anpassung von Verjährungsvorschriften an das Gesetz zur Modernisierung des Schuldrechtes aufgehoben wurde.[34]

Wie dort geht es um Ansprüche, deren Grund und Schuldner der ausscheidende Genosse kennt, weil er selbst ausgetreten ist oder ausgeschlossen wurde. Auch die Fälligkeit ist durch § 73 Abs. 2 GenG klar bestimmt. Aus diesem Grunde hat der Gesetzgeber keinen Grund gesehen, zukünftig eine von den allgemeinen Verjährungsvorschriften abweichende Regelung zu treffen.

Der Gesetzgeber hat sich deshalb entschieden, § 74 GenG aufzuheben, so dass die genannten Auseinandersetzungsansprüche zukünftig in drei Jahren beginnend mit dem Schluss des Jahres, in dem der Genosse ausgetreten ist, verjähren.

> **Hinweis:**
> Durch die gleichzeitige Aufhebung von § 93 Abs. 4 UmwG gilt somit für Auseinandersetzungsansprüche eines ausgeschiedenen Genossenschaftsmitgliedes einheitlich die Regelverjährung.

Die Vorschrift des § 74 GenG wird allerdings trotz ihres durch den Wortlaut beschränkten Anwendungsbereiches **auch auf Ansprüche der Genossenschaft gegen das ausscheidende Mitglied** übertragen. Hiervon erfasst ist insbesondere die Nachschusspflicht gemäß § 73 Abs. 2 Satz 3 GenG. Weist die **Auseinandersetzungsbilanz** eine **Überschuldung** auf, so muss der Ausscheidende Nachschüsse leisten, wenn er im Insolvenzfall hierzu verpflichtet sein würde. Durch die Aufhebung von § 74 GenG unterliegt auch diese Nachschusspflicht gemäß § 73 Abs. 2 Satz 3 GenG zukünftig der Regelverjährung. Da bislang sogar eine Frist von zwei Jahren für ausreichend gehalten wurde, liegt in der Dreijahresfrist des § 195 BGB keine Benachteiligung der Gläubiger. Die Pflicht, Nachschüsse zur Insolvenzmasse gemäß § 105 GenG zu leisten, bleibt unberührt, da insoweit § 115b GenG gilt.

Als Folge der Streichung von § 74 GenG war dieser auch in der Aufzählung von § 77 Abs. 4 GenG zu streichen.

2.2.5.4 Verjährung der Auseinandersetzungsansprüche nach Insolvenzkündigung

Durch die Eröffnung eines Insolvenzverfahrens über das Vermögen der Genossenschaft wird diese nach § 101 GenG grundsätzlich aufgelöst. Ist das Insolvenzverfahren auf Antrag des Schuldners eingestellt oder nach der Bestätigung eines Insolvenzplanes, der den Fortbestand der Genossenschaft vorsieht, aufgehoben worden, so kann die Generalversammlung allerdings nach § 117 GenG die Fortsetzung der Genossenschaft beschließen. Zugleich mit dem Beschluss über die Fortsetzung der Genossenschaft ist die nach § 6 Nr. 3 GenG notwendige Bestimmung im Statut zu beschließen, ob die Genossen für den Fall, dass die Gläubiger im Insolvenzverfahren über das Vermögen der Genossenschaft nicht befriedigt werden, Nachschüsse zur Insolvenzmasse unbeschränkt, beschränkt auf eine Haftsumme oder überhaupt nicht zu leisten haben. Wird die Fortsetzung der Genossenschaft gemäß § 117 GenG beschlossen, so kann nach § 118 GenG jeder in der Generalversammlung erschienene Genosse, wenn er gegen den Beschluss Widerspruch zur Niederschrift erklärt hat oder wenn die Aufnahme seines Widerspruches in die Niederschrift verweigert worden ist, und jeder in der Generalversammlung nicht erschienene Genosse, wenn er zu der Generalversammlung zu Unrecht nicht zugelassen worden ist oder die Versammlung nicht gehörig berufen oder der Gegenstand der Beschlussfassung nicht gehörig angekündigt worden ist, kündigen. Hat eine Vertreterversammlung die Fortsetzung der Genossenschaft beschlossen, so kann jeder Genosse kündigen. Gekündigt werden muss durch schriftliche Erklärung innerhalb eines Monats. Die Frist beginnt entweder mit der Beschlussfassung oder mit der Erlangung der Kenntnis von der Beschlussfassung. Ist der Zeitpunkt der Kenntniserlangung streitig, so trägt die Genossenschaft die Beweislast. Im Falle der Kün-

---
[34] Siehe hierzu die Ausführungen unter II 2.2.2.

digung wirkt der Beschluss über die Fortsetzung der Genossenschaft weder für noch gegen den Genossen. Für die Auseinandersetzung des ausgeschiedenen Genossen mit der Genossenschaft ist nach § 118 Abs. 4 GenG die für die Fortsetzung der Genossenschaft aufgestellte Eröffnungsbilanz maßgeblich. Das Geschäftsguthaben des Genossen ist binnen sechs Monaten nach dem Ausscheiden auszuzahlen; auf die Rücklagen und das sonstige Vermögen der Genossenschaft hat er vorbehaltlich des § 73 Abs. 3 GenG keinen Anspruch.

Für die Auseinandersetzungsansprüche hat § 118 Abs. 4 Satz 3 GenG bisher auf die Verjährungsvorschrift des § 74 GenG verwiesen. Da § 74 GenG aufgehoben wurde, ist in dieser Konsequenz auch § 118 Abs. 4 Satz 3 aufgehoben worden. Dabei verjähren auch hier die Auseinandersetzungsansprüche in der regelmäßigen Verjährungsfrist von drei Jahren, beginnend mit dem Jahr, in dem der Genosse die Kündigung erklärt hat, § 199 Abs. 1 BGB.

2.3 Änderungen berufsrechtlicher Verjährungsvorschriften

Hatte der Gesetzgeber schon zu einem früheren Zeitpunkt die Verjährung der Ansprüche des Auftraggebers gegen einen Notar, einen Wirtschaftsprüfer oder einen Abschlussprüfer aus einem mit diesem geschlossenen Vertrag der regelmäßigen Verjährung von drei Jahren nach § 195 BGB unterstellt, stand eine Neuregelung für Rechtsanwälte, Patentanwälte und Steuerberater noch aus. Dies holt der Gesetzgeber nun mit dem Gesetz zur Anpassung von Verjährungsvorschriften an das Gesetz zur Schuldrechtsmodernisierung nach.

Hinweis:
Zu beachten ist dabei, dass die Regelungen die Ansprüche des Auftraggebers gegen den Rechtsanwalt, Patentanwalt oder Steuerberater wegen der Verletzung des mit diesem geschlossenen Vertrages betreffen. Die Vorschriften erfassen nicht die Verjährung der Ansprüche des Rechtsanwaltes, Patentanwaltes oder des Steuerberaters gegen den Auftraggeber auf Vergütung. Diese sind gesondert zu betrachten.

2.3.1 Änderungen der Bundesrechtsanwaltsordnung

Nach § 51b der Bundesrechtsanwaltsordnung verjährte der Anspruch des Mandanten auf Schadensersatz wegen Pflichtverletzung des zwischen ihm und dem Rechtsanwalt geschlossenen Vertrages bislang in drei Jahren. Die Verjährung begann in dem Zeitpunkt, in dem der Anspruch entstand. Der Anspruch verjährte spätestens drei Jahren nach der Beendigung des Auftrages.

Der Gesetzgeber hat nunmehr § 51b der Bundesrechtsanwaltsordnung gestrichen und damit die Verjährung des Schadensersatzanspruches des Mandanten gegen seinen Rechtsanwalt wegen Verletzung von Pflichten aus dem Anwaltsvertrag der regelmäßigen Verjährung nach dem BGB unterworfen.

Die Regelung für die Haftung der Rechtsanwälte entspricht damit auch der Regelung über die Amtshaftung der **Notare** nach § 19 Abs. 1 Satz 3 Bundesnotarordnung, der auf die Vorschriften des BGB über die Amtspflichtverletzung verweist. Außerdem wird durch die Anwendung der regelmäßigen Verjährungsfrist auch ein Gleichlauf mit vergleichbaren Fällen der Haftung für Beratungstätigkeiten, etwa bei der Unternehmensberatung, erreicht.

Schon mit dem **Wirtschaftsprüfungsexamens-Reformgesetz** (BGBl. I 2003, 2446) wurden mit Wirkung zum 1. Januar 2004 die vergleichbaren Sonderregelungen für die Verjährung von Ersatzansprüchen gegen den **Wirtschaftsprüfer** nach § 51a Wirtschaftsprüferordnung und gegen den **Abschlussprüfer** nach § 323 Abs. 5 HGB ersatzlos aufgehoben, so dass auch die Ersatzansprüche gegen diese der regelmäßigen Verjährung nach § 195 BGB von drei Jahren unterliegen. Auch im Übrigen gelten hier §§ 194–218 BGB.

Die bisherige Rechtslage bei der Verjährung von Schadensersatzansprüchen des Mandanten gegen seinen Rechtsanwalt wegen der Verletzung von Pflichten aus dem Anwaltsvertrag hat der Gesetzgeber als unbefriedigend empfunden. Da es auf eine Kenntnis des Mandanten von dem Regressanspruch gegen seinen Rechtsanwalt nicht ankam und die Verjährung in jedem Fall drei Jahre nach dem Ende des Auftrages eintrat, führte die Regelung in vielen Fällen dazu, dass der Mandant Schadensersatzansprüche verlor, bevor er sich ihrer überhaupt bewusst werden konnte. Insbesondere bei länger andauernden Rechtsstreitigkeiten konnte es geschehen, dass Pflichtverletzung und Schaden erst erkennbar wurden, wenn hierauf bezogene Ersatzansprüche bereits verjährt waren.

Selbst wenn der Mandant seine Ansprüche noch vor Ablauf der Verjährung erkannte, verblieb ihm bei einer am Wortlaut orientierten Anwendung des § 51b Bundesrechtsanwaltsordnung häufig nur eine sehr kurze Zeitspanne, um den Anspruch geltend zu machen.

Die Rechtsprechung hat daher § 51b Bundesrechtsanwaltsordnung einschränkend ausgelegt, um zur Vermeidung von Härten und zum Schutz des Mandanten einen Ausgleich für die kurze Verjährungsfrist zu gewähren.[35] So hat der BGH in seiner neueren Rechtsprechung den Eintritt eines Schadens, der den Lauf der Verjährungsfrist in Gang setzt, nicht bereits dann angenommen, wenn eine Vermögensgefährdung vorliegt und deshalb eine Feststellungsklage erhoben werden könnte, sondern erst dann, wenn bei wertender Betrachtung eine objektive Vermögensverschlechterung vorliegt.[36]

Auch hat schon das Reichsgericht und ihm nachfolgend der BGH die Systematik der Sekundärhaftung entwickelt.[37] Danach schließt es die vertragliche Pflicht des Rechtsanwaltes zu umfassender Beratung ein, den Mandanten auch über die eigene Pflichtverletzung zu belehren. Der Rechtsanwalt musste seinen Mandanten also darauf hinweisen, dass ein Regressanspruch gegen ihn möglich ist, dessen Verjährung drohen könnte. Kam der Rechtsanwalt – wie regelmäßig – dem nicht nach, sollte hierin eine schuldhafte Verletzung der Hinweispflicht liegen, die einen „sekundären" Schadensersatzanspruch begründete, der seinerseits der dreijährigen Verjährungsfrist des § 51b unterliegen sollte. Da sich der Rechtsanwalt damit nach § 249 Satz 1 BGB nicht auf die Primärverjährung des eigentlichen Schadensersatzanspruches berufen durfte, kam es im Ergebnis zu einer Verdoppelung der Verjährungsfrist auf maximal sechs Jahre. Insbesondere bei Dauermandaten konnte der Mandant hiervon profitieren.

Nach Auffassung des Gesetzgebers wird auch die über die Sekundärhaftung „verlängerte" Verjährungsfrist in der Anwaltshaftung den berechtigten Interessen der Beteiligten nicht gerecht. Regelmäßig sei es für den Mandanten schwierig zu beurteilen, ob sein Anwalt fehlerhaft gearbeitet habe und ob ihm hieraus ein Schaden entstanden sei. Besonders auch bei längeren Rechtsstreitigkeiten stelle sich oft erst spät heraus, ob ein Rechtsanwalt haftbar gemacht werden könne. Demgegenüber sei die Verjährungsfrist auch unter Berücksichtigung der richterrechtlich entwickelten Sekundärhaftung objektiv zeitlich begrenzt. Das Problem liege daher in der objektiven Anknüpfung des Verjährungsbeginns, bei der es auf die Kenntnis des Mandanten nicht ankomme und die seiner Situation nicht gerecht werde. Der Gesetzgeber hat sich deshalb entschieden, § 51b Bundesrechtsanwaltsordnung gänzlich zu streichen und die Verjährung der Ansprüche aus einer anwaltlichen Pflichtverletzung der Regelverjährung nach § 195 BGB von drei Jahren und insbesondere dem subjektiven Verjährungsbeginn nach § 199 BGB zu unterstellen.

Durch die ersatzlose Abschaffung des § 51b Bundesrechtsanwaltsordnung kommen also die allgemeinen Regeln der regelmäßigen Verjährung des BGB zur Anwendung, die hier für Abhilfe sorgen. Die Fristendauer von drei Jahren bleibt zwar mit der vorgeschlagenen Geltung des § 195 BGB unverändert; der entscheidende Unterschied liegt aber darin, dass gemäß § 199 Abs. 1 BGB der Lauf der Verjährungsfrist erst mit dem Schluss des Jahres beginnt, in dem der Anspruch entstanden ist und der Gläubiger von den den Anspruch begründenden Umständen und der Person des Schuldners Kenntnis erlangt oder ohne grobe Fahrlässigkeit erlangen müsste.

---

[35] BGH, NJW 1975, 1655, 1656.
[36] BGH, NJW 2001, 3543, 3544; BGH, NJW 2002, 1421, 1424.
[37] RGZ 158, 130, 136 f.; BGH, VersR 1967, 979, 980; BGHZ 94, 380, 385; BGH, NJW 2001, 3543, 3544.

Berechtigten Interessen des Anwaltes als Schuldner daran, nicht auf unabsehbare Zeit von einem Regress bedroht zu sein, trägt die allgemeine Regelung in § 199 Abs. 3 BGB mit der Einführung der Verjährungshöchstfrist Rechnung, nach der Ansprüche auf Ersatz von Vermögensschäden spätestens in zehn Jahren von ihrer Entstehung an bzw. in 30 Jahren von der Pflichtverletzung an verjähren, wobei die früher endende Frist maßgeblich ist.

Die von der Rechtsprechung entwickelte verjährungsrechtliche Sekundärhaftung ist damit vorbehaltlich der nachfolgend noch dargestellten Übergangsregelungen überholt.

Als redaktionelle Ergänzung der Streichung von § 51b Bundesrechtsanwaltsordnung war in § 59m Abs. 2 Bundesrechtsanwaltsordnung die Aufzählung der Vorschriften der Bundesrechtsanwaltsordnung, die sinngemäß für Rechtsanwaltsgesellschaften (Anwalts-GmbH) gelten, zu ändern. Die Verweisung auf § 51b Bundesrechtsanwaltsordnung war zu streichen, da auch für Regressansprüche gegen Rechtsanwaltsgesellschaften die allgemeinen Verjährungsvorschriften der §§ 194–218 BGB gelten sollten. Für eine Differenzierung besteht kein sachlicher Grund.

2.3.2 Anpassung der Patentanwaltsordnung

Wie § 51b der Bundesrechtsanwaltsordnung für die Rechtsanwälte hat § 45b der Patentanwaltsordnung bisher vorgesehen, dass der Anspruch des Auftraggebers auf Schadensersatz aus dem zwischen ihm und dem Patentanwalt bestehenden Vertragsverhältnis in drei Jahren verjährt. Die Verjährung hat bislang in dem Zeitpunkt begonnen, in dem der Anspruch entstanden ist, spätestens jedoch in drei Jahren nach der Beendigung des Auftrages.

Der Gesetzgeber hat die bisherige Rechtslage nicht anders als bei den Rechtsanwälten, Notaren, Steuerberatern, Abschlussprüfern und Wirtschaftsprüfern bei der Verjährung von Schadensersatzansprüchen des Mandanten gegen seinen Rechtsanwalt wegen Verletzung von Pflichten aus dem geschlossenen Vertrag als unbefriedigend angesehen. Da es auf eine Kenntnis des Mandanten von dem Regressanspruch gegen den Patentanwalt nicht ankam und die Verjährung in jedem Fall drei Jahre nach dem Ende des Auftrages eintrat, führte die Regelung in vielen Fällen dazu, dass der Mandant des Patentanwaltes seine Schadensersatzansprüche verlieren konnte, bevor er von diesen Kenntnis erlangte.

Um diesem Mangel abzuhelfen, hat der Gesetzgeber sich entschieden, **§ 45b Patentanwaltsordnung aufzuheben**. Da es sich bei der Patentanwaltsordnung um ein zivilrechtliches Nebengesetz handelt, kommen damit ohne weiteres die allgemeinen Verjährungsregeln des BGB zur Anwendung. Der Schadensersatzanspruch des Mandanten gegen den Patentanwalt unterliegt damit zukünftig der regelmäßigen Verjährung des § 195 BGB, so dass die Verjährungsfrist von drei Jahren unverändert bleibt. Sie beginnt jedoch nach § 199 Abs. 1 BGB erst mit dem Schluss des Jahres, in dem der Anspruch entstanden ist und der Gläubiger von den den Anspruch begründenden Umständen und der Person des Schuldners Kenntnis erlangt oder ohne grobe Fahrlässigkeit erlangen müsste.

Dem Interesse des Patentanwaltes nach Rechtssicherheit und daran, nicht auf unabsehbare Zeit mit einem Regress bedroht zu sein, trägt die Verjährungsfrist in § 199 Abs. 3 BGB Rechnung, nach dem Ansprüche auf Ersatz von Vermögensschäden spätestens in zehn Jahren von ihrer Entstehung an bzw. in 30 Jahren von der Pflichtverletzung an verjähren, wobei die früher endende Frist maßgeblich ist. Damit ist die bisherige Regelung des § 45b Patentanwaltsordnung einerseits in die Systematik der Verjährung nach dem BGB überführt und anderseits mit den Regelungen für die übrigen freien Berufe harmonisiert worden.

Die bisherigen Vorschriften über die Verjährung der Schadensersatzansprüche des Mandanten gegenüber dem Patentanwalt galten nach § 52m Abs. 2 Patentanwaltsordnung auch für die Patentanwaltsgesellschaft. Die bisherige Verweisung in § 52m Abs. 2 Patentanwaltsordnung auf § 45b Patentanwaltsordnung konnte damit entfallen. Damit gelten aufgrund des systematischen Zusammenhanges auch für die Patentanwaltsgesellschaft die allgemeinen Verjährungsvorschriften der §§ 194–218 BGB, ohne dass es noch einer besonderen Verweisung bedurfte.

2.3.3 Anpassung des Steuerberatergesetzes

Neben den Änderungen der Regelungen über die Verjährung der Ansprüche des Mandanten gegen den Rechtsanwalt oder den Patentanwalt aus dem entsprechenden entgeltlichen Geschäftsbesorgungsvertrag mit Dienstleistungscharakter war es zur weiteren Systematisierung und Strukturierung des Verjährungsrechtes der Ansprüche des Mandanten gegen Träger freier Berufe erforderlich, auch die Ansprüche des Mandanten gegen den Steuerberater aus dem Steuerberatervertrag einer einheitlichen Regelung zu unterwerfen.

Die Verjährung von Schadensersatzansprüchen des Auftraggebers gegen den Steuerberater war bisher in § 68 Steuerberatungsgesetz geregelt. Der Anspruch des Auftraggebers auf Schadensersatz aus dem zwischen ihm und dem Steuerberater oder Steuerbevollmächtigten bestehenden Vertragsverhältnis verjährte danach in drei Jahren von dem Zeitpunkt an, in dem der Anspruch entstanden war.

Auch hier soll – wie bei den Rechtsanwälten und den Patentanwälten – durch die **Aufhebung der Spezialvorschrift des § 68 Steuerberatergesetz** die regelmäßige Verjährung von drei Jahren nach § 195 BGB zur Anwendung kommen. Der Anspruch des Mandanten gegen den Steuerberater ist zivilrechtlicher Natur, so dass die Aufhebung von § 68 Steuerberatungsgesetz als lex specialis nun zur unmittelbaren Anwendung der §§ 194–218 BGB führt. Während nach der bisher geltenden Rechtslage die dreijährige Verjährungsfrist mit der Entstehung des Anspruchs begann und damit an rein objektive Tatsachen anknüpfte, soll durch die Verbindung mit § 199 Abs. 1 BGB und den subjektiven Verjährungsbeginn ein verbesserter Schutz des Mandanten erreicht werden.

Wie bei § 51b Bundesrechtsanwaltsordnung und § 45b Patentanwaltsordnung war die bisherige Verjährungsregelung für den Mandanten ungünstig, weil dessen Schadensersatzansprüche aus der Verletzung des Steuerberatungsvertrages verjähren konnten, bevor er von der Existenz eines solchen Anspruches Kenntnis genommen hatte. Wie schon zu § 51b Bundesrechtsanwaltsordnung hat der BGH diese Problematik durch die so genannte **Sekundärhaftung** zu entschärfen versucht. Danach war der Steuerberater ebenso wie der Rechtsanwalt verpflichtet, seinen Auftraggeber über eine Pflichtverletzung seinerseits und den entsprechenden Verjährungsbeginn zu unterrichten.[38]

Zusätzlich zu diesem herausgeschobenen Verjährungsbeginn wie bei den Rechtsanwälten soll die Verjährung des Regressanspruches wegen eines Beratungsfehlers regelmäßig auch frühestens mit der **Bekanntgabe** des belastenden **Steuerbescheides** beginnen.[39] Nach der Rechtsprechung hat sich erst mit der Kenntnis von dem Steuerbescheid der Beratungsfehler erkennbar manifestiert, da sich erst mit diesem der Schaden erkennen lasse. Letztlich hat damit die Rechtsprechung schon über diese Konstruktion zumindest das Element des Kennenmüssens in die Beurteilung der Frage des Verjährungsbeginns eingebunden. Anders als bei der Verjährung von Ansprüchen wegen der Pflichtverletzung des Anwaltsvertrages wird bei der Verjährung von Ansprüchen gegen den Steuerberater nicht mit wesentlichen Änderungen gegenüber der bisherigen Praxis zu rechnen sein.

2.4 Änderungen der Verjährungsvorschriften der InsO

2.4.1 Überblick

Umfangreiche Änderungen der Verjährungsvorschriften hat der Gesetzgeber im Bereich der Insolvenzordnung vorgenommen. So hat er
- die Vorschrift des § 26 Abs. 3 Satz 3 InsO über die Verjährung des Erstattungsanspruches bezüglich des Vorschusses zur Deckung der Kosten des Insolvenzverfahrens gegen den Verantwortlichen wegen der pflichtwidrig unterlassenen Stellung des Insolvenzantrages gestrichen,

---

[38] BGHZ 83, 17.
[39] BGH, NJW-RR 1994, 1210 m.w.N.

- die Verjährungsfrist für die Ansprüche aus der Insolvenzverwalterhaftung nach §§ 60, 61 InsO den allgemeinen Verjährungsbestimmungen der §§ 194–218 BGB unterworfen, gleichzeitig aber das Haftungsprivileg des Insolvenzverwalters nach § 62 Satz 2 und 3 InsO beibehalten.
- Die Verjährung für Anfechtungsansprüche nach §§ 129 ff. BGB folgt zukünftig den allgemeinen Verjährungsregelungen der §§ 194–218 BGB, so dass in § 146 InsO auf diese verwiesen wird und § 147 Abs. 2 InsO gestrichen wurde.

2.4.2 Aufhebung von § 26 Abs. 3 Satz 3 InsO

Nach § 26 Abs. 1 InsO wird der Antrag auf Eröffnung des Insolvenzverfahrens zurückgewiesen, wenn das Vermögen des Schuldners voraussichtlich nicht ausreichen wird, um die Kosten des Verfahrens zu decken; es sei denn, es wird ein ausreichender Kostenvorschuss geleistet.[40]

Stellt sich im Weiteren heraus, dass ein nach den gesellschaftsrechtlichen Vorschriften Verpflichteter einen gesetzlich gebotenen Insolvenzantrag pflichtwidrig und schuldhaft nicht gestellt hat, so kann der Vorschießende von diesem persönlich die Erstattung des Kostenvorschusses verlangen. Soweit diese Person bestreitet, weder pflichtwidrig noch schuldhaft gehandelt zu haben, ist sie hierfür beweispflichtig, § 26 Abs. 3 Satz 2 InsO. Hierbei handelt es sich um einen zivilrechtlichen Anspruch.

Nach der bisherigen Regelung in § 26 Abs. 3 Satz 3 InsO verjährt der Erstattungsanspruch nach fünf Jahren. Eine besondere Begründung für diese von der neuen regelmäßigen Verjährungsfrist von drei Jahren abweichenden Sonderverjährungsfrist wusste der Gesetzgeber nicht zu geben, so dass er § 26 Abs. 3 Satz 3 InsO ersatzlos gestrichen hat.

Durch Streichung dieser Verjährungsregelung kommt nun die regelmäßige Verjährung nach § 195 BGB von drei Jahren zur Anwendung. Sie beginnt nach § 199 Abs. 1 BGB zum Ende des Jahres, in dem der Anspruch entstanden ist – was regelmäßig im Zeitpunkt der Vorschussleistung bereits objektiv der Fall ist – und wenn derjenige, der den Vorschuss geleistet hat, davon Kenntnis oder grob fahrlässige Unkenntnis hat, dass der andere schuldhaft den Antrag auf Eröffnung des Insolvenzverfahrens unterlassen hat, § 199 Abs. 1 Nr. 2 BGB. Ausgehend von dem zuletzt genannten Zeitpunkt ist die Verjährungsfrist von drei Jahren angemessen bestimmt, um den schutzwürdigen Belangen des Berechtigten Rechnung zu tragen.

2.4.3 Verjährung der Haftungsansprüche gegen den Insolvenzverwalter

Der Insolvenzverwalter ist nach § 60 Abs. 1 InsO allen Beteiligten zum Schadensersatz verpflichtet, wenn er schuldhaft die Pflichten verletzt, die ihm nach der Insolvenzordnung obliegen. Er hat für die Sorgfalt eines ordentlichen und gewissenhaften Insolvenzverwalters einzustehen. Hieraus sind die Haftungsmaßstäbe zu entwickeln. Soweit der Insolvenzverwalter zur Erfüllung der ihm obliegenden Pflichten Angestellte des Schuldners im Rahmen ihrer bisherigen Tätigkeit einsetzen muss und diese Angestellten nicht offensichtlich ungeeignet sind, hat der Insolvenzverwalter ein Verschulden dieser Personen nicht gemäß § 278 BGB zu vertreten, sondern ist nach § 60 Abs. 2 InsO nur für deren Überwachung und für Entscheidungen von besonderer Bedeutung verantwortlich.

Der Insolvenzverwalter ist nach § 61 InsO dem Massegläubiger zum Schadensersatz verpflichtet, wenn eine Masseverbindlichkeit, die durch eine Rechtshandlung des Insolvenzverwalters begründet worden ist, aus der Insolvenzmasse nicht voll erfüllt werden kann. Dies gilt nicht, wenn der Verwalter bei der Begründung der Verbindlichkeit nicht erkennen konnte, dass die Masse voraussichtlich zur Erfüllung nicht ausreichen würde.

---

[40] Nach dem Referentenentwurf eines Gesetzes zur Änderung der Insolvenzordnung, des Kreditwesengesetzes und anderer Gesetze soll der Beschluss zukünftig öffentlich bekannt gemacht werden, vgl. ZVI Beilage 3 2004.

Die Verjährung der sich aus §§ 60, 61 InsO gegen den Insolvenzverwalter ergebenden Ansprüche war bisher in § 62 InsO geregelt. Der Anspruch auf Ersatz des Schadens, der aus einer Pflichtverletzung des Insolvenzverwalters entstand, verjährte danach in drei Jahren von dem Zeitpunkt an, in dem der Geschädigte von dem Schaden und den Umständen, welche die Ersatzpflicht des Verwalters begründeten, Kenntnis erlangte. Spätestens verjährte der Anspruch bisher in drei Jahren von der Aufhebung oder der Rechtskraft der Einstellung des Insolvenzverfahrens an. Für Pflichtverletzungen, die im Rahmen einer Nachtragsverteilung (§ 203 InsO) oder einer Überwachung der Planerfüllung (§ 260 InsO) begangen worden sind, begann die Verjährung spätestens mit dem Vollzug der Nachtragsverteilung oder der Beendigung der Überwachung. Die bisher geltende Regelung war danach im Ansatz ausgestaltet wie die frühere deliktische Verjährung des § 852 BGB a.F.

Nach dem auch § 852 BGB a.F. zur Grundlage der neuen regelmäßigen Verjährung nach §§ 195, 199 BGB geworden ist, hat der Gesetzgeber keinen Anlass mehr gesehen, an der Sonderverjährungsvorschrift des § 62 InsO festzuhalten. Er hat deshalb die bisherige Regelung in § 62 Abs. 1 InsO gestrichen und durch einen Verweis auf die allgemeinen Verjährungsregelungen des BGB ersetzt.

Damit gilt die Regelung ohne wesentliche sachliche Änderungen durch den Verweis auf die regelmäßige Verjährung nach dem BGB weiter. Im **Unterschied** zum bisherigen § 62 Satz 1 InsO beginnt die Verjährung nach § 199 Abs. 1 BGB erst mit Schluss des Jahres, in dem die Voraussetzungen für den Verjährungsbeginn vorliegen. Ein sachlicher Grund, hiervon bei den Ansprüchen gegen den Insolvenzverwalter abzusehen, bestand nicht.

§ 62 Satz 2 und 3 InsO enthielten bisher ein **Haftungsprivileg des Insolvenzverwalters**, das auch in der Neufassung **erhalten bleibt**. Hiernach verjähren Ansprüche nicht längstens in 30 Jahren ab Begehung der Pflichtverletzung, wie das bisher in § 852 Abs. 1 BGB geregelt war, bzw. in zehn Jahren seit ihrer Entstehung oder 30 Jahren ab Begehung der Pflichtverletzung, wie dies bei Anwendung des § 199 Abs. 3 BGB der Fall wäre. Vielmehr sollen solche Ansprüche schon spätestens drei Jahre ab Aufhebung oder rechtskräftiger Einstellung des Insolvenzverfahrens oder – bei Nachtragsverteilung oder Überwachung – ab dem Vollzug der Nachtragsverteilung oder Beendigung der Überwachung verjähren.

Durch diese kurze Frist soll der Insolvenzverwalter bewusst davor bewahrt werden, sich noch nach vielen Jahren mit Ersatzansprüchen Dritter auseinander setzen zu müssen. Das Bedürfnis für diese Regelung folgt auch daraus, dass die Anerkennung der Schlussrechnung des Insolvenzverwalters im Schlusstermin keine entlastende Wirkung mehr hat.[41] Von daher besteht hier eine andere Lage als etwa bei der Haftung des Rechtsanwaltes, die eine Beibehaltung des Haftungsprivilegs des § 62 Satz 2 und 3 InsO rechtfertigt.

> **Hinweis:**
> Regelungstechnisch führt dies dazu, dass in Satz 1 ein ausdrücklicher Verweis auf die regelmäßige Verjährung aufgenommen werden muss, um eine Anknüpfung für die Sätze 2 und 3 zu bieten. Diese Sätze enthalten dann Sonderregelungen, die nach dem Spezialitätsgrundsatz den Bestimmungen des § 199 Abs. 3 BGB vorgehen.

2.4.4 Neufassung der Verjährungsregelung bei Anfechtungshandlungen

Der Insolvenzverwalter kann Rechtshandlungen des Gemeinschuldners, die vor der Eröffnung des Insolvenzverfahrens vorgenommen wurden und die Insolvenzgläubiger benachteiligen unter den Voraussetzungen der §§ 130–146 InsO anfechten. Unterlassungen stehen dabei nach § 129 Abs. 2 InsO Rechtshandlungen gleich.

---

[41] Amtliche Begründung zu § 73 RegE (= § 62 InsO), BT-Drs. 12/2443, S. 130.

Dieser Anfechtungsanspruch verjährt bisher nach § 146 Abs. 1 InsO in zwei Jahren, beginnend mit der Eröffnung des Insolvenzverfahrens. Diese kurze Verjährungsfrist war bisher sachgerecht, da ohne eine entsprechende Anordnung die frühere regelmäßige Verjährungsfrist von 30 Jahren nach dem bisherigen § 195 BGB a.F. anzuwenden gewesen wäre.

Einen sachlichen Grund für eine gegenüber der regelmäßigen Verjährung von drei Jahren nach § 195 BGB um ein Jahr verkürzten Verjährungsfrist hat der Gesetzgeber nicht mehr gesehen und im Gegenteil eine solche Verkürzung nunmehr als unangemessen angesehen. Die konkurrierenden Ansprüche aus ungerechtfertigter Bereicherung und aus unerlaubter Handlung unterliegen ebenfalls der regelmäßigen Verjährungsfrist von drei Jahren mit dem besonderen Beginn des § 199 BGB.

Diese Frist hat der Gesetzgeber nun auch für den Anfechtungsanspruch als sachgerecht erkannt, da dieser eine durchaus ähnliche Funktion habe und letztlich auch dazu dienen solle, eine ungerechtfertigte Schmälerung der Insolvenzmasse zu verhindern. Deshalb solle auch auf diesen Anfechtungsanspruch die regelmäßige Verjährungsfrist angewendet werden, was gesetzestechnisch dadurch erreicht wird, dass die bisherige Regelung in § 146 Abs. 1 InsO gestrichen und durch einen Verweis ersetzt wird, wonach sich die Verjährung des Anfechtungsanspruches nach den Regelungen über die regelmäßige Verjährung nach dem BGB richtet.

Hinweis:
Neben dem Verjährungsbeginn zum Ende des Jahres, in dem die Voraussetzungen des § 199 Abs. 1 BGB vorliegen, kann die subjektive Anknüpfung nach § 199 Abs. 1 Nr. 2 BGB in einigen Fällen auch zu einer weiteren Verlängerung der Verjährung des Anfechtungsanspruches führen. Dies wird insbesondere in Sachverhaltskonstellationen eintreten, die – etwa wegen einer besonders geschickten Verschleierung – für den Insolvenzverwalter nicht sofort zu durchschauen sind. Bei der regelmäßigen Anfechtungssituation dürfte hingegen die subjektive Anknüpfung keine weiteren Nachteile für den Anfechtungsgegner verursachen.

Wie bisher bleibt es bei der Regelung des § 146 Abs. 2 InsO, wonach der Insolvenzverwalter die Erfüllung einer Leistungspflicht auch nach der Verjährung des Anfechtungsanspruches verweigern kann, wenn die Leistungspflicht auf einer anfechtbaren Handlung beruht.

Unter Berücksichtigung der nachfolgend noch behandelten Änderung in § 147 InsO verjähren die Anfechtungsansprüche daher zukünftig in drei Jahren. Die Frist beginnt mit dem Schluss des Jahres, in dem der Anspruch entstanden ist und der Insolvenzverwalter von den den Anspruch begründenden Tatsachen und der Person des Anfechtungsgegners Kenntnis erlangt hat oder dem Zeitpunkt, ab dem die Unkenntnis auf grober Fahrlässigkeit des Insolvenzverwalters beruht.

2.4.5 Aufhebung der Bestimmung in § 147 Abs. 2 InsO über den Verjährungsbeginn

Nach § 147 Abs. 1 InsO kann eine Rechtshandlung, die nach der Eröffnung des Insolvenzverfahrens vorgenommen worden ist und die nach § 81 Abs. 3 Satz 2, §§ 892, 893 BGB, §§ 16, 17 des Gesetzes über Rechte an eingetragenen Schiffen und Schiffsbauwerken und §§ 16, 17 des Gesetzes über Rechte an Luftfahrzeugen wirksam ist, nach den Vorschriften angefochten werden, die für die Anfechtung einer vor der Verfahrenseröffnung vorgenommenen Rechtshandlung gelten. Dies gilt für die den in § 96 Abs. 2 InsO genannten Ansprüchen und Leistungen zugrunde liegenden Rechtshandlungen mit der Maßgabe, dass durch die Anfechtung nicht die Verrechnung einschließlich des Saldenausgleiches rückgängig gemacht wird oder die betreffenden Überweisungs-, Zahlungs- oder Übertragungsverträge unwirksam werden. Diese Regelung wird beibehalten und stellt zukünftig den alleinigen Regelungsgehalt der Vorschrift des § 147 InsO dar.

§ 147 Abs. 2 InsO bestimmte bisher, wann die kurze Verjährungsfrist des § 146 Abs. 1 InsO von zwei Jahren beginnen sollte, nämlich mit dem Wirksamwerden der anzufechtenden Handlung. Diesem besonderen Verjährungsbeginn entbehrt nun die sachliche Grundlage, wenn in § 146 InsO die

Umstellung auf die regelmäßige Verjährung nach dem BGB erfolgt. Die Verjährungsfrist beginnt dann gemäß § 199 Abs. 1 BGB mit dem Schluss des Jahres, in dem der Anspruch entstanden ist und der Insolvenzverwalter von den den Anspruch begründenden Umständen und der Person des Schuldners Kenntnis erlangt hat oder allein aufgrund grober Fahrlässigkeit nicht erlangt hat, also niemals vor dem Wirksamwerden der anfechtbaren Handlung. Die Bestimmung wurde daher mit dem Übergang auf die regelmäßige Verjährung nach dem BGB gestrichen.

2.5 Änderungen energiewirtschaftlicher Verjährungsvorschriften

2.5.1 Regelverjährung für Ansprüche nach der Verordnung über Allgemeine Bedingungen für die Elektrizitätsversorgung von Tarifkunden

Die allgemeinen Bedingungen, zu denen Elektrizitätsversorgungsunternehmen nach § 6 Abs. 1 des Energiewirtschaftsgesetzes jedermann an ihr Versorgungsnetz anzuschließen und in Niederspannung zu allgemeinen Tarifpreisen zu versorgen haben, sind in §§ 2–34 der Verordnung über Allgemeine Bedingungen für die Elektrizitätsversorgung von Tarifkunden (AVBEltV) geregelt, die auf § 7 Abs. 2 des Energiewirtschaftsgesetzes beruht. Sie werden jeweils Bestandteil des mit dem Endkunden geschlossenen Versorgungsvertrages.

Für Schäden, die ein Kunde durch Unterbrechung der Elektrizitätsversorgung oder durch Unregelmäßigkeiten in der Elektrizitätsbelieferung erleidet, haftet das ihn beliefernde Elektrizitätsversorgungsunternehmen aus Vertrag oder unerlaubter Handlung nach § 6 AVBEltV im Falle
- der Tötung oder Verletzung des Körpers oder der Gesundheit des Kunden, es sei denn, dass der Schaden von dem Unternehmen oder einem Erfüllungs- oder Verrichtungsgehilfen weder vorsätzlich noch fahrlässig verursacht worden ist,
- der Beschädigung einer Sache, es sei denn, dass der Schaden weder durch Vorsatz noch durch grobe Fahrlässigkeit des Unternehmens oder eines Erfüllungs- oder Verrichtungsgehilfen verursacht worden ist,
- eines Vermögensschadens, es sei denn, dass dieser weder durch Vorsatz noch durch grobe Fahrlässigkeit des Inhabers des Unternehmens oder eines vertretungsberechtigten Organs oder Gesellschafters verursacht worden ist.

> **Hinweis:**
> § 831 Abs. 1 Satz 2 BGB ist nur bei vorsätzlichem Handeln von Verrichtungsgehilfen anzuwenden.

Bei grobfahrlässig verursachten Sach- und Vermögensschäden ist die Haftung des Elektrizitätsversorgungsunternehmens gegenüber seinen Tarifkunden auf jeweils 2.500 Euro begrenzt. Die Haftung für Sach- und Vermögensschäden ist je Schadensereignis insgesamt begrenzt auf
- 2.500.000 Euro bei einer Versorgung bis zu 100.000 Abnehmern,
- 5.000.000 Euro bei einer Versorgung bis zu 200.000 Abnehmern,
- 7.500.000 Euro bei einer Versorgung bis zu einer Million Abnehmern,
- 10.000.000 Euro bei einer Versorgung von mehr als einer Million Abnehmern.

> **Hinweis:**
> In diese Höchstgrenzen können auch Schäden der Sonderkunden einbezogen werden, wenn dies vereinbart und die Haftung im Einzelfall auf 2.500 Euro begrenzt ist. Abnehmer im Sinne des sind auch Sonderkunden.

Die vorstehenden Regelungen sind nach § 6 Abs. 3 AVBEltV auch auf Ansprüche von Kunden anzuwenden, die diese gegen ein drittes Elektrizitätsversorgungsunternehmen aus unerlaubter Handlung geltend machen. Die Haftung dritter Unternehmen ist je nach Schadensereignis insgesamt begrenzt auf das Dreifache bei Unternehmen, die bis zu 50.000 Abnehmer versorgen und auf das zehnfache bei allen übrigen Unternehmen. des Höchstbetrages, für den sie nach § 6 Abs. 2 Satz 2 AVBEltV eigenen Tarifkunden gegenüber haften. Versorgt das dritte Unternehmen keine eigenen Tarifkunden, so ist die Haftung auf 50 Millionen Euro begrenzt. Aus dem Höchstbetrag können auch Schadensersatzansprüche von Sonderkunden gedeckt werden, die diese gegen das dritte Unternehmen aus unerlaubter Handlung geltend machen, wenn dies vereinbart ist und die Ansprüche im Einzelfall auf 2.500 Euro begrenzt sind. Das Elektrizitätsversorgungsunternehmen ist verpflichtet, seinen Kunden auf Verlangen über die mit der Schadensverursachung durch ein drittes Unternehmen zusammenhängenden Tatsachen insoweit Auskunft zu geben, als sie ihm bekannt sind oder von ihm in zumutbarer Weise aufgeklärt werden können und ihre Kenntnis zur Geltendmachung des Schadensersatzes erforderlich ist. Übersteigt die Summe der Einzelschäden die jeweilige Höchstgrenze, so wird der Schadensersatz nach § 6 Abs. 4 AVBEltV in dem Verhältnis gekürzt, in dem die Summe aller Schadensersatzansprüche zur Höchstgrenze steht. Sind die Schäden von Sonderkunden in die Höchstgrenze einbezogen worden, so sind sie bei der Kürzung zu berücksichtigen. Bei Ansprüchen nach § 6 Abs. 3 AVBEltV darf die Schadensersatzquote nicht höher sein als die Quote der Kunden des dritten Elektrizitätsversorgungsunternehmens. Bei Schäden unter 15 Euro entfällt eine Schadensersatzpflicht ganz.

§ 7 AVBEltV regelte dann bisher die Verjährung des Schadensersatzanspruches gegen das Elektrizitätsversorgungsunternehmen bei Versorgungsstörungen aus § 6 AVBEltV. Danach verjährten die Schadensersatzansprüche in einem Jahr von dem Zeitpunkt an, in welchem der Ersatzberechtigte von dem Schaden, von den Umständen, aus denen sich seine Anspruchsberechtigung ergab, und von dem ersatzpflichtigen Elektrizitätsversorgungsunternehmen Kenntnis erlangte, ohne Rücksicht auf diese Kenntnis in zwei Jahren von dem schädigenden Ereignis an. Schwebten zwischen dem Ersatzpflichtigen und dem Ersatzberechtigten Verhandlungen über den zu leistenden Schadensersatz, so war die Verjährung bisher nach § 7 Abs. 2 AVBEltV gehemmt, bis der eine oder der andere Teil die Fortsetzung der Verhandlungen verweigerte.

Der Gesetzgeber hat für die Zukunft keinen Anlass gesehen, an dieser Sonderverjährungsvorschrift festzuhalten. Es handelt sich um einen gewöhnlichen zivilrechtlichen, vertraglichen oder deliktischen Anspruch, dessen Schutzzweck nicht allein durch eine Sonderverjährungsvorschrift in Abweichung von der regelmäßigen Verjährungsfrist von drei Jahren verwirklicht werden kann.

Die bisherige Sonderverjährungsvorschrift des § 7 AVBEltV war bei ihrem Erlass wegen der früheren regelmäßigen Verjährungsfrist von 30 Jahren gerechtfertigt, weil diese Frist für diese Art von Vertragsverhältnissen objektiv zu lang war und außerdem ein Gleichlauf der Verjährungsfrist für die vertraglichen und die mit diesen konkurrierenden Ansprüchen aus unerlaubter Handlung erreicht werden sollte. Beide Bedürfnisse sind mit dem In-Kraft-Treten des Gesetzes zur Modernisierung des Schuldrechts entfallen; die neue regelmäßige Verjährungsfrist ist nicht nur grundsätzlich auf alle vertraglichen Ansprüche anwendbar, sondern gilt auch für Ansprüche aus unerlaubter Handlung.

Hinweis:
§ 7 Abs. 2 AVBEltV, der bisher die Hemmung der Verjährung während laufender Verhandlungen über den zu leistenden Schadensersatz anordnete, ist über § 203 BGB durch die Anwendung der Bestimmungen über die regelmäßige Verjährung ebenfalls abgedeckt und konnte daher gleichfalls entfallen.

Damit gilt zukünftig für die Ansprüche des Tarifkunden nach § 6 AVBEltV die regelmäßige Verjährungsfrist von drei Jahren, die mit dem Schluss des Jahres beginnt, in dem der Anspruch entstanden ist und der anspruchsberechtigte Tarifkunde von den den Anspruch begründenden Tatsachen Kenntnis erlangt hat oder die Kenntnis aufgrund grober Fahrlässigkeit nicht erlangt hat.

2.5.2 Regelverjährung für Ansprüche nach der Verordnung über Allgemeine Bedingungen für die Gasversorgung von Tarifkunden

Die allgemeinen Bedingungen, zu denen Gasversorgungsunternehmen nach § 6 Abs. 1 des Energiewirtschaftsgesetzes jedermann an ihr Versorgungsnetz anzuschließen und zu allgemeinen Tarifpreisen zu versorgen haben, sind in §§ 2–34 der Verordnung über Allgemeine Bedingungen für die Gasversorgung von Tarifkunden (AVBGasV) geregelt, die auf § 7 Abs. 2 des Energiewirtschaftsgesetzes beruht. Sie werden jeweils Bestandteil des mit dem Endkunden geschlossenen Versorgungsvertrages.

Für Schäden, die ein Kunde durch Unterbrechung der Gasversorgung oder durch Unregelmäßigkeiten in der Gasbelieferung erleidet, haftet das ihn beliefernde Elektrizitätsversorgungsunternehmen aus Vertrag oder unerlaubter Handlung nach § 6 AVBGasV im Falle
- der Tötung oder Verletzung des Körpers oder der Gesundheit des Kunden, es sei denn, dass der Schaden von dem Unternehmen oder einem Erfüllungs- oder Verrichtungsgehilfen weder vorsätzlich noch fahrlässig verursacht worden ist,
- der Beschädigung einer Sache, es sei denn, dass der Schaden weder durch Vorsatz noch durch grobe Fahrlässigkeit des Unternehmens oder eines Erfüllungs- oder Verrichtungsgehilfen verursacht worden ist,
- eines Vermögensschadens, es sei denn, dass dieser weder durch Vorsatz noch durch grobe Fahrlässigkeit des Inhabers des Unternehmens oder eines vertretungsberechtigten Organs oder Gesellschafters verursacht worden ist.

> **Hinweis:**
> § 831 Abs. 1 Satz 2 BGB ist nur bei vorsätzlichem Handeln von Verrichtungsgehilfen anzuwenden.

Bei grobfahrlässig verursachten Sach- und Vermögensschäden ist die Haftung des Gasversorgungsunternehmens gegenüber seinen Tarifkunden auf jeweils 2.500 Euro begrenzt. Die Haftung für Sach- und Vermögensschäden ist je Schadensereignis insgesamt begrenzt auf
- 2.500.000 Euro bei einer Versorgung bis zu 50.000 Abnehmern,
- 5.000.000 Euro bei einer Versorgung bis zu 200.000 Abnehmern,
- 7.500.000 Euro bei einer Versorgung von mehr als 200.000 Abnehmern.

> **Hinweis:**
> In diese Höchstgrenzen können auch Schäden der Sonderkunden einbezogen werden, wenn dies vereinbart und die Haftung im Einzelfall auf 2.500 Euro begrenzt ist. Abnehmer im Sinne des des Satzes 2 sind auch Sonderkunden.

Die vorstehenden Regelungen sind nach § 6 Abs. 3 AVBGasV auch auf Ansprüche von Kunden anzuwenden, die diese gegen ein drittes Gasversorgungsunternehmen aus unerlaubter Handlung geltend machen. Die Haftung dritter Unternehmen ist je Schadensereignis insgesamt begrenzt auf das Dreifache bei Unternehmen, die bis zu 50.000 Abnehmer versorgen und auf das zehnfache bei allen übrigen Unternehmen des Höchstbetrages, für den sie nach § 6 Abs. 2 S. 2 AVBGasV eigenen Tarifkunden gegenüber haften. Versorgt das dritte Unternehmen keine eigenen Tarifkunden, so ist die Haftung auf 50 Millionen Euro begrenzt. Aus dem Höchstbetrag können auch Schadensersatzansprüche von Sonderkunden gedeckt werden, die diese gegen das dritte Unternehmen aus unerlaubter Handlung geltend machen, wenn dies vereinbart ist und die Ansprüche im Einzelfall auf 2.500 Euro begrenzt sind. Das Gasversorgungsunternehmen ist verpflichtet, seinen Kunden auf Verlangen über die mit der Schadensverursachung durch ein drittes Unternehmen zusammenhängenden Tatsachen insoweit Auskunft zu geben, als sie ihm bekannt sind oder von ihm in zumutbarer Weise aufgeklärt werden können und ihre Kenntnis zur Geltendmachung des Schadensersatzes erforderlich ist. Übersteigt die Summe der Einzelschäden die jeweilige Höchstgrenze, so wird der Schadensersatz nach

§ 6 Abs. 4 AVBGasV in dem Verhältnis gekürzt, in dem die Summe aller Schadensersatzansprüche zur Höchstgrenze steht. Sind die Schäden von Sonderkunden in die Höchstgrenze einbezogen worden, so sind sie bei der Kürzung zu berücksichtigen. Bei Ansprüchen nach § 6 Abs. 3 AVBGasV darf die Schadensersatzquote nicht höher sein als die Quote der Kunden des dritten Elektrizitätsversorgungsunternehmens. Bei Schäden unter 15 Euro entfällt eine Schadensersatzpflicht ganz.

§ 7 AVBGasV regelte dann bisher die Verjährung des Schadensersatzanspruches gegen das Gasversorgungsunternehmen bei Versorgungsstörungen aus § 6 AVBGasV. Danach verjährten die Schadensersatzansprüche in einem Jahr von dem Zeitpunkt an, in welchem der Ersatzberechtigte von dem Schaden, von den Umständen, aus denen sich seine Anspruchsberechtigung ergab, und von dem ersatzpflichtigen Gasversorgungsunternehmen Kenntnis erlangte, ohne Rücksicht auf diese Kenntnis in zwei Jahren von dem schädigenden Ereignis an. Schwebten zwischen dem Ersatzpflichtigen und dem Ersatzberechtigten Verhandlungen über den zu leistenden Schadensersatz, so war die Verjährung bisher nach § 7 Abs. 2 AVBGasV gehemmt, bis der eine oder der andere Teil die Fortsetzung der Verhandlungen verweigerte.

Der Gesetzgeber hat für die Zukunft keinen Anlass gesehen, an dieser Sonderverjährungsvorschrift festzuhalten. Es handelt sich um einen gewöhnlichen zivilrechtlichen, vertraglichen oder deliktischen Anspruch, dessen Schutzzweck nicht allein durch eine Sonderverjährungsvorschrift in Abweichung von der regelmäßigen Verjährungsfrist von drei Jahren verwirklicht werden kann.

Die bisherige Sonderverjährungsvorschrift des § 7 AVBGasV war bei ihrem Erlass wegen der früheren regelmäßigen Verjährungsfrist von 30 Jahren gerechtfertigt, weil diese Frist für diese Art von Vertragsverhältnissen objektiv zu lang war und außerdem ein Gleichlauf der Verjährungsfrist für die vertraglichen und die mit diesen konkurrierenden Ansprüchen aus unerlaubter Handlung erreicht werden sollte. Beide Bedürfnisse sind mit dem In-Kraft-Treten des Gesetzes zur Modernisierung des Schuldrechts entfallen; die neue regelmäßige Verjährungsfrist ist nicht nur grundsätzlich auf alle vertraglichen Ansprüche anwendbar, sondern gilt auch für Ansprüche aus unerlaubter Handlung.

Hinweis:
§ 7 Abs. 2 AVBGasV, der bisher die Hemmung der Verjährung während laufender Verhandlungen über den zu leistenden Schadensersatz anordnete, ist über § 203 BGB durch die Anwendung der Bestimmungen über die regelmäßige Verjährung ebenfalls abgedeckt und konnte daher gleichfalls entfallen.

Damit gilt zukünftig für die Ansprüche des Tarifkunden nach § 6 AVBGasV die regelmäßige Verjährungsfrist von drei Jahren, die mit dem Schluss des Jahres beginnt, in dem der Anspruch entstanden ist und der anspruchsberechtigte Tarifkunde von den den Anspruch begründenden Tatsachen Kenntnis erlangt hat oder die Kenntnis aufgrund grober Fahrlässigkeit nicht erlangt hat.

2.5.3 Regelverjährung für Ansprüche nach der Verordnung über Allgemeine Bedingungen für die Versorgung mit Wasser

Soweit Wasserversorgungsunternehmen für den Anschluss an die öffentliche Wasserversorgung und für die öffentliche Versorgung mit Wasser Vertragsmuster oder Vertragsbedingungen verwenden, die für eine Vielzahl von Verträgen vorformuliert sind (allgemeine Versorgungsbedingungen), gelten die Bestimmungen der §§ 2–34 der Verordnung über Allgemeine Bedingungen für die Versorgung mit Wasser (AVBWasserV), die noch auf § 27 des Gesetzes zur Regelung des Rechts der Allgemeinen Geschäftsbedingungen beruht. Die Verordnung gilt nicht für den Anschluss und die Versorgung von Industrieunternehmen und Weiterverteilern sowie für die Vorhaltung von Löschwasser. Die Bestimmungen der AVBWasserV werden jeweils Bestandteil des mit dem Endkunden geschlossenen Versorgungsvertrages.

> **Hinweis:**
> Nach § 310 Abs. 2 BGB finden §§ 308 und 309 BGB auf Verträge der Wasserversorgungsunternehmen für Sonderkunden keine Anwendung, soweit die Versorgungsbedingungen nicht für den Kunden nachteilig von den AVBWasserV abweichen.

Für Schäden, die ein Kunde durch Unterbrechung der Wasserversorgung oder durch Unregelmäßigkeiten in der Belieferung erleidet, haftet das ihn beliefernde Wasserversorgungsunternehmen aus Vertrag oder unerlaubter Handlung nach § 6 AVBWasserV im Falle

- der Tötung oder Verletzung des Körpers oder der Gesundheit des Kunden, es sei denn, dass der Schaden von dem Unternehmen oder einem Erfüllungs- oder Verrichtungsgehilfen weder vorsätzlich noch fahrlässig verursacht worden ist,
- der Beschädigung einer Sache, es sei denn, dass der Schaden weder durch Vorsatz noch durch grobe Fahrlässigkeit des Unternehmens oder eines Erfüllungs- oder Verrichtungsgehilfen verursacht worden ist,
- eines Vermögensschadens, es sei denn, dass dieser weder durch Vorsatz noch durch grobe Fahrlässigkeit des Inhabers des Unternehmens oder eines vertretungsberechtigten Organs oder Gesellschafters verursacht worden ist.

> **Hinweis:**
> § 831 Abs. 1 Satz 2 BGB ist nur bei vorsätzlichem Handeln von Verrichtungsgehilfen anzuwenden.

Die vorstehenden Regelungen sind nach § 6 Abs. 2 AVBWasserV auch auf Ansprüche von Kunden anzuwenden, die diese gegen ein drittes Wasserversorgungsunternehmen aus unerlaubter Handlung geltend machen. Das Wasserversorgungsunternehmen ist verpflichtet, seinen Kunden auf Verlangen über die mit der Schadensverursachung durch ein drittes Unternehmen zusammenhängenden Tatsachen insoweit Auskunft zu geben, als sie ihm bekannt sind oder von ihm in zumutbarer Weise aufgeklärt werden können und ihre Kenntnis zur Geltendmachung des Schadensersatzes erforderlich ist. Bei Schäden unter 15 Euro entfällt eine Schadensersatzpflicht ganz.

Ist der Kunde berechtigt, das gelieferte Wasser an einen Dritten weiterzuleiten, und erleidet dieser durch Unterbrechung der Wasserversorgung oder durch Unregelmäßigkeiten in der Belieferung einen Schaden, so haftet das Wasserversorgungsunternehmen dem Dritten gegenüber in demselben Umfange wie dem Kunden aus dem Versorgungsvertrag. Leitet der Kunde das gelieferte Wasser an einen Dritten weiter, so hat er im Rahmen seiner rechtlichen Möglichkeiten sicherzustellen, dass dieser aus unerlaubter Handlung keine weitergehenden Schadensersatzansprüche erheben kann, als sie in § 6 Abs. 1–3 AVBWasserV vorgesehen sind. Das Wasserversorgungsunternehmen hat den Kunden hierauf bei Abschluss des Vertrages besonders hinzuweisen.

§ 7 AVBWasserV regelte dann bisher die Verjährung des Schadensersatzanspruches gegen das Wasserversorgungsunternehmen bei Versorgungsstörungen aus § 6 AVBWasserV. Danach verjährten die Schadensersatzansprüche in **drei Jahren** von dem Zeitpunkt an, in welchem der Ersatzberechtigte von dem Schaden, von den Umständen, aus denen sich seine Anspruchsberechtigung ergab, und von dem ersatzpflichtigen Wasserversorgungsunternehmen Kenntnis erlangte, ohne Rücksicht auf diese Kenntnis in **fünf Jahren** von dem schädigenden Ereignis an. Schwebten zwischen dem Ersatzpflichtigen und dem Ersatzberechtigten **Verhandlungen** über den zu leistenden Schadensersatz, so war die **Verjährung** bisher nach § 7 Abs. 2 AVBWasserV **gehemmt**, bis der eine oder der andere Teil die Fortsetzung der Verhandlungen verweigerte.

Der Gesetzgeber hat für die Zukunft keinen Anlass gesehen, an dieser Sonderverjährungsvorschrift festzuhalten. Es handelt sich um einen gewöhnlichen zivilrechtlichen, vertraglichen oder deliktischen Anspruch, dessen Schutzzweck nicht allein durch eine Sonderverjährungsvorschrift in Abweichung von der regelmäßigen Verjährungsfrist von drei Jahren verwirklicht werden kann.

Die bisherige Sonderverjährungsvorschrift des § 7 AVBWasserV war bei ihrem Erlass wegen der früheren regelmäßigen Verjährungsfrist von 30 Jahren gerechtfertigt, weil diese Frist für diese Art von Vertragsverhältnissen objektiv zu lang war und außerdem ein Gleichlauf der Verjährungsfrist für die vertraglichen und die mit diesen konkurrierenden Ansprüchen aus unerlaubter Handlung erreicht werden sollte. Beide Bedürfnisse sind mit dem In-Kraft-Treten des Gesetzes zur Modernisierung des Schuldrechts entfallen; die neue regelmäßige Verjährungsfrist ist nicht nur grundsätzlich auf alle vertraglichen Ansprüche anwendbar, sondern gilt auch für Ansprüche aus unerlaubter Handlung.

Hinweis:
§ 7 Abs. 2 AVBWasserV, der bisher die Hemmung der Verjährung während laufender Verhandlungen über den zu leistenden Schadensersatz anordnete, ist über § 203 BGB durch die Anwendung der Bestimmungen über die regelmäßige Verjährung ebenfalls abgedeckt und konnte daher gleichfalls entfallen.

Damit gilt zukünftig für die Ansprüche des Kunden nach § 6 AVBWasserV die regelmäßige Verjährungsfrist von drei Jahren, die mit dem Schluss des Jahres beginnt, in dem der Anspruch entstanden ist und der anspruchsberechtigte Kunde von den den Anspruch begründenden Tatsachen Kenntnis erlangt hat oder die Kenntnis aufgrund grober Fahrlässigkeit nicht erlangt hat. Insoweit ergeben sich hier Änderungen nur aufgrund der „Silvesterregelung" des § 199 Abs.1 BGB und der Einbeziehung der grob fahrlässigen Unkenntnis in die Bestimmung des Verjährungsbeginns.

Hinweis:
Auch der bisherige § 7 Abs. 3 AVBWasserV, der die Haftungsansprüche eines Dritten, an den das gelieferte Wasser weitergeleitet wurde, in die Verjährungsregelung der § 7 Abs. 1 und 2 AVBWasserV einbezog, entfällt zukünftig. Das Regelungsziel ist bereits dadurch erreicht, dass von der Anwendung der regelmäßigen Verjährung nach dem BGB ohnehin alle vertraglichen und deliktischen Ansprüche umfasst sind.

2.5.4 Änderung der Verordnung über Allgemeine Bedingungen für die Versorgung mit Fernwärme

Soweit Fernwärmeversorgungsunternehmen für den Anschluss an die Fernwärmeversorgung und für die Versorgung mit Fernwärme Vertragsmuster oder Vertragsbedingungen verwenden, die für eine Vielzahl von Verträgen vorformuliert sind (allgemeine Versorgungsbedingungen), gelten die Bestimmungen der §§ 2–34 der Verordnung über Allgemeine Bedingungen für die Versorgung mit Fernwärme (AVBFernwärmeV), die noch auf § 27 des Gesetzes zur Regelung des Rechts der Allgemeinen Geschäftsbedingungen beruht. Die Verordnung gilt nicht für den Anschluss und die Versorgung von Industrieunternehmen. Die Bestimmungen der AVBFernwärmeV werden jeweils Bestandteil des mit dem Endkunden geschlossenen Versorgungsvertrages, soweit sich aus § 35 FernwärmeV nichts anderes ergibt.

Hinweis:
Nach § 310 Abs. 2 BGB finden §§ 308 und 309 BGB auf Verträge der Fernwärmeversorgungsunternehmen für Sonderkunden keine Anwendung, soweit die Versorgungsbedingungen nicht für den Kunden nachteilig von den AVBFernwärmeV abweichen.

Für Schäden, die ein Kunde durch Unterbrechung der Fernwärmeversorgung oder durch Unregelmäßigkeiten in der Belieferung erleidet, haftet das ihn beliefernde Wasserversorgungsunternehmen aus Vertrag oder unerlaubter Handlung nach § 6 AVBFernwärmeV im Falle
- der Tötung oder Verletzung des Körpers oder der Gesundheit des Kunden, es sei denn, dass der Schaden von dem Unternehmen oder einem Erfüllungs- oder Verrichtungsgehilfen weder vorsätzlich noch fahrlässig verursacht worden ist,

- der Beschädigung einer Sache, es sei denn, dass der Schaden weder durch Vorsatz noch durch grobe Fahrlässigkeit des Unternehmens oder eines Erfüllungs- oder Verrichtungsgehilfen verursacht worden ist,
- eines Vermögensschadens, es sei denn, dass dieser weder durch Vorsatz noch durch grobe Fahrlässigkeit des Inhabers des Unternehmens oder eines vertretungsberechtigten Organs oder Gesellschafters verursacht worden ist.

> **Hinweis:**
> § 831 Abs. 1 Satz 2 BGB ist nur bei vorsätzlichem Handeln von Verrichtungsgehilfen anzuwenden.

Die vorstehenden Regelungen sind nach § 6 Abs. 2 AVBFernwärmeV auch auf Ansprüche von Kunden anzuwenden, die diese gegen ein drittes Wasserversorgungsunternehmen aus unerlaubter Handlung geltend machen. Das Fernwärmeversorgungsunternehmen ist verpflichtet, seinen Kunden auf Verlangen über die mit der Schadensverursachung durch ein drittes Unternehmen zusammenhängenden Tatsachen insoweit Auskunft zu geben, als sie ihm bekannt sind oder von ihm in zumutbarer Weise aufgeklärt werden können und ihre Kenntnis zur Geltendmachung des Schadensersatzes erforderlich ist. Bei Schäden unter 15 Euro entfällt eine Schadensersatzpflicht ganz.

Ist der Kunde berechtigt, die gelieferte Fernwärme an einen Dritten weiterzuleiten, und erleidet dieser durch Unterbrechung der Fernwärmeversorgung oder durch Unregelmäßigkeiten in der Belieferung einen Schaden, so haftet das Fernwärmeversorgungsunternehmen dem Dritten gegenüber in demselben Umfange wie dem Kunden aus dem Versorgungsvertrag. Leitet der Kunde die gelieferte Fernwärme an einen Dritten weiter, so hat er im Rahmen seiner rechtlichen Möglichkeiten sicherzustellen, dass dieser aus unerlaubter Handlung keine weitergehenden Schadensersatzansprüche erheben kann, als sie in § 6 Abs. 1–3 AVBFernwärmeV vorgesehen sind. Das Fernwärmeversorgungsunternehmen hat den Kunden hierauf bei Abschluss des Vertrages besonders hinzuweisen.

§ 7 AVBFernwärmeV regelte dann bisher die Verjährung des Schadensersatzanspruches gegen das Fernwärmeversorgungsunternehmen bei Versorgungsstörungen aus § 6 AVBFernwärmeV. Danach verjährten die Schadensersatzansprüche in **drei Jahren** von dem Zeitpunkt an, in welchem der Ersatzberechtigte von dem Schaden, von den Umständen, aus denen sich seine Anspruchsberechtigung ergab, und von dem ersatzpflichtigen Fernwärmeversorgungsunternehmen Kenntnis erlangte, ohne Rücksicht auf diese Kenntnis in **fünf Jahren** von dem schädigenden Ereignis an. Schwebten zwischen dem Ersatzpflichtigen und dem Ersatzberechtigten **Verhandlungen** über den zu leistenden Schadensersatz, so war die **Verjährung** bisher nach § 7 Abs. 2 AVBFernwärmeV **gehemmt**, bis der eine oder der andere Teil die Fortsetzung der Verhandlungen verweigerte.

Der Gesetzgeber hat für die Zukunft keinen Anlass gesehen, an dieser Sonderverjährungsvorschrift festzuhalten. Es handelt sich um einen gewöhnlichen zivilrechtlichen, vertraglichen oder deliktischen Anspruch, dessen Schutzzweck nicht allein durch eine Sonderverjährungsvorschrift in Abweichung von der regelmäßigen Verjährungsfrist von drei Jahren verwirklicht werden kann.

Die bisherige Sonderverjährungsvorschrift des § 7 AVBFernwärmeV war bei ihrem Erlass wegen der früheren regelmäßigen Verjährungsfrist von 30 Jahren gerechtfertigt, weil diese Frist für diese Art von Vertragsverhältnissen objektiv zu lang war und außerdem ein Gleichlauf der Verjährungsfrist für die vertraglichen und die mit diesen konkurrierenden Ansprüchen aus unerlaubter Handlung erreicht werden sollte. Beide Bedürfnisse sind mit dem In-Kraft-Treten des Gesetzes zur Modernisierung des Schuldrechts entfallen; die neue regelmäßige Verjährungsfrist ist nicht nur grundsätzlich auf alle vertraglichen Ansprüche anwendbar, sondern gilt auch für Ansprüche aus unerlaubter Handlung.

> **Hinweis:**
> § 7 Abs. 2 AVBFernwärmeV, der bisher die Hemmung der Verjährung während laufender Verhandlungen über den zu leistenden Schadensersatz anordnete, ist über § 203 BGB durch die Anwendung der Bestimmungen über die regelmäßige Verjährung ebenfalls abgedeckt und konnte daher gleichfalls entfallen.

Damit gilt zukünftig für die Ansprüche des Tarifkunden nach § 6 AVBFernwärmeV die regelmäßige Verjährungsfrist von drei Jahren, die mit dem Schluss des Jahres beginnt, in dem der Anspruch entstanden ist und der anspruchsberechtigte Tarifkunde von den den Anspruch begründenden Tatsachen Kenntnis erlangt hat oder die Kenntnis aufgrund grober Fahrlässigkeit nicht erlangt hat. Insoweit ergeben sich hier Änderungen nur aufgrund der „Silvesterregelung" des § 199 Abs.1 BGB und der Einbeziehung der grob fahrlässigen Unkenntnis in die Bestimmung des Verjährungsbeginns.

> **Hinweis:**
> Auch der bisherige § 7 Abs. 3 AVBFernwärmeV, der die Haftungsansprüche eines Dritten, an den das gelieferte Wasser weitergeleitet wurde, in die Verjährungsregelung der § 7 Abs. 1 und 2 AVBFernwärmeV einbezog, entfällt zukünftig. Das Regelungsziel ist bereits dadurch erreicht, dass von der Anwendung der regelmäßigen Verjährung nach dem BGB ohnehin alle vertraglichen und deliktischen Ansprüche umfasst sind.

2.6 Änderungen sonstiger zivilrechtlicher Nebengesetze

2.6.1 Streichung der Verjährungsregelung im Arzneimittelgesetz

Wird infolge der Anwendung eines zum Gebrauch bei Menschen bestimmten Arzneimittels, das an einen Verbraucher abgegeben wurde und der Pflicht zur Zulassung nach dem Arzneimittelgesetz unterliegt oder das nur durch Rechtsverordnung von der Zulassung befreit worden ist, ein Mensch getötet oder der Körper oder die Gesundheit eines Menschen nicht unerheblich verletzt, so ist der pharmazeutische Unternehmer, der das Arzneimittel in den Verkehr gebracht hat, nach **§ 84 Arzneimittelgesetz** verpflichtet, dem Verletzten den daraus entstandenen **Schaden zu ersetzen**.

Nach dem bisherigen **§ 90 Arzneimittelgesetz** verjährte der Anspruch nach § 84 Arzneimittelgesetz nach drei Jahren. Die Verjährung begann in dem Zeitpunkt, in welchem der Ersatzberechtigte von dem Schaden, von den Umständen, aus denen sich seine Anspruchsberechtigung ergab, und von der Person des Ersatzpflichtigen Kenntnis erlangte. Als Verjährungshöchstfrist ohne Rücksicht auf die Kenntnis der den Anspruch begründenden Umstände war eine 30-jährige Frist vorgesehen. Nach § 90 Abs. 2 Arzneimittelgesetz wurde die Verjährung für die Zeit schwebender Verhandlungen gehemmt. Im Übrigen sollten nach § 90 Abs. 3 Arzneimittelgesetz die Vorschriften der §§ 194 ff. BGB zur Anwendung kommen. § 90 Abs. 1 Arzneimittelgesetz war somit § 852 BGB a.F. nachgebildet, dessen Regelungsgehalt nunmehr in der regelmäßigen Verjährung nach §§ 195, 199 BGB n.F. aufgegangen ist.

Der Gesetzgeber hat es deshalb als gerechtfertigt angesehen, § 90 Arzneimittelgesetz gänzlich zu streichen und die Ansprüche nach dem Arzneimittelgesetz, insbesondere den Schadensersatzanspruch nach § 84 Arzneimittelgesetz der Verjährungssystematik der §§ 194–218 BGB zu unterwerfen.

In Abweichung zur bisherigen Rechtslage beginnt die Verjährung nunmehr nicht schon nach dem Entstehen des Anspruches und der Kenntnis des Geschädigten von den den Anspruch begründenden Tatsachen und der Person des Ersatzpflichtigen im Zeitpunkt der Kenntnis, sondern nach § 199 Abs. 1 BGB erst mit Schluss des Jahres, in dem der Anspruch entstanden ist und der Ersatzberechtigte die erforderliche Kenntnis erworben hat. Auch reicht nach § 199 Abs. 1 Nr. 2 BGB nunmehr auch die grob fahrlässige Unkenntnis von den den Anspruch begründenden Umständen und der Person des Ersatzpflichtigen aus. Diese Änderungen entsprechen denjenigen bei der allgemeinen deliktischen Verjährung und sind durch die systematische Harmonisierung der Verjährungsvorschriften gerechtfertigt.

Der bisherige § 90 Abs. 2 Arzneimittelgesetz über die Hemmung der Verjährung bei Verhandlungen entspricht § 203 BGB und konnte daher ebenfalls entfallen.

Da es sich bei § 84 Arzneimittelgesetz ohne Zweifel um einen zivilrechtlichen Schadensersatzanspruch als besondere Form der Produkthaftung handelt, kann auch kein Zweifel bestehen, dass für dessen Verjährung mangels einer Sonderregelung zukünftig §§ 194–218 BGB gelten. Insoweit hat der Gesetzgeber sich zu recht berechtigt gesehen, die bisherige Verweisungsformel in § 90 Abs. 3 Arzneimittelgesetz zu streichen.

2.6.2 Korrektur der Rechtsprechung zur Verjährungsfrist nach dem Bundes-Bodenschutzgesetz

Jeder, der auf den Boden einwirkt, hat sich nach § 4 des Bundes-Bodenschutzgesetzes so zu verhalten, dass schädliche Bodenveränderungen nicht hervorgerufen werden. Der **Grundstückseigentümer** und der **Inhaber der tatsächlichen Gewalt** über ein Grundstück sind verpflichtet, Maßnahmen zur Abwehr der von ihrem Grundstück drohenden schädlichen Bodenveränderungen zu ergreifen. Der **Verursacher** einer schädlichen Bodenveränderung oder Altlast sowie dessen Gesamtrechtsnachfolger, der Grundstückseigentümer und der Inhaber der tatsächlichen Gewalt über ein Grundstück sind nach § 4 Abs. 3 des Bundes-Bodenschutzgesetzes verpflichtet, den Boden und Altlasten sowie durch schädliche Bodenveränderungen oder Altlasten verursachte Verunreinigungen von Gewässern so zu sanieren, dass dauerhaft keine Gefahren, erheblichen Nachteile oder erheblichen Belästigungen für den Einzelnen oder die Allgemeinheit entstehen. Hierzu kommen bei Belastungen durch Schadstoffe neben Dekontaminations- auch Sicherungsmaßnahmen in Betracht, die eine Ausbreitung der Schadstoffe langfristig verhindern. Soweit dies nicht möglich oder unzumutbar ist, sind sonstige Schutz- und Beschränkungsmaßnahmen durchzuführen. Zur Sanierung ist auch verpflichtet, wer aus handelsrechtlichem oder gesellschaftsrechtlichem Rechtsgrund für eine juristische Person einzustehen hat, der ein Grundstück, das mit einer schädlichen Bodenveränderung oder einer Altlast belastet ist, gehört, und wer das Eigentum an einem solchen Grundstück aufgibt.

Kommen die in § 4 Bundes-Bodenschutzgesetz Bezeichneten ihren Verpflichtungen nicht nach, kann die zuständige Behörde die notwendigen Maßnahmen wie Untersuchungen, Sicherungs- und Überwachungsmaßnahmen, Sanierungsuntersuchungen und Sanierungsplanungen, die Durchführung von Eigenkontrollmaßnahmen, insbesondere Boden- und Wasseruntersuchungen, sowie die Einrichtung und den Betrieb von Messstellen und weitere erforderliche Anordnungen treffen. Die Kosten dieser nach § 9 Abs. 2, § 10 Abs. 1, §§ 12, 13, 14 Satz 1 Nr. 1, § 15 Abs. 2 und § 16 Abs. 1 des Bundes-Bodenschutzgesetzes angeordneten Maßnahmen tragen nach § 24 Bundes-Bodenschutzgesetz die zur Durchführung Verpflichteten. Bestätigen im Fall des § 9 Abs. 2 Satz 1 Bundes-Bodenschutzgesetz die Untersuchungen den Verdacht nicht oder liegen die Voraussetzungen des § 10 Abs. 2 Bundes-Bodenschutzgesetz vor, sind den zur Untersuchung Herangezogenen die Kosten zu erstatten, wenn sie die den Verdacht begründenden Umstände nicht zu vertreten haben. In den Fällen des § 14 Satz 1 Nr. 2 und 3 Bundes-Bodenschutzgesetz trägt derjenige die Kosten, von dem die Erstellung eines Sanierungsplanes hätte verlangt werden können.

Mehrere Verpflichtete haben unabhängig von ihrer Heranziehung untereinander einen Ausgleichsanspruch. Soweit nichts anderes vereinbart wird, hängt die Verpflichtung zum Ausgleich sowie der Umfang des zu leistenden Ausgleichs davon ab, inwieweit die Gefahr oder der Schaden vorwiegend von dem einen oder dem anderen Teil verursacht worden ist; § 426 Abs. 1 Satz 2 BGB findet entsprechende Anwendung. Auch wenn es sich bei dem Bundes-Bodenschutzgesetz um ein öffentlich-rechtliches Gesetz handelt, ist der in § 24 Abs. 2 Satz 1 Bundes-Bodenschutzgesetz begründete Ausgleichsanspruch zivilrechtlicher Natur.

Die Verjährung des Ausgleichsanspruches war bisher in § 24 Abs. 2 Sätze 3–5 Bundes-Bodenschutzgesetz geregelt. Danach verjährte der Ausgleichsanspruch innerhalb von drei Jahren, so dass die Verjährungsfrist selbst der jetzigen Regelverjährungsfrist nach § 195 BGB entsprach.

Abweichend war allerdings der Verjährungsbeginn geregelt. Die Verjährung begann bisher entweder
- mit der Beitreibung der Kosten, wenn eine Behörde die Maßnahmen selbst ausführte, oder
- nach der Beendigung der Maßnahmen durch den zur Ausführung Verpflichteten in dem Zeitpunkt, in dem dieser von der Person des Ersatzpflichtigen Kenntnis erlangte.

Unabhängig von diesen Voraussetzungen verjährte der Anspruch in jedem Fall nach dem Ablauf der Verjährungshöchstfrist von 30 Jahren, gerechnet ab der Beendigung der Maßnahme.

An diesem abweichenden Verjährungsbeginn möchte der Gesetzgeber auch für die Zukunft festhalten, da die besondere Regelung des Verjährungsbeginns nach § 24 Abs. 2 Satz 4 Bundesbodenschutzgesetz und die lange Verjährungshöchstfrist nach § 24 Abs. 2 Satz 5 Bundes-Bodenschutzgesetz die Besonderheiten der zeitlich gestreckten Altlastensanierung berücksichtigen.

In der Rechtsprechung hat sich zum Teil die Auffassung festgesetzt, dass die nach § 24 Abs. 2 Bundes-Bodenschutzgesetz grundsätzlich vorgesehene Verjährungsfrist von drei Jahren mögliche besondere vertragliche Beziehungen zwischen Ausgleichspflichtigen nicht berücksichtigte.[42] Daher würden in Fällen, in denen über die sanierte Grundstücksfläche ein Mietverhältnis zwischen den Sanierungspflichtigen bestand, § 24 Abs. 2 Bundes-Bodenschutzgesetz und die dort normierte dreijährige Verjährungsfrist durch die insoweit vorrangigen mietrechtlichen Verjährungsvorschriften verdrängt. Entsprechende Ausgleichsansprüche verjährten deshalb in entsprechender Anwendung des § 548 BGB in der Fassung vom 19. Juni 2001 bzw. des § 558 BGB a.F. innerhalb der kurzen sechsmonatigen Frist.[43]

Diese Auffassung der Rechtsprechung hat dem Willen des Gesetzgebers nicht entsprochen, so dass dieser sich veranlasst gesehen hat, § 24 Abs. 2 Bundes-Bodenschutzgesetz in Satz 3 um einen Halbsatz zu erweitern, der die Anwendung der Bestimmungen der §§ 438, 548 und 606 BGB ausschließt. Mit der Ergänzung des Satzes 3 soll die Anwendung dieser Verjährungsfristen durch eine gesetzliche Regelung ausgeschlossen werden. Nach Auffassung des Gesetzgebers dient der Ausgleichsanspruch als Korrektiv der ordnungsrechtlichen Störerauswahl, indem er etwa dem zur Sanierung Herangezogenen, aber an der Entstehung des Schadens völlig unbeteiligten Zustandsstörer den Regress gegen den Verhaltensstörer eröffnet. Aufgrund dieser Funktion des Ausgleichsanspruches soll verhindert werden, dass er kurzen Verjährungsfristen nach Art zivilrechtlicher Gewährleistungsvorschriften unterworfen wird.

Über § 24 Abs. 2 Satz 3–5 Bundes-Bodenschutzgesetz hinaus finden dann die Vorschriften der §§ 194–218 BGB ergänzend Anwendung, insbesondere die Vorschriften über die Hemmung der Verjährung durch Verhandlungen nach § 203 BGB oder durch Rechtsverfolgungsmaßnahmen nach § 204 BGB. Da es sich um einen zivilrechtlichen Ausgleichsanspruch handelt, bedurfte es keiner besonderen Verweisungsvorschrift mehr.

2.6.3 Regelverjährung für den Rückforderungsanspruch gegen Wohnungsvermittler

Wer den Abschluss von Mietverträgen über Wohnräume vermittelt oder die Gelegenheit zum Abschluss von Mietverträgen über Wohnräume nachweist, ist Wohnungsvermittler im Sinne von § 1 Abs. 1 des Gesetzes zur Regelung der Wohnungsvermittlung. Nach § 1 Abs. 2 des Gesetzes zählen zu den Wohnräumen auch solche Geschäftsräume, die wegen ihres räumlichen oder wirtschaftlichen Zusammenhanges mit Wohnräumen mit diesen zusammen vermietet werden.

---

[42] LG Frankenthal, NJW-RR 2002, 1090 = NZM 2002, 583 = ZMR 2002, 753 = NVwZ 2003, 507; LG Hamburg, ZMR 2001, 196 = NZM 2001, 339.
[43] LG Frankenthal, NJW-RR 2002, 1090 = NZM 2002, 583 = ZMR 2002, 753 = NVwZ 2003, 507.

§ 2 des Gesetzes zur Regelung der Wohnungsvermittlung bestimmt dann, dass dem Wohnungsvermittler ein Anspruch auf Entgelt für die Vermittlung oder den Nachweis der Gelegenheit zum Abschluss von Mietverträgen über Wohnräume nur zusteht, wenn infolge seiner Vermittlung oder infolge seines Nachweises ein Mietvertrag zustande kommt, nicht aber wenn durch den Mietvertrag ein Mietverhältnis über dieselben Wohnräume fortgesetzt, verlängert oder erneuert wird, der Mietvertrag über Wohnräume abgeschlossen wird, deren Eigentümer, Verwalter, Mieter oder Vermieter der Wohnungsvermittler ist, oder der Mietvertrag über Wohnräume abgeschlossen wird, deren Eigentümer, Verwalter oder Vermieter eine juristische Person ist, an der der Wohnungsvermittler rechtlich oder wirtschaftlich beteiligt ist. Ein Anspruch steht dem Wohnungsvermittler auch nicht zu, wenn eine natürliche oder juristische Person Eigentümer, Verwalter oder Vermieter von Wohnräumen ist und ihrerseits an einer juristischen Person, die sich als Wohnungsvermittler betätigt, rechtlich oder wirtschaftlich beteiligt ist. Ein Anspruch gegenüber dem Wohnungssuchenden entfällt letztlich auch dann, wenn der Mietvertrag über öffentlich geförderte Wohnungen oder über sonstige preisgebundene Wohnungen abgeschlossen wird, die nach dem 20. Juni 1948 bezugsfertig geworden sind oder bezugsfertig werden. Dies gilt auch für die nach §§ 88d und 88e des Zweiten Wohnungsbaugesetzes geförderten Wohnungen, solange das Belegungsrecht besteht. Das Gleiche gilt für die Vermittlung einzelner Wohnräume dieser Wohnungen.

> **Hinweis:**
> § 2 Abs. 5 des Gesetzes zur Regelung der Wohnungsvermittlung erklärt abweichende Vereinbarungen von diesen Bestimmungen für unwirksam.

Der Wohnungsvermittler darf vom Wohnungssuchenden für die Vermittlung oder den Nachweis der Gelegenheit zum Abschluss von Mietverträgen über Wohnräume kein Entgelt fordern, sich versprechen lassen oder annehmen, das zwei Monatsmieten zuzüglich der gesetzlichen Umsatzsteuer übersteigt. Im Falle einer Vereinbarung, durch die der Wohnungssuchende verpflichtet wird, ein vom Vermieter geschuldetes Vermittlungsentgelt zu zahlen, darf das vom Wohnungssuchenden insgesamt zu zahlende Entgelt diesen Satz ebenfalls nicht übersteigen. Nebenkosten, über die gesondert abzurechnen ist, bleiben bei der Berechnung der Monatsmiete unberücksichtigt. Auslagen dürfen nur verlangt werden, wenn sie nachgewiesen sind und dann nur insoweit, wie sie den Betrag einer Wohnungsmiete übersteigen. Eine Auslagenerstattungsregelung kann allerdings für den Fall vereinbart werden, dass keine Wohnung gemietet wird.

Der Wohnungsvermittler und der Auftraggeber können vereinbaren, dass bei Nichterfüllung von vertraglichen Verpflichtungen eine Vertragsstrafe zu zahlen ist. Die Vertragsstrafe darf 10 Prozent des vereinbarten Entgeltes, nicht übersteigen. Höchstens sind 25 Euro geschuldet, § 4 des Gesetzes zur Regelung der Wohnungsvermittlung.

Soweit an den Wohnungsvermittler ein ihm nach dem Gesetz zur Regelung der Wohnungsvermittlung nicht zustehendes Entgelt, eine Vergütung anderer Art, eine Auslagenerstattung, ein Vorschuss oder eine Vertragsstrafe, die 10 Prozent des vereinbarten Entgeltes, höchstens jedoch 25 Euro übersteigt, geleistet worden ist, kann die Leistung nach den allgemeinen Vorschriften des bürgerlichen Rechts zurückgefordert werden; die Vorschrift des § 817 Satz 2 BGB ist dabei nicht anzuwenden.

Dieser Rückforderungsanspruch verjährte nach dem bisherigen § 5 Abs. 1 Satz 2 des Gesetzes zur Regelung der Wohnungsvermittlung binnen einer Frist von vier Jahren. Die Verjährung begann mit dem Zeitpunkt der Leistung an den Wohnungsvermittler.

Der Gesetzgeber hat für den Bereich der Wohnungsvermittlung die fortdauernde Existenz einer Sonderverjährungsvorschrift für entbehrlich erachtet und die entsprechende Regelung in § 5 Abs. 1 Satz 2 des Gesetzes zur Regelung der Wohnungsvermittlung gestrichen. Da es sich unzweifelhaft um einen zivilrechtlichen Anspruch handelt, was sich schon aus dem Verweisung auf § 812 ff. BGB ergibt, war eine besondere Verweisung auf die allgemeinen Verjährungsregelungen der §§ 194–218 BGB entbehrlich.

Die Vorschriften der §§ 194 ff. BGB finden nun für den Anwendungsbereich des Gesetzes über die Regelung der Wohnungsvermittlung Anwendung. Damit gilt für die Verjährung des Rückforderungsanspruches des Berechtigten gegenüber dem Wohnungsvermittler nun die regelmäßige Verjährung von drei Jahren nach § 195 BGB, die jedoch erst mit dem Entstehen des Rückforderungsanspruches und der Kenntnis des Anspruchsberechtigten von seinem Rückforderungsanspruch oder dessen grob fahrlässiger Unkenntnis nach § 199 Abs. 1 BGB beginnt.

2.6.4 Regelverjährung für Ansprüche nach dem Lebensmittelspezialitätengesetz

Das Lebensmittelspezialitätengesetz dient der Durchführung der Verordnung (EWG) Nr. 2082/92 des Rates vom 14. Juli 1992 über Bescheinigungen besonderer Merkmale von Agrarerzeugnissen und Lebensmitteln (ABl. EG Nr. L 208 S. 9) in der jeweils geltenden Fassung sowie der zu ihrer Durchführung erlassenen Rechtsakte der Europäischen Gemeinschaft.

Nach § 3 des Lebensmittelspezialitätengesetzes kann derjenige, der im geschäftlichen Verkehr Handlungen vornimmt, die gegen die Art. 13 oder 15 der Verordnung (EWG) Nr. 2082/92 verstoßen, von den nach § 8 Abs. 3 des Gesetzes gegen den unlauteren Wettbewerb zur Geltendmachung von Ansprüchen Berechtigten auf Unterlassung in Anspruch genommen werden. Wird Art. 13 oder 15 der Verordnung (EWG) Nr. 2082/92 vorsätzlich oder fahrlässig zuwidergehandelt, begründet § 3 des Lebensmittelspezialitätengesetzes darüber hinaus eine Schadensersatzpflicht. Wird die Zuwiderhandlung in einem geschäftlichen Betrieb von einem Angestellten oder Beauftragten begangen, so wird der Unterlassungsanspruch und, soweit der Angestellte oder Beauftragte vorsätzlich oder fahrlässig gehandelt hat, auch der Schadensersatzanspruch nach § 3 Abs. 3 des Lebensmittelspezialitätengesetzes auf den Inhaber des Betriebes erstreckt.

Die genannten Ansprüche sind nach dem bisherigen § 3 Abs. 4 des Lebensmittelspezialitätengesetzes in drei Jahren von dem Zeitpunkt an verjährt, in dem der Anspruchsberechtigte von der Handlung und von der Person des Verpflichteten Kenntnis erlangt hat und ohne Rücksicht auf diese Kenntnis in 30 Jahren von der Begehung der Handlung an. § 203 BGB war entsprechend anzuwenden. Hatte der Verpflichtete durch die Handlung auf Kosten des Berechtigten etwas erlangt, so war er auch nach Vollendung der Verjährung zur Herausgabe nach den Vorschriften über die ungerechtfertigte Bereicherung verpflichtet. Die Regelung entsprach ihrer Struktur nach daher dem bis zum 1. Januar 2002 geltenden und durch das Gesetz zur Modernisierung des Schuldrechtes in das allgemeine Verjährungsrecht integrierten § 852 BGB a.F.

Wie § 852 BGB a.F. integriert der Gesetzgeber auch hier die Verjährung der im Lebensmittelspezialitätengesetz genannten Ansprüche in die allgemeinen Verjährungsvorschriften der §§ 194–218 BGB, indem er § 3 Abs. 4 des Lebensmittelspezialitätengesetzes ersatzlos streicht. Dadurch werden diese Ansprüche der regelmäßigen Verjährung nach dem BGB unterworfen.

Allerdings sind damit Abweichungen von der bisherigen Rechtslage verbunden, wenn diese auch nicht gravierend erscheinen:
- Die Verjährung beginnt nach § 199 Abs. 1 BGB nunmehr erst mit Schluss des Jahres, in dem der Anspruch entstanden ist und der Ersatzberechtigte die erforderliche Kenntnis hat.
- Nach § 199 Abs. 1 Nr. 2 BGB reicht nunmehr auch die grob fahrlässige Unkenntnis von den den Anspruch begründenden Umständen und der Person des Ersatzpflichtigen aus, um den Beginn der Verjährung zu begründen.

> **Hinweis:**
> Diese beiden Änderungen entsprechen denjenigen bei der allgemeinen deliktischen Verjährung. Sie sind durch die systematische Harmonisierung der Verjährungsvorschriften veranlasst und im Sinne einer Vereinheitlichung des Verjährungsrechtes auch geboten.

- Der Regelungsgehalt des § 3 Abs. 4 Satz 2 Lebensmittelspezialitätengesetz wird durch § 203 BGB abgedeckt, der wegen der umfassenden Anwendbarkeit der allgemeinen Verjährungsvorschriften hier gleichfalls zur Anwendung kommt. Eines ausdrücklichen Verweises bedurfte es daher nicht mehr.
- Durch die Streichung von § 3 Abs. 4 Satz 3 Lebensmittelspezialitätengesetz entfällt die Herausgabeverpflichtung des Erlangten nach Eintritt der Verjährung. Die entsprechende Vorschrift des § 852 BGB n.F. kommt hier mangels einer ausdrücklichen Verweisung nicht zur Anwendung. Nach Ansicht des Gesetzgebers kann auf diese Regelung allerdings verzichtet werden, da in der Praxis angesichts der Vielzahl der Mitbewerber kaum die Konstellation denkbar sei, dass ein Marktbeteiligter durch einen Verstoß im Sinne des § 3 Abs. 1 Lebensmittelspezialitätengesetz nachweisbar etwas auf Kosten eines bestimmten anderen erlangt hat.

2.6.5 Regelverjährung für Ansprüche nach dem Rindfleischetikettierungsgesetz

Das Rindfleischetikettierungsgesetz[44] dient der Durchführung der Verordnung (EG) Nr. 820/97 des Rates vom 21. April 1997 zur Einführung eines Systems zur Kennzeichnung und Registrierung von Rindern und über die Etikettierung von Rindfleisch und Rindfleischerzeugnissen (ABl. EG Nr. L 117 S. 1) in der jeweils geltenden Fassung, soweit diese die besondere Etikettierung von Rindfleisch und Rindfleischerzeugnissen betrifft, sowie der zu ihrer Durchführung erlassenen Rechtsakte der Europäischen Gemeinschaft.

Wer im geschäftlichen Verkehr Handlungen vornimmt, die gegen Vorschriften in Rechtsakten der Europäischen Gemeinschaft im Anwendungsbereich des Rindfleischetikettierungsgesetzes, gegen dieses Gesetz oder gegen die aufgrund dieses Gesetzes erlassene Rechtsverordnungen verstößt, kann nach § 9 Abs. 1 des Rindfleischetikettierungsgesetzes von den nach § 8 Abs. 3 des Gesetzes gegen den unlauteren Wettbewerb zur Geltendmachung von Ansprüchen Berechtigten auf Unterlassung in Anspruch genommen werden. Wer den bezeichneten Vorschriften vorsätzlich oder fahrlässig zuwiderhandelt, ist nach § 9 Abs. 2 des Rindfleischetikettierungsgesetzes zum Ersatz des durch die Zuwiderhandlung entstandenen Schadens verpflichtet. Wird die Zuwiderhandlung in einem geschäftlichen Betrieb von einem Angestellten oder Beauftragten begangen, so ist der Unterlassungsanspruch und, soweit der Angestellte oder Beauftragte vorsätzlich oder fahrlässig gehandelt hat, der Schadensersatzanspruch nach § 9 Abs. 3 des Rindfleischetikettierungsgesetzes auch gegen den Inhaber des Betriebes begründet.

Für diese Ansprüche war bisher in § 9 Abs. 4 des Rindfleischetikettierungsgesetzes eine Sonderverjährungsvorschrift begründet. Danach verjährten die Ansprüche bisher in drei Jahren von dem Zeitpunkt an, in dem der Anspruchsberechtigte von der Handlung und von der Person des Verpflichteten Kenntnis erlangte, ohne Rücksicht auf diese Kenntnis in 30 Jahren von der Begehung der Handlung an. § 203 BGB a.F. war entsprechend anzuwenden. Hatte der Verpflichtete durch die Handlung auf Kosten des Berechtigten etwas erlangt, war er auch nach Vollendung der Verjährung zur Herausgabe nach den Vorschriften über die ungerechtfertigte Bereicherung verpflichtet. Die Vorschrift war damit dem bis zum 1. Januar 2002 geltenden § 852 BGB a.F. nachgebildet.

Nachdem auch § 852 BGB a.F. mit dem Gesetz zur Schuldrechtsmodernisierung aufgehoben und dessen Inhalt als Vorbildung für §§ 195, 199 BGB in die allgemeinen Verjährungsvorschriften integriert wurde, ist der Gesetzgeber mit § 9 Abs. 4 des Rindfleischetikettierungsgesetzes nicht anders verfahren. § 9 Abs. 4 des Rindfleischetikettierungsgesetzes wurde ersatzlos gestrichen, so dass die hier begründeten zivilrechtlichen Ansprüche zukünftig den allgemeinen Bestimmungen des BGB und damit auch §§ 194–218 BGB unterliegen. Eine ausdrückliche Verweisung hat der Gesetzgeber dabei für entbehrlich gehalten.

---

[44] http://www.rp-kassel.de/service/gesetze/texte/r/rindfleischetikettierungsgesetz.htm.

Die Ansprüche sind damit insbesondere der regelmäßigen Verjährung nach § 195 BGB von drei Jahren unterworfen, so dass sich hinsichtlich der Verjährungsfrist keine Änderungen ergeben. Lediglich der Beginn der Verjährung ändert sich mit dem nun anwendbaren § 199 Abs. 1 BGB. Zum einen beginnt die Verjährung nun erst zum Ende des Jahres, im dem die Voraussetzungen des § 199 Abs. 1 Nr. 1 und 2 BGB vorliegen. Zum anderen beginnt sie nicht nur bei positiver Kenntnis der den Anspruch begründenden Tatsachen und der Person des Schuldners, sondern bereits im Zeitpunkt der grob fahrlässigen Unkenntnis.

Einer Verweisung auf § 203 BGB bedurfte es nicht mehr, da dieser von der Anwendung der allgemeinen Verjährungsvorschriften bereits erfasst ist.

Hinweis:
Durch die Streichung von § 9 Abs. 4 Satz 3 Rindfleischetikettierungsgesetz entfällt allerdings die Herausgabeverpflichtung des Erlangten nach Eintritt der Verjährung. Die entsprechende Vorschrift des § 852 BGB n.F. kommt mangels ausdrücklicher Verweisung nicht zur Anwendung. Der Gesetzgeber war der Auffassung, dass auf diese Regelung verzichtet werden könne, da in der Praxis angesichts der Vielzahl der Mitbewerber kaum die Konstellation denkbar sei, dass ein Marktbeteiligter durch die falsche Etikettierung nachweisbar etwas auf Kosten eines bestimmten anderen Marktteilnehmers erlangt habe.

2.6.6 Änderung der Telekommunikations-Kundenschutzverordnung

Die Telekommunikations-Kundenschutzverordnung regelt die besonderen Rechte und Pflichten der Anbieter von Telekommunikationsdienstleistungen für die Öffentlichkeit und derjenigen, die diese Leistungen vertraglich in Anspruch nehmen oder begehren, d.h. den Kunden. Vereinbarungen, die zuungunsten des Kunden von der Telekommunikations-Kundenschutzverordnung abweichen, sind unwirksam.

Schadensersatz- und Unterlassungsansprüche der Kunden der Anbieter von Telekommunikationsdienstleistungen für die Öffentlichkeit richten sich nach § 7 der Telekommunikations-Kundenschutzverordnung, nach § 40 des Telekommunikationsgesetzes und den allgemeinen gesetzlichen Bestimmungen, d.h. insbesondere §§ 280 ff. BGB und § 823 BGB. Allerdings ist die Haftung nach § 7 Abs. 2 der Telekommunikations-Kundenschutzverordnung der Höhe nach beschränkt. Anbieter von Telekommunikationsdienstleistungen für die Öffentlichkeit haften für Vermögensschäden bis zu einem Betrag von 12.500 Euro je Nutzer. Dies gilt nicht gegenüber Nutzern, die ihrerseits Telekommunikationsdienstleistungen für die Öffentlichkeit erbringen. Anbieter von Telekommunikationsdienstleistungen für die Öffentlichkeit können die Haftung für diese Leistungen im Verhältnis zueinander durch Vereinbarung der Höhe nach beschränken. Eine vertragliche Haftungsbegrenzung darf die Summe der Mindesthaftungsbeträge gegenüber den geschädigten Endkunden des anderen Nutzers nicht unterschreiten. Gegenüber der Gesamtheit der Geschädigten ist die Haftung des Anbieters auf zehn Millionen Euro je schadenverursachendes Ereignis begrenzt. Übersteigen die Entschädigungen, die mehreren aufgrund desselben Ereignisses zu leisten sind, die Höchstgrenze, so wird der Schadensersatz in dem Verhältnis gekürzt, in dem die Summe aller Schadensersatzansprüche zur Höchstgrenze steht. Die Haftungsbegrenzung der Höhe nach entfällt, wenn der Schaden vorsätzlich verursacht wurde.

Nach dem bisherigen § 8 der Telekommunikations-Kundenschutzverordnung[45] verjährten die vertraglichen Ansprüche der Anbieter von Telekommunikationsdienstleistungen für die Öffentlichkeit und ihrer Kunden aus der Inanspruchnahme dieser Leistungen innerhalb von zwei Jahren, beginnend mit dem Schluss des Jahres, in dem der Anspruch fällig wurde.

---

[45] http://bundesrecht.juris.de/bundesrecht/tkv_1998.

Der Gesetzgeber sieht keine hinreichende Begründung für diese gegenüber der regelmäßigen Verjährungsfrist abgekürzten Sonderverjährungsfrist. Die Ansprüche sind mit den im BGB geregelten und der regelmäßigen Verjährung unterliegenden sonstigen vertraglichen und zivilrechtlichen Ansprüchen vergleichbar, so dass es gerechtfertigt ist, auch diese Ansprüche den allgemeinen Verjährungsbestimmungen nach §§ 194–218 BGB zu unterwerfen. Neben der zukünftigen Verlängerung der Verjährungsfrist von bisher zwei auf nunmehr drei Jahren ist auch der geänderte Beginn der Verjährung zu beachten. Wurde bisher allein auf die (objektive) Entstehung des Anspruches abgestellt, gilt zukünftig § 199 Abs. 1 BGB für den Beginn der Verjährungsfrist, so dass neben dem Entstehen des Anspruches auch die Kenntnis des Berechtigten von den den Anspruch begründenden Tatsachen sowie die grob fahrlässige Unkenntnis die Verjährung beginnen lassen und diese erst mit dem Schluss des Jahres beginnt, in dem die Voraussetzungen vorliegen.

Hinweis:
Durch den bisherigen Wortlaut konnte zweifelhaft sein, ob nach § 8 Telekommunikations-Kundenschutzverordnung, der seinem Wortlaut nach nur die „vertraglichen" Ansprüche des Kunden erfasst, auch die gesetzlichen Ansprüche, insbesondere die Ansprüche aus § 823 BGB der Regelverjährung unterliegen. Dies hat der Gesetzgeber jetzt klargestellt und das Wort „vertraglichen" gestrichen, so dass § 8 der Telekommunikations-Kundenschutzverordnung in Zukunft jedenfalls alle Ansprüche des Kunden, gleich aus welchem Rechtsgrund erfasst. Nach Auffassung des Gesetzgebers ist dies aus Gründen der Klarstellung und zur Vermeidung von missverständlichen Gegenschlüssen erfolgt, ohne dass damit eine inhaltliche Änderung verbunden sein sollte.

Da im Bereich des Telekommunikationsrechtes in Zweifel gezogen werden könnte, ob die begründeten Ansprüche zivilrechtlicher Natur sind und um damit Zweifel über die Anwendbarkeit der Verjährungsregelungen des BGB aufgrund der Rechtsnatur der in der Verordnung geregelten Ansprüche zu vermeiden, wurde aus Klarstellungsgründen ein ausdrücklicher Verweis auf die Regelungen über die regelmäßige Verjährung nach dem BGB in § 8 der Telekommunikations-Kundenschutzverordnung aufgenommen und dieser nicht ersatzlos gestrichen.

2.6.7 Längere Verjährung für Ansprüche aus Beförderungsverträgen für den Straßenbahn- und Obusverkehr sowie für den Linienverkehr mit Kraftfahrzeugen

Nach § 15 der Verordnung über die Allgemeinen Beförderungsbedingungen für den Straßenbahn- und Obusverkehr sowie für den Linienverkehr mit Kraftfahrzeugen[46] verjähren Ansprüche aus dem Beförderungsvertrag bisher in zwei Jahren. Die Verjährung beginnt nach § 15 Abs. 1 der Verordnung mit der Entstehung des Anspruches. Im Übrigen gelten nach § 15 Abs. 2 der Verordnung die allgemeinen Vorschriften des BGB, d.h. §§ 194–218 BGB. Die Allgemeinen Beförderungsbedingungen beruhen auf § 58 des Personenbeförderungsgesetzes und gelten für die Beförderung im Straßenbahn- und Obusverkehr sowie im Linienverkehr mit Kraftfahrzeugen, § 1 Personenbeförderungsgesetz. Die zuständige Genehmigungsbehörde kann in Berücksichtigung besonderer Verhältnisse Anträgen auf Abweichungen von den Bestimmungen der Verordnung zustimmen (besondere Beförderungsbedingungen).

Für die Sonderregelung des § 15 der Verordnung über die Allgemeinen Beförderungsbedingungen für den Straßenbahn- und Obusverkehr sowie für den Linienverkehr mit Kraftfahrzeugen hat der Gesetzgeber im Rahmen seiner Bemühungen um ein möglichst einheitliches Verjährungsrecht keinen sachlichen Grund mehr gesehen. Aus diesem Grunde hat er die Sondervorschrift gestrichen.

---

[46] http://www.rechtliches.de/info_AllgBefBedV.html.

Im Ergebnis gelten damit nun §§ 194–218 BGB für die Ansprüche aus dem Beförderungsvertrag über die Beförderung im Straßenbahn- und Obusverkehrs sowie für den allgemeinen Linienverkehr mit Kraftfahrzeugen unmittelbar. Ansprüche aus dem Beförderungsvertrag, d.h. die Ansprüche

- auf das einfache Beförderungsentgelt nach § 6 der Verordnung über die Allgemeinen Beförderungsbedingungen für den Straßenbahn- und Obusverkehr sowie für den Linienverkehr mit Kraftfahrzeugen,
- auf das erhöhte Beförderungsentgelt nach § 9 der Verordnung über die Allgemeinen Beförderungsbedingungen für den Straßenbahn- und Obusverkehr sowie für den Linienverkehr mit Kraftfahrzeugen
- und insbesondere der Haftungsanspruch aus § 14 der Verordnung über die Allgemeinen Beförderungsbedingungen für den Straßenbahn- und Obusverkehr sowie für den Linienverkehr mit Kraftfahrzeugen, wonach der Unternehmer für die Tötung oder Verletzung eines Fahrgastes und für Schäden an Sachen, die der Fahrgast an sich trägt oder mit sich führt, nach den allgemein geltenden Bestimmungen haftet, für Sachschäden gegenüber jeder beförderten Person jedoch nur bis zum Höchstbetrag von 1.000 Euro, es sei denn, dass die Sachschäden auf Vorsatz oder grobe Fahrlässigkeit zurückzuführen sind,

verjähren damit nach § 195 BGB in drei Jahren. Die Verjährungsfrist beginnt nach § 199 Abs. 1 BGB mit dem Schluss des Jahres, in dem der Anspruch einerseits entstanden ist, andererseits der Anspruchsberechtigte von den den Anspruch begründenden Tatsachen Kenntnis erlangt hat oder ohne grobe Fahrlässigkeit hätte erlangen müssen. Entsprechend gelten auch die Bestimmungen über die Hemmung der Verjährung, insbesondere durch Verhandlungen nach 203 BGB oder durch Maßnahmen der Rechtsverfolgung nach § 204 BGB. In der Praxis dürfte der Möglichkeit, nach § 202 BGB abweichende Vereinbarungen zu treffen, angesichts des Charakters von Beförderungsverträgen als Massengeschäft keine Bedeutung zukommen.

2.6.8 Keine Änderung des Grundbuchbereinigungsgesetzes

Nach § 7 Abs. 3 des Grundbuchbereinigungsgesetzes[47] hat der Eigentümer eines Grundstückes gegen den Vertreter oder Pfleger im Falle der Veräußerung des Grundstückes einen Anspruch auf Zahlung des Verkaufserlöses, mindestens des Verkehrswertes. Nach § 7 Abs. 3 Satz 3 des Grundbuchbereinigungsgesetzes unterliegt dieser Anspruch den Vorschriften des BGB über Schuldverhältnisse. Die hierdurch vorgenommene zivilrechtliche Qualifizierung des Anspruches[48] setzt sich in § 7 Abs. 3 Satz 4 Grundbuchbereinigungsgesetz fort, der die alte regelmäßige Verjährungsfrist des § 195 BGB a.F. aufgreift. Danach ist der Anspruch zu verzinsen und verjährt in 30 Jahren. Nach § 7 Abs. 5 des Grundbuchbereinigungsgesetzes gilt die Vorschrift nur bis zum Ablauf des 31. Dezember 2005.

Nach Ansicht der Bundesregierung sollte die Vorschrift der neuen Rechtslage, d.h. der regelmäßigen Verjährung von drei Jahren angepasst werden. Dies sollte durch einen ausdrücklichen Verweis auf die regelmäßige Verjährung nach dem Bürgerlichen Gesetzbuch geschehen. Hierdurch sollte zugleich verhindert werden, dass der Verweis in § 7 Abs. 3 Satz 3 Grundbuchbereinigungsgesetz auf die BGB-Vorschriften über Schuldverhältnisse im formellen Sinne des Zweiten Buches des BGB verstanden wird und die Verjährungsvorschriften als nicht umfasst angesehen werden.

Der Rechtsausschuss des Bundestages hat eine solche Regelung aufgrund der Einwendungen des Bundesrates nicht für erforderlich gehalten und dem Bundestag empfohlen, den Gesetzentwurf ohne diese vorgeschlagene Neuregelung zu beschließen. Dem ist der Bundestag gefolgt.

---

[47] http://www.jura.uni-sb.de/BGBl/TEIL1/1993/19932192.A10.HTML.
[48] BT-Drs. 12/6228, S. 74.

> **Hinweis:**
> Dies bringt ein gewisses Maß an Unsicherheit mit sich, weil nun einerseits in § 7 Abs. 3 Satz 3 Grundbuchbereinigungsgesetz auf die Vorschriften des Bürgerlichen Gesetzbuches über Schuldverhältnisse verwiesen wird, was nach dem ursprünglichen Willen des Gesetzgebers auch die Verweisung auf §§ 194 ff. BGB und damit auch auf die neue regelmäßige Verjährung von drei Jahren nach § 195 BGB einschließen soll. Andererseits spricht § 7 Abs. 3 Satz 4 Grundbuchbereinigungsgesetz ausdrücklich davon, dass der Anspruch nach 30 Jahren verjährt. Letztlich wird der ausdrücklichen Regelung der Vorrang zu geben sein, da der Wortlaut die erste Stufe der Normenauslegung darstellt.

Diese Sichtweise entspricht dem Verständnis des Bundesrates, auf dessen Empfehlung der Rechtsausschuss die Änderung des § 7 Grundbuchbereinigungsgesetz gestrichen hat und dem der Bundestag in seiner Sitzung vom 28. Oktober 2004 gefolgt ist. In den Fällen des § 7 Grundbuchbereinigungsgesetz erschien dem Bundesrat eine Verjährungsfrist von 30 Jahren – jetzt als bewusste Sonderregelung – nach wie vor sachgerechter als die regelmäßige von höchstens zehn Jahren. Der Anspruch des unbekannten Eigentümers eines Grundstückes, welches eine juristische Person des öffentlichen Rechts als gesetzlicher Vertreter oder Pfleger veräußert habe, auf Auskehr des Erlöses bzw. Verkehrswertes trete rechtlich und vor allem wirtschaftlich an die Stelle eben des Eigentums. Für den Herausgabeanspruch aus Eigentum gelte aber gemäß § 197 Abs. 1 Nr. 1 BGB auch nach neuem Recht eine 30-jährige Verjährungsfrist. Dass dieses Eigentum unter den Voraussetzungen des § 7 Abs. 1 Satz 2 Nr. 3 Grundbuchbereinigungsgesetz, d.h. aus gemeinwohlbezogenen Gründen (Gebäudeerhalt, Investitionen) entzogen und der Berechtigte auf den bloßen Veräußerungserlös verwiesen werden könne, sollte billigerweise nicht dazu führen, dass für das Einfordern dieses Erlöses zusätzlich noch die Verjährungsfrist um zwei Drittel beschnitten werde. Der gesetzliche Vertreter bzw. Pfleger seinerseits wisse bei der Verfügung, dass er auf fremde Rechnung handele. Für ihn bedeute es keine fühlbare Belastung, den Erlös gesondert zu verbuchen und auch für längere Zeit als zehn Jahre für den wahren Berechtigten bereitzuhalten. Das Behaltendürfen des Veräußerungserlöses in Folge von Verjährung sei letztlich ein „Zufallsgewinn" der öffentlichen Hand, der allein § 7 Grundbuchbereinigungsgesetz zugute komme. Umso mehr empfehle sich dem Gesetzgeber Zurückhaltung bei der Begünstigung dieser und Belastung der betroffenen Privatrechtssubjekte.

3 Das In-Kraft-Treten und die Übergangsregelungen

3.1 Das In-Kraft-Treten des Gesetzes zur Anpassung der Verjährungsvorschriften

Das In-Kraft-Treten des Gesetzes zur Anpassung von Verjährungsvorschriften an das Gesetz zur Schuldrechtsmodernisierung ist in Art. 26 des Gesetzes geregelt und bestimmt mit dem Tag nach der Verkündung des Gesetzes.

Nachdem der Bundestag das Gesetz am 28. Oktober 2004 beschlossen und der Bundesrat in seiner 806. Sitzung am 26. November 2004 keinen Einspruch erhoben hat, wird das Gesetz im Bundesgesetzblatt bekannt gemacht und tritt einen Tag nach der Verkündung in Kraft. (Bis Redaktionsschluss noch nicht im Bundesgesetzblatt bekannt gemacht.)

> **Hinweis:**
> Ungeachtet des Tages des In-Kraft-Tretens sind allerdings die allgemeinen Übergangsbestimmungen und die besonderen Übergangsbestimmungen im Aktienrecht zu beachten. Hierzu darf auf die nachfolgenden Ausführungen verwiesen werden.

3.2 Die Übergangsregelung nach dem Gesetz zur Anpassung der Verjährungsvorschriften

Nachdem die verschiedenen Verjährungsvorschriften aus den Fachgesetzen auf das neue System der Verjährungsvorschriften nach dem Gesetz zur Modernisierung des Schuldrechtes umgestellt wurden, bedarf es auch hier einer Übergangsbestimmung.

Der Gesetzgeber hat sich dabei für die nahe liegende Lösung entschieden, so weit wie möglich auf das Regelungsmodell des Art. 229 § 6 EGBGB zurückzugreifen. Eine unmittelbare Anwendung von Art. 229 § 6 EGBGB kam allerdings nicht in Betracht, weil dieser auf die Überleitung der Verjährungsvorschriften durch das Gesetz zur Modernisierung des Schuldrechts und auf dessen In-Kraft-Treten zum 1. Januar 2002 zugeschnitten ist.

Da aber für die jetzigen Änderungen in den Verjährungsvorschriften im Grundsatz die gleiche Systematik bei der Überleitung gelten soll, bedarf es einer Regelung, die Art. 229 § 6 EGBGB für entsprechend anwendbar erklärt. Hierzu hat der Gesetzgeber § 11 Abs. 1 EGBGB geschaffen. Danach gilt Art. 229 § 6 EGBGB für alle neuen Verjährungsvorschriften, soweit nichts anderes bestimmt ist.

> **Hinweis:**
> Eine anderweitige Bestimmung enthält einerseits Art. 229 § 11 Abs. 2 EGBGB und § 26e EGAktG. Diese Sonderregelungen werden nachfolgend noch dargestellt.

Zur Erleichterung des Auffindens der betroffenen Vorschriften sind in § 11 Abs. 1 EGBGB zunächst die von den Änderungen berührten Einzelgesetze als Nr. 1–20 aufgelistet. Die Bestimmung des § 11 Abs. 1 EGBGB gilt für sämtliche Verjährungsfristen, die sich nach Vorschriften richten, die durch das Gesetz zur Anpassung von Verjährungsvorschriften geändert werden. Hierzu gehört auch eine Änderung, die sich dadurch ergibt, dass eine Spezialvorschrift gestrichen und somit der Rückgriff auf die regelmäßige Verjährung eröffnet wird.

Art. 229 § 6 EGBGB unternimmt den Vergleich der Rechtslage vor und nach In-Kraft-Treten der Schuldrechtsmodernisierung. Bei der Übertragung auf die vorliegende Konstellation des Gesetzes über die Anpassung von Verjährungsvorschriften an das Gesetz zur Schuldrechtsmodernisierung ist dieser Vergleich zu ersetzen durch einen Vergleich der Verjährungsfristen vor und nach In-Kraft-Treten des Gesetzes zur Anpassung von Verjährungsvorschriften. Diese Übertragung musste in zweierlei Hinsicht erfolgen:

- Zum einen müssen die in § 6 EGBGB maßgeblichen Stichtage 1. Januar 2002 bzw. 31. Dezember 2001 durch die entsprechenden Daten des In-Kraft-Tretens dieses Gesetzes ersetzt werden. Dies ist im Wortlaut des § 11 Abs. 1 EGBGB vorgesehen.

> **Hinweis:**
> An die Stelle des 1. Januar 2002 tritt also der Tag des In-Kraft-Tretens des Gesetzes zur Anpassung von Verjährungsvorschriften an das Gesetz zur Schuldrechtsmodernisierung. Entsprechend tritt an die Stelle des 31. Dezember 2001 der letzte Tag vor dem In-Kraft-Treten des Gesetzes zur Anpassung von Verjährungsvorschriften an das Gesetz zur Modernisierung des Schuldrechtes und damit der Tag der Verkündung des Gesetzes im Bundesgesetzblatt.

- Zum anderen führt die Anordnung der „entsprechenden" Anwendung dazu, dass die abzugleichende Regelungsmaterie eine andere ist: Die Bezugnahmen auf die Verjährungsfristen „nach dem Bürgerlichen Gesetzbuch" in § 6 EGBGB sind gedanklich zu ersetzen durch die sich jeweils ergebenden Verjährungsfristen vor bzw. nach dem In-Kraft-Treten des Gesetzes zur Anpassung von Verjährungsfristen.

Dies sind die beiden Größen, die für die Anwendung von Art. 229 § 11 EGBGB miteinander verglichen werden müssen. Dabei kann sich im Einzelfall, nämlich immer dann, wenn durch das Gesetz spezialgesetzliche Verjährungsvorschriften entweder ersatzlos aufgehoben oder erstmalig eingeführt werden, auf der einen Seite des Vergleiches ein Rückgriff auf die regelmäßige Verjährung nach dem BGB ergeben. Mit diesem Verständnis erklärt Art. 229 § 11 EGBGB die Regelungen des § 6 EGBGB für entsprechend anwendbar, soweit nichts anderes bestimmt ist.

Wie in § 6 EGBGB gilt damit auch hier der Grundsatz, dass sich die Verjährung von am Tag des In-Kraft-Tretens dieses Gesetzes bestehenden und nicht verjährten Ansprüchen nach den neu geltenden Verjährungsregelungen berechnet.

Ist die sich neu ergebende Verjährungsfrist länger als die alte, gilt – vorbehaltlich Abs. 2 – in entsprechender Anwendung von Art. 229 § 6 Abs. 3 EGBGB allerdings nur die kürzere Verjährungsfrist.

Beispiel

Nach dem bisherigen § 74 GenG verjährten die Auseinandersetzungsansprüche des ausgeschiedenen Genossen in zwei Jahren. Nach der neuen Rechtslage verjähren diese nunmehr in drei Jahren nach § 195 BGB, beginnend mit dem Schluss des Jahres, in dem die weiteren Voraussetzungen des § 199 Abs. 1 BGB vorliegen.

War der Auseinandersetzungsanspruch zum Ende des Jahres 2003 fällig, so wäre die zweijährige Verjährungsfrist mit dem 31. Dezember 2005 abgelaufen. Nachdem die Verjährungsfrist nun drei Jahre beträgt, verjährt der Anspruch die §§ 195, 199 BGB anwendend, eigentlich erst mit Ablauf des 31. Dezember 2006. Dies verhindert aber die Übergangsvorschrift des Art. 229 § 11 EGBGB i.V.m. Art. 229 § 6 Abs. 3 EGBGB, wonach die bisherige kürzere Verjährungsvorschrift zur Anwendung kommt, soweit die Verjährungsfrist vor dem In-Kraft-Treten des Gesetzes zu laufen begonnen hat.

Wenn umgekehrt die sich neu ergebende Verjährungsfrist kürzer als die bisherige ist, gilt entsprechend Art. 229 § 6 Abs. 4 EGBGB die kürzere Verjährungsfrist und wird ab dem Tag des In-Kraft-Tretens des Gesetzes zur Anpassung von Verjährungsvorschriften an das Gesetz zur Schuldrechtsmodernisierung bemessen. Sie läuft allerdings längstens bis zur Vollendung der alten längeren Frist.

Beispiel

Nach dem bisherigen § 93 Abs. 4 UmwG verjährten die Auseinandersetzungsansprüche des Genossen, der nach einer Verschmelzung die ihm eigentlich zufallenden Anteile und Mitgliedschaften an dem übernehmenden Rechtsträger ausschlägt, in fünf Jahren ab dem Schluss des Kalenderjahres, in dem die Ansprüche fällig geworden sind. Nach der neuen Rechtslage verjähren diese nunmehr in drei Jahren, ebenfalls beginnend mit dem Schluss des Jahres, in dem die weiteren Voraussetzungen des § 199 Abs. 1 BGB vorliegen.

War der Auseinandersetzungsanspruch im Jahre 2003 fällig, so hat die fünfjährige Verjährungsfrist nach § 93 Abs. 4 UmwG also zum 1. Januar 2004 begonnen und wäre mit dem 31. Dezember 2008 abgelaufen. Nachdem die Verjährungsfrist nun nur noch drei Jahre beträgt, verjährt der Anspruch nun beginnend mit dem Tage des In-Kraft-Tretens in drei Jahren.

Soweit Art. 229 § 6 EGBGB Regelungen zu spezifischen konzeptionellen Veränderungen durch die Schuldrechtsmodernisierung, z.B. den Wegfall der Unterbrechung, enthält, die im Gesetz zur Anpassung der Verjährungsvorschriften kein Gegenstück haben, bleiben diese Regelungen, die schon durch Art. 229 § 6 EGBGB selbst übergeleitet worden sind, durch die Überleitungsvorschrift in § 11 Abs. 1 EGBGB unberührt und gelten unverändert fort.

Art. 229 § 11 Abs. 2 EGBGB enthält eine Abweichung von der Regel des Art. 229 § 6 Abs. 3 EGBGB und ist insoweit eine „anderweitige Bestimmung" im Sinne von Art. 229 § 11 Abs. 1 Satz 1 EGBGB.

Nach Art. 229 § 11 Abs. 2 EGBGB verjähren zum Zeitpunkt des In-Kraft-Tretens des Gesetzes zur Anpassung von Verjährungsvorschriften an das Gesetz zur Schuldrechtsmodernisierung noch nicht verjährte Ansprüche, deren Verjährung sich vor diesem Zeitpunkt **nach den Regelungen über die regelmäßige Verjährung nach dem BGB** bestimmt hat und für die nun längere Verjährungsfristen bestimmt sind, allein nach den neuen – längeren Verjährungsvorschriften. Allerdings wird der Zeitraum, der bis zum In-Kraft-Treten des Gesetzes zur Anpassung von Verjährungsvorschriften an das Gesetz zur Modernisierung des Schuldrechtes von der bisherigen Verjährungsvorschrift bereits abgelaufen war, auf die neue, längere Verjährungsfrist angerechnet.

Diese Regelung betrifft insbesondere die im Bereich des Handels- und Gesellschaftsrechts neu eingeführten Verjährungsregelungen. In diesen Bereichen kommt bislang mangels spezialgesetzlicher Regelung die regelmäßige Verjährung nach dem BGB zur Anwendung, welche durch das Schuldrechtsmodernisierungsgesetz von 30 Jahren auf drei Jahre umgestellt worden ist.

Der Sinn der Einführung dieser Bestimmungen bestand nun gerade darin, das Eingreifen dieser dreijährigen Verjährungsfrist zu vermeiden. Dieses Ziel wäre jedoch unterlaufen worden, wenn die Anwendung der Überleitungsvorschrift doch dazu führen würde, dass für alle schon bestehenden Ansprüche die dreijährige Verjährungsfrist zur Anwendung käme. Darum muss in diesen Fällen die neue, längere Verjährungsfrist Anwendung finden. Durch die Anrechung der schon verstrichenen Zeit führt die Regelung im Ergebnis dazu, dass die Verjährungsfrist des Anspruchsinhabers auf das erwünschte Gesamtmaß verlängert wird, ohne dass ihm aber die verlängerte Frist noch zusätzlich zu dem bereits verstrichenen Zeitraum zugute käme, was nicht gerechtfertigt wäre.

> **Hinweis:**
> Abgestellt wird auf den abgelaufenen Verjährungszeitraum und nicht auf die Frist seit dem Entstehen des Anspruches, weshalb zunächst der Beginn der Verjährungsfrist nach § 199 Abs. 1 BGB, d.h. unter Berücksichtigung sowohl der „Silvesterregelung" als auch der subjektiven Komponente des § 199 Abs. 1 Nr. 2 BGB zu bestimmen ist. Sodann ist die Verjährungsfrist aufgrund der neuen Regelung zu bestimmen. Die Differenz zwischen dem Verjährungsbeginn nach § 199 Abs. 1 BGB und dem Tag des In-Kraft-Tretens ist dann anzurechnen.

Die Abweichung von der Regel des Art. 229 § 6 Abs. 3 EGBGB ist dadurch gerechtfertigt, dass es sich insoweit zwar nominell um eine Verlängerung gegenüber der gegenwärtigen Rechtslage handelt, aber in der Sache eine Anpassung vorgenommen wird, die schon bei der Einführung des neuen Verjährungsrechts mit der Schuldrechtsreform durch Verkürzung der damals bestehenden dreißigjährigen Verjährungsfrist hätte erfolgen können.

3.3 Die besondere Übergangsregelung für § 327 Abs. 4 Aktiengesetz

Für die durch das Gesetz zur Anpassung von Verjährungsvorschriften an das Gesetz zur Modernisierung des Schuldrechts vorgenommenen Änderungen gilt grundsätzlich die neu geschaffene zentrale Überleitungsvorschrift des Art. 229 § 11 EGBGB, die Art. 229 § 6 EGBGB für entsprechend anwendbar erklärt, soweit nicht etwas anderes bestimmt ist. Auf die vorstehenden Ausführungen unter 3.1. kann insoweit verwiesen werden.

Mit § 327 Abs. 4 AktG wird die bisherige Verjährungsfrist durch eine Ausschlussfrist ersetzt. Diese gesetzliche Änderung ist jedoch von Art. 229 § 6 EGBGB, auch von dessen Abs. 5, nicht erfasst, so dass eine entsprechende Anwendung dieser Vorschrift nicht in Betracht kommt.

Vielmehr bedurfte es insoweit einer besonderen Überleitungsvorschrift. Diese wurde, da allein das AktG betroffen ist, in das Einführungsgesetz zum AktG aufgenommen. Der Überleitungsbedarf entspricht insoweit der Situation bei In-Kraft-Treten des Nachhaftungsbegrenzungsgesetzes vom 18. März 1994. Nach § 26d EGAktG wurde nun ein § 26e EGAktG eingeführt, wonach § 327 Abs. 4 AktG in der ab dem ... [*einsetzen: Datum des Inkrafttretens des Gesetzes zur Anpassung von Verjährungsvorschriften an das Gesetz zur Modernisierung des Schuldrechts*] geltenden Fassung auf vor diesem Datum entstandene Verbindlichkeiten anzuwenden ist, wenn die Eintragung des Endes der Eingliederung in das Handelsregister nach § 10 HGB nach diesem Datum als bekannt gemacht gilt und die Verbindlichkeiten nicht später als vier Jahre nach dem Tag, an dem die Eintragung des Endes der Eingliederung in das Handelsregister nach § 10 HGB als bekannt gemacht gilt, fällig werden. Auf später fällig werdende Verbindlichkeiten ist das bisher geltende Recht mit der Maßgabe anwendbar, dass die Verjährungsfrist ein Jahr beträgt.

> **Hinweis:**
> Der neue § 26e EGAktG folgt dem Vorbild von Art. 35 EGHGB, so dass auf die hierzu vorliegende Literatur und Rechtsprechung zurückgegriffen werden kann.[49]

3.4 Das Übergangsrecht zum Gesetz über die Schuldrechtsmodernisierung

Wie bereits ausgeführt, verweist der neu geschaffene Art. 229 § 11 EGBGB im Wesentlichen auf die Übergangsvorschrift des Art. 229 § 6 EGBGB. Aus diesem Grund soll diese Bestimmung nachfolgend dargestellt werden.

Angesichts der erheblichen Veränderungen im Verjährungsrecht, insbesondere dem Wegfall der 30-jährigen Verjährung und der weitgehenden Ersetzung der Unterbrechung der Verjährung durch die Hemmung, gilt es ein besonderes Augenmerk auf die Übergangsvorschriften zu werfen. Dabei ist von besonderer Bedeutung, wie Ansprüche zu behandeln sind, die vor dem 1. Januar 2002 entstanden sind und deren Verjährung auch bereits vor diesem Zeitpunkt begonnen hat.

> **Hinweis:**
> Dabei ist vor allem zu beachten, dass Ansprüche, die nach der neuen regelmäßigen Verjährungsfrist von drei Jahren verjähren, mit Ablauf des 31. Dezember 2004 zu verjähren drohten, wenn nicht zuvor Maßnahmen zur Hemmung der Verjährung getroffen wurden.

Die Übergangsvorschriften zwischen dem vor dem 1. Januar 2002 geltenden und dem Verjährungsrecht nach dem Gesetz zur Schuldrechtsmodernisierung sind in § 6 zu Art. 229 EGBGB platziert worden. Nach § 6 Abs. 1 Satz 1 EGBGB gelten folgende Grundsätze:
- Nach altem Recht bereits verjährte Ansprüche gelten weiterhin als verjährt.
- Für am 1. Januar 2002 noch nicht verjährte Ansprüche gilt dagegen im Grundsatz das neue Recht unmittelbar, d.h. die alte Verjährungsfrist wird durch die neue Verjährungsfrist ersetzt.

---

[49] Vgl. zum Nachhaftungsbegrenzungsgesetz: Hornung, Das Nachhaftungsbegrenzungsgesetz, RPfleger 1994, 488; Lieb, Haftungsklarheit für den Mittelstand?, GmbHR 1994, 657; Kainz, Das Nachhaftungsbegrenzungsgesetz, DStR 1994, 620; Seibert, Nachhaftungsbegrenzungsgesetz, DB 1994, 461; Steinbeck, Das Nachgaftungsbegrenzungsgesetz, WM 1996, 241; Langohr-Plato, Umwandlung und Nachhaftung – neue rechtliche Aspekte in der betrieblichen Altersversorgung; BAG v. 19.5.2004 – 5 AZR 405/03, NZA 2004, 1045; BGH v. 29.4.2002 – II ZR 330/00, NJW 2002, 2170 = BGHZ 150, 373; KG Berlin v. 5.10.2000 – 22 U 1884/99, KGR 2000, 422 = NZG 2001, 164.

> **Hinweis:**
> Unter Berücksichtigung der erheblichen Verkürzung der Verjährungsfristen und des weitgehenden Wegfalls der Unterbrechung der Verjährung können sich hier erhebliche Nachteile für den Gläubiger ergeben.

Nach Art. 229 § 6 Abs. 1 Satz 2 EGBGB richten sich allerdings der Beginn, die Hemmung, die Ablaufhemmung und der Neubeginn (= Unterbrechung) der Verjährung für den Zeitraum vor dem 31. Dezember 2001 nach dem bis dahin geltenden, d.h. dem alten Recht.

Nur wer in Kenntnis dieser Regelung noch im Dezember 2001 Maßnahmen ergriffen hatte oder jedenfalls unter Ausnutzung von § 167 ZPO im Januar 2002 verjährungsunterbrechende Maßnahmen veranlasst hatte, konnte die neue Verjährungsfrist in jedem Fall voll ausschöpfen.

Beispiel

Hat A wegen eines ihm zustehenden Anspruches, der kurz vor der Verjährung stand, im Dezember 2001 Klage eingereicht – die auch noch im Dezember zugestellt wurde –, so wurde die Verjährung nach § 209 Abs. 1 BGB a.F. unterbrochen und begann mithin nach dem Ende der Unterbrechung zunächst neu (§ 217 BGB a.F.). Das Gleiche galt, wenn A die Klage zwar im Dezember 2001 einreichte, diese aber erst im Januar 2002 zugestellt wurde. Ist die Zustellung der Klage „demnächst", d.h. ohne schuldhaftes Zögern im Sinne des § 167 ZPO erfolgt, so gilt für die Unterbrechung der Verjährung der Zeitpunkt der Einreichung und damit altes Recht und in der Folge die günstigere Unterbrechung der Verjährung. Dies sichert, dass der Anspruch zumindest nicht vor Ablauf der neuen regelmäßigen Verjährungsfrist von drei Jahren verjährt. Der Eintritt dieser Verjährung tritt nunmehr aber mit Ablauf des 31. Dezember 2004 ein, wenn nicht zuvor die Verjährung gehemmt wurde oder nach § 212 BGB neu begonnen hat.

Unmittelbar vor Abschluss der Beratungen hat der Gesetzgeber noch mit einem neuen Art. 229 § 6 Abs. 1 Satz 3 EGBGB klargestellt, dass, wenn nach dem 31. Dezember 2001 ein Umstand eintritt, bei dessen Vorliegen nach dem alten Recht eine eingetretene Verjährung als nicht erfolgt oder als erfolgt gilt, auch insoweit das alte Recht Anwendung findet.

Beispiel

A reichte im Dezember 2001 eine Klage ein, die noch im gleichen Monat zugestellt wurde. Im April 2002 nahm er die Klage zurück oder diese wurde durch Prozessurteil abgewiesen. Im Juli 2002 erhob er wegen des gleichen Anspruches erneut Klage. Die Klage im Dezember 2001 hat zunächst die Verjährung nach § 209 Abs. 1 BGB a.F. unterbrochen. Die Rücknahme der Klage im April 2002 führte nun über Art. 229 § 6 Abs. 1 Satz 3 EGBGB zu § 212 Abs. 1 BGB a.F. Danach gilt die Unterbrechung als nicht erfolgt, wenn die Klage zurückgenommen oder ein nicht in der Sache selbst entscheidendes Urteil rechtskräftig abgewiesen wird. Die Unterbrechung ist im Beispielsfall also rückwirkend entfallen. Da der A aber **innerhalb von sechs Monaten nach der Klagerücknahme bzw. dem Prozessurteil** erneut Klage erhoben hat, kommt ihm nach Art. 229 § 6 Abs. 1 Satz 3 EGBGB n.F. allerdings auch § 212 Abs. 2 BGB a.F. zugute, wonach bei einer erneuten Klage innerhalb der Sechsmonatsfrist die Verjährung wieder mit der Einreichung der ersten Klage, d.h. im Dezember 2001, als unterbrochen gilt. Auch in diesem Fall läuft die Verjährung jedenfalls nicht vor dem Ablauf der neuen Verjährung ab.

> **Hinweis:**
> Neben § 212 BGB a.F. gilt diese Konstruktion auch für die Regelungen in § 212a Satz 3, § 213 Satz 2, § 214 Abs. 2, § 215 Abs. 2 Satz 1 und § 210 Satz 1 BGB a.F. Die Regelung des § 216 BGB a.F. für den Fall der nachträglichen Aufhebung von Vollstreckungshandlungen ist dagegen in der Regelung des § 212 BGB n.F. aufgegangen.

Für den Fall, dass eine Verjährung nach altem Recht vor dem 1. Januar 2002 unterbrochen wurde und die Unterbrechung noch weiter andauert, endet nach dem erst im Gesetzgebungsverfahren eingefügten Art. 229 § 6 Abs. 2 EGBGB die Unterbrechung mit dem 1. Januar 2002 und wird als Hemmung fortgesetzt.

Beispiel

Die Verjährung eines Anspruches wurde durch Klageerhebung im August 2001 nach § 209 Abs. 1 BGB a.F. unterbrochen. Damit begann die Verjährung nach dem Ende der Unterbrechung neu zu laufen. Seit April 2002 wurde das Verfahren von den Parteien nicht mehr betrieben und geriet in Stillstand. Da das Verfahren am 1. Januar 2002 nicht beendet war, hätte nach altem Recht die Unterbrechung fortgedauert. Dies ändert Art. 229 § 6 Abs. 2 EGBGB. Die Unterbrechung endete nun am 31. Dezember 2001 und die Verjährung begann damit am 1. Januar 2002 neu. Gleichzeitig gilt damit allerdings die – in der Regel kürzere – Verjährungsfrist nach neuem Recht (Art. 229 § 6 Abs. 1 EGBGB). Diese ist dann allerdings ebenfalls seit dem 1. Januar 2002 nach § 204 Abs. 1 Nr. 1 BGB n.F. gehemmt. Diese Hemmung endet nach § 204 Abs. 2 BGB sechs Monate nach der letzten Verfahrenshandlung der Parteien, weil das Verfahren von den Parteien nicht betrieben wurde. Da die letzte Verfahrenshandlung im April 2002 stattfand, endete die Hemmung der Verjährung nun im Oktober 2002. Ab diesem Zeitpunkt lief die kürzere Verjährungsfrist nach neuem Recht ab.

Ist die Verjährungsfrist nach altem Recht kürzer als nach neuem Recht, so endet die Verjährung – allein zum Schutze des Schuldners – nach Art. 229 § 6 Abs. 3 EGBGB n.F. nach altem Recht.

Beispiel

Nach § 196 Abs. 1 Nr. 15, § 201 BGB a.F. verjährten Vergütungsansprüche der Rechtsanwälte, Steuerberater und Wirtschaftsprüfer in zwei Jahren, wobei die Verjährung mit dem Schluss des Jahres begann, in dem der Vergütungsanspruch fällig wurde. Mangels anderer Bestimmungen verjähren diese Ansprüche zukünftig nach § 195 BGB n.F. in drei Jahren. Ist ein Vergütungsanspruch des Rechtsanwaltes, eines Steuerberaters oder eines Wirtschaftsprüfers vor dem 1. Januar 2002 fällig geworden, so verjährt der Vergütungsanspruch weiterhin nach zwei Jahren, d.h. soweit keine anderweitige Hen___ ritt mit Ablauf des 31. Dezember 2003. Nur für Vergütungsansprüche, die nach dem___ ntstehen, gilt die neue dreijährige Verjährungsfrist.

Dieses Beispiel macht deutlich, dass es in allen Fällen der kurzen Verjährungsfrist des § 196 BGB a.F. sinnvoll war, den Beginn der Verjährung in das Jahr 2002 hinauszuschieben, um so von der zumindest dreijährigen Verjährung zu profitieren. Für Rechtsanwälte, Steuerberater und Wirtschaftsprüfer konnte dies dadurch geschehen, dass die Erledigung des Auftrages oder die Beendigung der Angelegenheit durch eine abschließende Besprechung mit der Versicherung oder dem Finanzamt erst im Januar 2002 statt im Dezember 2001 erfolgte.

Eine weiterer Stolperstein findet sich in Art. 229 § 6 Abs. 4 Satz 1 EGBGB n.F. Danach gilt, dass ein Anspruch, dessen Verjährungsfrist nach dem neuen Recht kürzer ist als nach dem alten Recht, grundsätzlich nach dem neuen Recht verjährt, dass diese kürzere Verjährungsfrist aber erst mit dem 1. Januar 2002 zu laufen beginnt. Hier liegt also ein massiver Eingriff in die Rechtsposition des Gläubigers vor, der besondere Beachtung finden muss.

Beispiel

Der Anspruch aus Geschäftsführung ohne Auftrag oder auf Übereignung einer gekauften Sache ist nach § 195 BGB a.F. in 30 Jahren verjährt. Sind die Ansprüche im Jahre 1997 entstanden, würde die Verjährung also erst im Jahre 2027 eintreten. Nach der seit dem 1. Januar 2002 geltenden Fassung von § 195 BGB verjähren die Ansprüche nunmehr in drei Jahren, wobei allerdings die Verjährung vom 1. Januar 2002 an in voller neuer Höhe berechnet wird. Die Ansprüche verjähren aber auch in diesem Falle bereits im Jahre 2005, so dass im Beispielsfall die Verjährung um insgesamt 22 Jahre verkürzt wurde!

Der Gesetzgeber hat ein mögliches Schlupfloch für einen kleinen Vorteil des Gläubigers ebenfalls geschlossen: Sollte im konkreten Fall die längere Verjährung nach dem alten Recht vor Ablauf der neu beginnenden Verjährung nach dem neuen Recht enden, so gilt nach Art. 229 § 6 Abs. 4 Satz 2 EGBGB die alte Verjährungsfrist.

Beispiel

Ist im vorstehenden Beispiel der Anspruch bereits im Jahre 1973 entstanden, so läuft die Verjährungsfrist nach altem Recht im Jahre 2003 ab. Die neu beginnende Verjährungsfrist nach neuem Recht würde wie gezeigt erst im Jahre 2005 enden. In diesem Fall gilt die alte Verjährungsfrist, der Anspruch endet im Jahre 2003.

Gerade würde sich der Vorteil einer im Jahre 2001 erfolgten Unterbrechung der Verjährung bemerkbar machen. Dann kann nämlich die unterbrochene alte Verjährungsfrist, weil sie neu beginnt, regelmäßig nicht kürzer sein als die neue Verjährungsfrist. Wäre im vorstehenden Beispiel also noch im Dezember 2001 Klage erhoben, so liefe die Verjährung ebenfalls bis mindestes 2005 und wäre durch die Klage im Übrigen noch derzeit gehemmt.

> **Hinweis:**
> Hat ein früherer Bevollmächtigter des Gläubigers diese Mechanismen nicht erkannt und dem Gläubiger eine unzutreffende Verjährungsfrist mitgeteilt oder Maßnahmen zur Optimierung der Verjährungsfrist nicht genutzt und ist dem Gläubiger hierdurch ein Schaden entstanden, kann dies einen Haftungsfall für den früheren Bevollmächtigten begründen. Art. 229 § 6 Abs. 4 EGBGB hat den Gläubiger bzw. dessen Bevollmächtigten also gezwungen, im Jahre 2001 für jeden Anspruch jeweils eine rechtsvergleichende Berechnung durchzuführen und ggf. verjährungsunterbrechende Maßnahmen zu ergreifen.

Die vorstehenden Ausführungen gelten nach Art. 229 § 6 Abs. 5 EGBGB auch für andere Fristen, die für die Geltendmachung, den Erwerb oder den Verlust eines Rechts maßgebend sind.

> **Hinweis:**
> Ganz wichtig sind hier die verkürzten Ausschlussfristen nach § 121 Abs. 2 und § 124 Abs. 3 BGB n.F., wonach jetzt die Anfechtung jedenfalls ausgeschlossen ist, wenn seit der Willenserklärung mehr als zehn Jahre (nach altem Recht 30 Jahre) vergangen sind. Dies bedeutet, dass nach der Übergangsregelung in Art. 229 § 6 Abs. 4 Satz 1 EGBGB n.F. das Anfechtungsrecht für alle Willenserklärungen vor dem 1. Januar 2002, spätestens mit Ablauf des 31. Dezember 2011, erlischt.

Nach dem erst im Gesetzgebungsverfahren unmittelbar vor der Schlussabstimmung eingefügten Art. 229 § 6 Abs. 6 EGBGB n.F. gelten die vorstehenden Ausführungen auch für die im HGB und im UmwG geregelten Fristen.

> **Hinweis:**
> Dies ist besonders wichtig für die Frage nach der Enthaftung eines früheren Geschäftsinhabers nach § 26 HGB, wenn der Schuldner etwa sein Geschäft auf einen – sonst vermögenslosen Dritten überträgt, um den Gläubiger mit seiner Forderung ausfallen zu lassen.

III Das Verjährungsrecht nach §§ 194–218 BGB[50]

Aus den vorstehenden Ausführungen ergibt sich, dass der Gesetzgeber mit dem Gesetz zur Anpassung von Verjährungsvorschriften an das Gesetz zur Modernisierung des Schuldrechtes die Verjährung von Ansprüchen aus zivilrechtlichen Nebengesetzen weitgehend der regelmäßigen Verjährung des § 195 BGB von drei Jahren unterstellt hat. Auch soweit er veränderte Verjährungsfristen begründet hat, gelten doch die §§ 194–218 BGB ergänzend. Insoweit sollen nachfolgend die wesentlichen Grundlagen des allgemeinen Verjährungsrechtes nach dem Bürgerlichen Gesetzbuch dargestellt und besonders praxisrelevante Gesichtspunkte hervorgehoben werden.

1 Der Gegenstand der Verjährung

Der Gegenstand der Verjährung ist in § 194 BGB geregelt. Danach ist Gegenstand der Verjährung ausdrücklich nur ein Anspruch. § 194 Abs. 1 BGB gibt dabei die Legaldefinition für den Anspruch. Anspruch ist danach das Recht, von einem anderen ein Tun oder Unterlassen zu verlangen.

Nach § 194 Abs. 1 BGB verjähren grundsätzlich alle materiell-rechtlichen Ansprüche. Dies bedeutet im Umkehrschluss, dass ein Anspruch nur dann nicht der Verjährung unterliegt, wenn dies im Gesetz ausdrücklich angeordnet ist.

Die der Verjährung nach § 194 Abs. 1 BGB unterliegenden Ansprüche sind abzugrenzen von anderen subjektiven Rechten, die keine Ansprüche sind und damit nicht der Verjährung unterliegen. Dies gilt insbesondere für dingliche Rechte, etwa das Eigentum, oder beschränkt dingliche Rechte, Persönlichkeitsrechte aber auch Mitwirkungs- oder Gestaltungsrechte, wie z.B. die Anfechtung, die Kündigung oder den Rücktritt.

> **Hinweis:**
> Insoweit ist allerdings zu beachten, dass solche Rechte gesetzlichen oder vertraglichen Ausschlussfristen oder aber auch der Verwirkung unterliegen können.

Aus § 194 Abs. 1 BGB ist zugleich abzuleiten, dass sich die Verjährung jeweils auf einen einzelnen Anspruch und nicht auf einen umfassenden Lebenssachverhalt bezieht. Ergibt sich mithin aus einem einheitlichen Lebenssachverhalt eine Mehrzahl von Ansprüchen, so ist für jeden Anspruch im Einzelnen zu prüfen, ab welchem Zeitpunkt dieser der Verjährung unterliegt. Ein abschließendes Leistungsverweigerungsrecht wegen Verjährung ergibt sich damit erst dann, wenn auch die längste Verjährungsfrist für einen sich aus dem Lebenssachverhalt ergebenden Anspruch abgelaufen ist.

Keine Ansprüche und damit unverjährbar sind:
- absolute Rechte
  - Eigentum,
  - allgemeines Persönlichkeitsrecht,
  - Urheberrecht,
  - Namensrecht,
  - Sorgerecht;
- das Recht zum Besitz;
- selbständige Einreden
  - § 275 Abs. 2 BGB,
  - § 321 Abs. 1 BGB;

---

[50] Wenn nachfolgend von „BGB a.F." geschrieben wird, so ist damit die Fassung vor der Schulrechtsreform, d.h. vor dem 1.1.2002 gemeint. Abweichendes ist ausdrücklich vermerkt.

- Dauerschuldverhältnisse wie ein Dienstvertrag, ein Mietvertrag oder ein Pachtvertrag;
- Gestaltungsrechte
  - § 121 BGB,
  - § 124 BGB,
  - § 532 BGB,
  - § 1944 Abs.1 BGB.

> **Hinweis:**
> Beachtet werden muss, dass zwar das Dauerschuldverhältnis als solches, d.h. der Mietvertrag, nicht der Verjährung unterliegt, demgegenüber jedoch die sich aus dem Dauerschuldverhältnis ergebenden Ansprüche, wie z.B. der Anspruch auf Mietzins, sehrwohl der Verjährung unterworfen ist. Dies gilt in gleicher Weise für die absoluten Rechte, die zwar als solche, wie das Eigentum, nicht der Verjährung unterliegen, jedoch die daraus erwachsenden Ansprüche, wie z.B. der Anspruch auf Unterlassung von Eigentumsstörungen, oder deren Beseitigung oder auch der Anspruch auf Herausgabe des Eigentums, wie sich schon aus §197 Abs. 1 Nr. 1 BGB ergibt.

Unterliegen Ansprüche nach § 194 Abs. 1 BGB grundsätzlich der Verjährung, so kennt das Gesetz hiervon jedoch Ausnahmen. Wie bereits ausgeführt bedarf es für die Annahme einer solchen Ausnahme allerdings einer ausdrücklichen gesetzlichen Regelung.

Checkliste unverjährbarer Ansprüche

Die nachfolgende Checkliste soll wesentliche unverjährbare Ansprüche kraft gesetzlicher Anordnung zusammenstellen, ohne den Anspruch auf abschließende Vollständigkeit zu erheben. Danach sind folgende Ansprüche unverjährbar:

- Ansprüche aus einem familienrechtlichen Verhältnis unterliegen nach § 194 Abs. 2 BGB der Verjährung nicht, soweit sie auf die Herstellung des dem Verhältnis entsprechenden Zustandes für die Zukunft gerichtet sind.

> **Hinweis:**
> Hierbei handelt es sich etwa um den Anspruch aus § 1353 Abs. 1 Satz 2 BGB, wonach die Ehegatten einander zur ehelichen Lebensgemeinschaft verpflichtet sind und füreinander Verantwortung tragen. Hierunter fällt auch der Anspruch nach § 1356 BGB betreffend die Ausführung der Haushaltsführung und die Übernahme und Ausübung der Erwerbstätigkeit in der ehelichen Lebensgemeinschaft. Auch die Unterhaltspflicht nach § 1360 BGB, d.h. die Verpflichtung der Ehegatten, durch ihre Arbeit und mit ihrem Vermögen die Familie angemessen zu unterhalten, unterfällt § 194 Abs. 2 BGB und ist damit unverjährbar. Zudem wird die Dienstleistungspflicht nach § 1619 BGB oder der Anspruch auf Herausgabe eines Kindes nach § 1632 Abs. 1 BGB von der Regelung des § 194 Abs. 2 BGB erfasst.

- Ebenfalls nicht der Verjährung unterliegt nach § 758 BGB der **Anspruch auf Aufhebung der Gemeinschaft** nach § 741 ff. BGB.
- Nach § 898 BGB unterliegen die **Ansprüche aus §§ 894–896 BGB** nicht der Verjährung. Insbesondere der Anspruch nach § 894 BGB auf Berichtigung des Grundbuches kann also ohne Beeinträchtigung durch ein Leistungsverweigerungsrecht aufgrund eingetretener Verjährung unbefristet geltend gemacht werden.
- § 902 BGB bestimmt, dass Ansprüche aus **im Grundbuch eingetragenen Rechten** nicht der Verjährung unterliegen, soweit es sich nicht um Ansprüche handelt, die auf Rückstände wiederkehrender Leistung oder auf Schadensersatz gerichtet sind.
- § 924 BGB nimmt sodann **verschiedene nachbarrechtliche Ansprüche** von der Verjährung aus. Hierunter fallen die Ansprüche nach § 907 BGB auf Unterlassung der Herstellung oder Haltung von Anlagen, von denen mit Sicherheit davon auszugehen ist, dass ihr Bestand oder ihre Benutzung eine unzulässige Einwirkung auf das Nachbargrundstück haben (der Anspruch auf eine Ge-

fahr abwendende Maßnahme bei einem drohenden Gebäudeeinsturz nach § 908 BGB und der Anspruch auf Befestigung bei vorgenommenen Vertiefungen des Nachbargrundstückes nach § 909 BGB). Weiterhin wird von der Unverjährbarkeit die Regelung des § 915 BGB erfasst, d.h. der Anspruch, von einem überbauenden Grundstückseigentümer den Wert des überbauten Grundstücksteiles ersetzt zu verlangen. Weiterhin ist hiervon das Notweggericht nach § 917 Abs. 1 BGB und § 918 Abs. 2 BGB erfasst.
- Auch die Grenzansprüche nach §§ 919, 920 und 923 Abs. 2 BGB unterliegen danach nicht der Verjährung.
- Unverjährbar ist auch der Anspruch auf Auseinandersetzung der Miterbengemeinschaft nach § 2042 Abs. 2 BGB i.V.m. § 758 BGB.

Hinweis:
Bei allen genannten gesetzlichen Regelungen zur Anordnung der Verjährbarkeit eines Anspruches gilt, dass es sich um zwingendes, d.h. nicht dispositives Recht handelt, so dass die Verjährung der genannten Ansprüche auch nicht durch eine entsprechende vertragliche Vereinbarung im Sinne des § 202 BGB begründet werden kann.

2 Zweck und Folgen der Verjährung

2.1 Überblick zu den Folgen der Verjährung

Die Rechtsfolgen der Verjährung entsprechen weitgehend der bisherigen gesetzlichen Regelung, wobei gesondert geregelte Tatbestände nun in den allgemeinen Teil übernommen wurden. Im Einzelnen gilt es, auf Folgendes zu achten:
- Die Verjährung lässt den Anspruch nach § 214 Abs. 1 BGB nicht untergehen, sondern gibt dem Schuldner nur ein dauerndes Leistungsverweigerungsrecht.
- Nach § 214 Abs. 2 BGB kann das trotz eingetretener Verjährung vom Schuldner an den Gläubiger Geleistete nicht von diesem zurückgefordert werden. Gleiches gilt für ein vertragsgemäßes Anerkenntnis (als neuer selbständiger Anspruchsgrund) oder eine Sicherheitsleistung.
- Nach § 215 BGB schließt die Verjährung weder die Aufrechnung noch die Geltendmachung eines Zurückbehaltungsrechtes (bisher nur in der Rechtsprechung anerkannt, BGHZ 53, 122,125) aus, wenn die Aufrechung bzw. das Zurückbehaltungsrecht in unverjährter Zeit hätten objektiv geltend gemacht werden können.
- Nach § 216 Abs. 1 BGB kann der Gläubiger seine Befriedigung aus einem mit einer Hypothek, einer Schiffshypothek oder einem Pfandrecht belasteten Sache auch dann suchen, wenn der der Sicherung zugrunde liegende Anspruch verjährt ist. Dies gilt allerdings nicht für die Verjährung von Ansprüchen auf Zinsen und andere wiederkehrende Leistungen, 216 Abs. 3 BGB.
- Nach § 216 Abs. 2 BGB kann der Schuldner ein zur Sicherung geschaffenes Recht nicht deshalb zurückfordern, weil der zugrunde liegende Anspruch verjährt ist. Entsprechend kann beim Eigentumsvorbehalt zurückgetreten werden, auch wenn der Zahlungsanspruch verjährt ist. Dies gilt allerdings nicht für die Verjährung von Ansprüchen auf Zinsen und andere wiederkehrende Leistungen, 216 Abs. 3 BGB.
- Nach § 217 BGB verjähren Nebenansprüche – spätestens – mit der Verjährung des Hauptanspruches.
  Achtung: § 217 BGB schließt nicht aus, dass die Nebenansprüche bereits früher verjähren. Hier ist eine entsprechende gesonderte Fristenüberwachung erforderlich.
- Der Rücktritt ist im Allgemeinen Schuldrecht nun ausdrücklich als Gestaltungsrecht begründet. Dies kann zu Verwerfungen mit der Verjährung führen, die der neue § 218 BGB lösen soll. Danach ist ein Rücktritt wegen Nichtleistung oder nicht vertragsgemäßer Leistung ausgeschlossen,

wenn der mit der Schuldrechtsmodernisierung allgemein geschaffene Leistungs- oder Nacherfüllungsanspruch verjährt ist. Gleiches gilt, wenn der Schuldner allein wegen Unmöglichkeit nicht mehr zu leisten braucht und der – hypothetische – Leistungs- oder Nacherfüllungsanspruch verjährt ist. Dies gilt allerdings ausdrücklich nicht für den Eigentumsvorbehalt, § 216 Abs. 2 Satz 2 BGB.

2.2 Die Rechtsfolgen der Verjährung im Einzelnen

Die Rechtfolgen der Verjährung sind in §§ 214–218 BGB geregelt.

Nach **§ 214 BGB** ist der Schuldner nach dem Eintritt der Verjährung zunächst berechtigt, die **Leistung zu verweigern**. Dieses Recht wird allerdings nach § 214 Abs. 2 BGB insoweit eingeschränkt, als das zur Befriedigung eines verjährten Anspruches Geleistete nicht zurückgefordert werden kann, auch wenn in Unkenntnis der Verjährung geleistet wurde. Das Gleiche gilt nach § 214 Abs. 2 Satz 2 BGB von einem vertragsmäßigen Anerkenntnis sowie einer Sicherheitsleistung des Schuldners.

Ob die Verjährung eingetreten ist, muss in einer mehrstufigen Prüfung festgestellt werden:
- Zunächst ist der Verjährungsbeginn an Hand der §§ 199–201 BGB festzustellen.
- Sodann ist die Verjährungsdauer auf der Grundlage der §§ 195–198 BGB zu prüfen.
- Dann ist das Ende der Verjährungszeit festzustellen, wobei die Hemmungstatbestände nach §§ 203–209 BGB, die Ablaufhemmung nach §§ 210 und 211 BGB sowie der Neubeginn der Verjährung nach § 212 BGB zu berücksichtigen sind.

§ 214 BGB gibt dem Schuldner dann nur ein Leistungsverweigerungsrecht, was im Umkehrschluss bedeutet, dass nach dem Eintritt der Verjährung die Forderung selbst nicht untergeht. Da dem Schuldner lediglich ein Leistungsverweigerungsrecht zusteht und es sich hierbei um eine Einrede handelt, folgt hieraus zugleich, dass sich der Schuldner auf die Verjährung berufen muss und diese nicht von Amts wegen, insbesondere nicht im gerichtlichen Zivilprozess berücksichtigt wird.

> **Hinweis:**
> Umstritten ist, ob das Gericht den Schuldner auf eine mögliche Verjährung hinweisen kann. Während das BayObLG[51] dies angenommen hat, hat der BGH[52] dies verneint. Der BGH hat hierzu festgehalten, dass die Verjährung nach der Konzeption des Bürgerlichen Gesetzbuches den den Anspruch begründenden Tatbestand und mithin das Bestehen des Rechtes des Gläubigers nicht berührt. Ihr Eintritt verschaffe dem Schuldner vielmehr ein Gegenrecht, nämlich die Befugnis, die Leistung zu verweigern. Die Geltendmachung des Gegenrechtes, d.h. die Erhebung der Einrede der Verjährung, sei eine geschäftsähnliche Handlung des sachlichen Rechts. Sie setzte die Bekundung des Willens des Schuldners voraus, die Leistung endgültig zu verweigern und dies – jedenfalls dem Sinne nach – mit dem Ablauf der Verjährungsfrist zu begründen. Bevor dies geschehen sei, stehe dem Verlangen des Gläubigers auf Erbringung der Leistung nichts entgegen. Im Rechtsstreit hat deshalb, auch wenn die die Verjährung begründenden Umstände vom Kläger selbst vorgetragen werden, auf Antrag Versäumnisurteil gegen den ausgebliebenen Beklagten als Schuldner zu ergehen. An dieser Konzeption habe der Gesetzgeber auch bei der Novellierung des Verjährungsrechtes durch das Schuldrechtsmodernisierungsgesetz festgehalten. Überlegungen zur Zweckmäßigkeit der Einredelösung seien deshalb entbehrlich. Weise der Richter auf die Möglichkeit der Verjährungseinrede hin, so liege hierin keine Wiedergabe der materiellen Rechtslage. Die Prozess leitende Verfügung des Gerichtes führe dem Schuldner vielmehr die Möglichkeit vor Augen, durch eine geschäftsähnliche Handlung die bestehende, für das Gericht verbindliche Rechtslage zum Nachteil des Klägers und zu seinen Gunsten zu verändern. Ein solcher Hinweis wirke wie die Aufforderung, die Einrede der Verjährung auch tatsäch-

---
[51] BayObLG, NJW 1999, 1875.
[52] BGH, NJW 2004, 164 = BGHR 2004, 119 = FamRZ 2004, 176 = MDR 2004, 167 = BGHZ 156, 269.

Zweck und Folgen der Verjährung

lich zu erheben, ohne dass § 139 ZPO hierfür eine Grundlage biete. § 139 ZPO habe nichts daran geändert, dass es nicht die Aufgabe des Gerichtes sei, durch Fragen oder Hinweise neue Anspruchsgrundlagen, Einreden oder Anträge in den Prozess einzuführen, die in dem streitigen Vortrag der Partei nicht zumindest andeutungsweise bereits eine Grundlage haben. Darüber hinausgehende Hinweise begründeten damit die Befangenheit des Richters.

Der BGH hat mit dieser Entscheidung zugleich die wesentlichen Aspekte der Rechtsfolgen der Verjährung nach § 214 Abs. 1 BGB zusammengefasst.

Die Erhebung der Einrede der Verjährung kann dem Schuldner auch unter dem Gesichtspunkt von Treu und Glauben regelmäßig nicht verwehrt werden. Soweit der Gläubiger aus dem Verhalten des Schuldners geschlossen hat, dass dieser die Einrede der Verjährung nicht erheben wird, kann hierin allerdings ein Anerkenntnis im Sinne des § 212 Abs. 1 Nr. 1 BGB liegen, das zum Zeitpunkt des entsprechenden Verhaltens die Verjährungsfrist neu beginnen lassen hat.

Den Charakter der Verjährungseinrede als ein reines Leistungsverweigerungsrecht zeigt auch **§ 215 BGB**. Danach wird durch die Verjährung **weder** die **Aufrechnung noch** die Geltendmachung eines **Zurückbehaltungsrechtes** – was bisher nur in der Rechtsprechung anerkannt war[53] – **ausgeschlossen**. Voraussetzung ist, dass die Aufrechung bzw. das Zurückbehaltungsrecht in unverjährter Zeit hätten objektiv geltend gemacht werden können.

Hinweis:
Entscheidend ist also nicht, ob die Aufrechung oder das Zurückbehaltungsrecht tatsächlich geltend gemacht wurden. Ausreichend ist, dass dies rein objektiv möglich gewesen wäre. Es kommt also allein auf die Aufrechungslage, nicht auf die Aufrechungserklärung an.

Beachtet werden muss, dass § 215 BGB nur auf den Ablauf der Verjährungsfrist, nicht aber auf den Ablauf von Ausschlussfristen Anwendung findet[54]. Nach § 216 BGB gelten besondere Wirkungen der Verjährung, wenn der verjährte Anspruch gesichert war.

Nach **§ 216 Abs. 1 BGB** kann der Gläubiger die Befriedigung aus einem belasteten Gegenstand auch dann suchen, wenn der Anspruch selbst verjährt ist, für diesen jedoch eine **Hypothek**, eine **Schiffshypothek** oder ein **Pfandrecht** besteht. Auch hier zeigt sich, dass die Verjährung den Anspruch nicht zum Erlöschen bringt, sondern dem Schuldner lediglich ein Leistungsverweigerungsrecht gibt. Dies erstreckt sich nach der Anordnung gemäß § 216 Abs. 1 BGB allerdings nicht auf die **Sicherheiten**. Nach § 216 Abs. 2 BGB kann die Rückübertragung eines Rechtes, das zur Sicherung eines Anspruches verschafft worden ist, nicht allein aufgrund der Verjährung des Anspruches gefordert werden. Nach § 216 Abs. 2 Satz 2 BGB kann der Rücktritt vom Vertrag auch dann erfolgen, wenn ein Eigentumsvorbehalt vereinbart wurde, der gesicherte Anspruch jedoch verjährt ist. Im Ergebnis bedeutet dies, dass der Eigentumsvorbehalt durch die Verjährung der Kaufpreisforderung nicht wirkungslos wird. Die Regelung des § 218 BGB wird insoweit verdrängt.

In Konsequenz von § 197 Abs. 2 BGB ordnet § 216 Abs. 3 BGB an, dass die Möglichkeit, trotz der Verjährung des Primäranspruches vorhandene und eingeräumte Sicherheiten zu verwerten, keine Anwendung findet, soweit die Ansprüche auf Zinsen oder andere wiederkehrende Leistungen verjährt sind. Sind also Zinsen auf die Hauptforderung verjährt, so haften die Sicherheiten für die verjährten Zinsen nicht mehr.

§ 217 BGB stellt klar, dass mit dem Hauptanspruch auch die Ansprüche der von ihm abhängigen Nebenleistungen verjähren unabhängig von der Frage, ob die für die Nebenleistung laufende Verjährungsfrist bereits abgelaufen ist. Zu den Nebenleistungen gehören insbesondere die Verzugszinsen, Früchte, Nutzungen, Provisionen oder Vertragskosten.

---

[53] BGHZ 53, 122.
[54] BAG, NJW 1968, 813; BGH, DB 74, 586.

§ 217 BGB entspricht § 224 BGB a.F., so dass auf die diesbezügliche Rechtsprechung zurückgegriffen werden kann. Zunächst gilt, dass für jede einzelne Forderung die Verjährungsfrist gesondert zu bestimmen ist und auch gesondert läuft.

> **Hinweis:**
> Der Rechtsanwalt muss beachten, dass die Nebenleistungen durchaus vor dem Hauptanspruch verjähren können, so dass deren Verjährung gesondert zu überwachen ist. Der Gläubiger kann die Verjährung der Nebenleistungen vor dem Hauptanspruch oder gemeinsam mit dem Hauptanspruch nach § 217 BGB dadurch verhindern, dass er vor der Verjährung des Hauptanspruches Klage auf Erstattung der Nebenleistungen als Hauptleistung erhebt[55].

Der **Rücktritt** ist im allgemeinen Schuldrecht seit dem 1. Januar 2002 nun ausdrücklich als Gestaltungsrecht gegründet.

> **Hinweis:**
> Das Schuldrechtsmodernisierungsgesetz hat die bisherige Wandlung, die als Anspruch ausgestaltet war, zu einem Rücktrittsrecht und damit zu einem nach § 194 BGB unverjährbaren Gestaltungsrecht gemacht. Soweit es sich nicht um einen Anspruch handelt, unterliegt dieses nicht der Verjährung.

Diese rechtliche Ausgestaltung kann zu Verwerfungen bei der Verjährung führen, die **§ 218 BGB** auflösen soll. Danach ist ein Rücktritt wegen Nichtleistung oder nicht vertragsgemäßer Leistung ausgeschlossen, wenn der mit der Schuldrechtsmodernisierung allgemein geschaffene Leistungs- oder Nacherfüllungsanspruch verjährt ist. Gleiches gilt, wenn der Schuldner allein wegen Unmöglichkeit nicht zu leisten braucht und der – hypothetische – Leistungs- oder Nacherfüllungsanspruch verjährt ist.

> **Hinweis:**
> Dies gilt allerdings nicht für den vereinbarten Eigentumsvorbehalt, wie sich aus § 216 Abs. 2 Satz 2 BGB als Ausnahme zu § 218 BGB ergibt.

§ 218 BGB soll trotz dieser geänderten Struktur ermöglichen, dass sich der Verkäufer nach Ablauf der Verjährungsfrist gegenüber dem Käufer auf den Ablauf der Verjährung berufen kann, wenn sich dieser wegen eines Mangels vom Vertrag lösen will. Aus welchem Grunde der Gläubiger wegen einer nicht oder nicht vertragsgemäß erbrachten Leistung vom Vertrag zurücktreten will, d.h. auf welche Rechtsgrundlage der Rücktritt gestützt wird, ist nach § 218 BGB unerheblich.

§ 218 Abs. 1 BGB hat drei Voraussetzungen:
- dem Gläubiger muss zunächst wegen der Nicht- oder Schlechterfüllung einer Pflicht aus dem gegenseitigen Vertrag ein Rücktrittsrecht zustehen;
- der Anspruch, dessen Verletzung das Rücktrittsrecht begründet hat, muss verjährt sein. Dies ist anhand des festgestellten Verjährungsbeginns, der Verjährungsfrist und des unter Berücksichtigung der Hemmung, der Ablaufhemmung und des Neubeginns festzustellenden Verjährungsendes zu untersuchen;

> **Hinweis:**
> Besteht kein Anspruch, weil der Schuldner nicht nachzuerfüllen braucht, ist fiktiv zu untersuchen, ob eine Verjährung eingetreten wäre, wenn der Schuldner nicht leistungsfrei wäre.

- letztlich muss sich der Schuldner auf die Einrede der Verjährung berufen.

> **Hinweis:**
> Tritt der Gläubiger vom Vertrag zurück, so ist dieser Rücktritt zunächst wirksam, bis sich der Schuldner auf die Einrede der Verjährung beruft. Damit wird der Rücktritt ex nunc unwirksam.

---

[55] BGHZ 128, 74, 81; Valcarsel, Verjährung des Anspruchs auf Verzugsschaden, NJW 1995, 640.

3 Der Anwendungsbereich der §§ 194 ff. BGB

Wie sich bereits aus der Stellung der §§ 194–218 BGB im allgemeinen Teil des Bürgerlichen Gesetzbuches ergibt, gelten die entsprechenden Verjährungsregelungen der §§ 194 ff. BGB für alle sich aus dem BGB ergebenden materiell-rechtlichen Ansprüche, soweit diese nicht ausdrücklich als unverjährbar bezeichnet sind.

Beachtet werden muss allerdings, dass sich bereits innerhalb des BGB zu den allgemeinen Regelungen der §§ 194–218 BGB Sonderregelungen finden, die auf die einzelnen materiell-rechtlichen Ansprüche zugeschnitten sind.

Checkliste
Sonderregelungen im BGB zu den Verjährungsvorschriften der §§ 194–218 BGB

- Verjährung **kaufvertraglicher Mängelrechte** im Sinne des § 437 BGB habe eine Sonderregelung in § 438 BGB gefunden.
- Die in § 478 Abs. 2 BGB geregelten **Rückgriffsansprüche des Unternehmers gegen den Lieferanten** sind einer gesonderten Verjährungsregelung nach § 479 BGB unterworfen.
- Die **werkvertraglichen Gewährleistungsansprüche** nach Mängeln der Sache gemäß § 634 BGB unterfallen einer gesonderten Verjährungsregelung im § 634a BGB.
- Die **Ansprüche eines Reisenden** nach §§ 651c–651f BGB sind einer gesonderten – zweijährigen – Verjährungsregelung in § 651g Abs. 2 BGB unterworfen.

> **Hinweis:**
> Hier ist zu beachten, dass § 651g BGB in Abs. 1 eine Ausschlussfrist normiert und lediglich in Abs. 2 eine Verjährungsfrist.

- Auch im Deliktsrecht hat sich in § 852 BGB eine Sonderregelung für die Verjährung des **deliktischen Sicherungsanspruches** nach der Schuldrechtsreform erhalten.
- Keine besondere Regelung über die Verjährungsfrist, jedoch über den Verjährungsbeginn enthält § 604 Abs. 5 BGB, wonach die Verjährung des **Anspruchs auf Rückgabe der Sache** mit der Beendigung der Leihe beginnt, mithin die Regelung des § 199 BGB nicht zur Anwendung kommt. Gleiches gilt für die Verwahrung nach § 695 Satz 2 BGB.
- Besondere Regelungen zur Frage, ob und in welcher Weise eine die Verjährung betreffende Vereinbarung der Parteien möglich ist, enthält § 475 Abs. 2 BGB für den **Verbrauchsgüterkauf** und § 651m BGB für den **Reisevertrag**. Hinsichtlich entsprechender Verjährungsvereinbarungen durch die Parteien ist auch § 309 Nr. 8b Buchstabe ff. BGB zu beachten.
- Entsprechend finden sich im BGB verschiedene zusätzliche Tatbestände über die Hemmung der Verjährung, so nach
  - § 438 Abs. 3 Satz 2 BGB bei arglistigem Handeln im Kaufrecht,
  - § 479 Abs. 2 BGB beim Verbrauchsgüterkauf,
  - § 497 Abs. 3 Satz 3 BGB beim Verbraucherdarlehen,
  - § 771 Satz 2 BGB beim Bürgschaftsvertrag.

Neben der Anwendbarkeit der §§ 194–218 BGB auf alle Ansprüche innerhalb des BGB, soweit diese nicht für unverjährbar erklärt wurden oder einer Sonderregelung im vorbeschriebenen Sinne unterliegen, gelten §§ 194–218 BGB auch für eine Vielzahl von Ansprüchen aus zivilrechtlichen, aber auch darüber hinausgehenden Gesetzen. Nachdem bisher in den zivilrechtlichen Nebengesetzen eine Vielzahl von Sonderregelungen galt, war der Gesetzgeber bemüht, mit dem jetzt in Kraft getretenen Gesetz zur Anpassung von Verjährungsvorschriften an das Gesetz zur Modernisierung des Schuldrechts die Sonderregelungen zu minimieren und die Ansprüche aus zivilrechtlichen Nebengesetzen weitgehend den Regelungen der §§ 194–218 BGB zu unterwerfen. Insoweit kann auf die Darstellung in Teil II verwiesen werden.

4   Die regelmäßige Verjährungsfrist

Mit dem Schuldrechtsmodernisierungsgesetz hat der Gesetzgeber die bisherige regelmäßige Verjährungsfrist von 30 Jahren auf drei Jahre verkürzt. Er hat damit die Konsequenz aus der Tatsache gezogen, dass zwar in § 195 BGB a.F. die dreißigjährige Verjährungsfrist als Regelverjährung ausgestaltet war, rein tatsächlich allerdings durch eine Vielzahl und kaum noch zu beherrschende Zahl von Sonderregelungen hierzu abweichende Regelungen getroffen wurden, da die dreißigjährige Verjährungsfrist den Anforderungen einer modernen Wirtschaftsgesellschaft nicht entsprach.

Nach § 195 BGB ist die regelmäßige Verjährungsfrist im Zuge der Schuldrechtsreform auf drei Jahre verkürzt worden.

> **Hinweis:**
> In diesem Zusammenhang muss allerdings beachtet werden, dass der Gesetzgeber zugleich den Beginn der Verjährungsfrist einer Neuregelung in § 199 BGB unterworfen hat. War die regelmäßige Verjährungsfrist nach § 195 BGB a.F. als objektive Verjährungsfrist ausgestaltet, ist dies nun unter Geltung von § 199 BGB einer subjektiven Regelung gewichen, so dass die Verjährung dem Grunde nach erst beginnen kann, wenn der Anspruch entstanden ist und der Gläubiger von den den Anspruch begründenden Umständen und der Person des Schuldners Kenntnis erlangt hat oder ohne grobe Fahrlässigkeit hätte erlangen müssen. Eine weitere Verlängerung der regelmäßigen Verjährungsfrist ergibt sich dann aus der Regelung in § 199 Abs. 1 Satz 1 BGB, wonach die Verjährung grundsätzlich mit dem Schluss des Jahres beginnt, in dem die entsprechenden Voraussetzungen vorliegen, der so genannten Sylvesterregelung.

Damit sich im Einzelfall aus dieser subjektiven Komponente für den Beginn der Verjährungsfrist und damit für deren objektive Gesamtzeit keine Verschlechterung gegenüber § 195 BGB a.F. ergibt, bestimmt § 199 Abs. 2–4 BGB objektive Verjährungshöchstgrenzen.

Die regelmäßige Verjährungsfrist des § 195 BGB gilt grundsätzlich für alle vertraglichen und gesetzlichen Ansprüche, die sich aus dem BGB selbst oder diesem unterworfenen Verträgen ergeben sowie für alle Ansprüche aus zivilrechtlichen Nebengesetzen oder sonstigen vertraglichen Regelungen, die die §§ 194–218 BGB unmittelbar oder aufgrund ihres Gesamtregelungsgehaltes für anwendbar erklärt haben. Weitere Voraussetzung für die Anwendung der regelmäßigen Verjährungsfrist des § 195 BGB ist, dass keine abweichende Verjährungsregelung in zulässiger Weise getroffen oder kraft Gesetzes angeordnet wurde. In allen Fällen kommt dabei eine gesetzliche oder vertragliche Verlängerung oder Verkürzung der Verjährungsfrist in Betracht.

> **Hinweis:**
> Der Rechtsanwalt muss mithin zunächst prüfen, ob eine abweichende gesetzliche oder vertragliche Verjährungsfrist zu beachten ist. Erst wenn dies nicht der Fall ist, kann er auf § 195 BGB und die dort normierte regelmäßige Verjährungsfrist zurückgreifen. Im zweiten Schritt muss er sich dann fragen, ob sich der Verjährungsbeginn nach der gesetzlichen Regelung des § 199 BGB richtet oder ob es auch hier eine abweichende vertragliche oder gesetzliche Regelung gibt.

Kannte das Deliktsrecht vor dem In-Kraft-Treten der Schuldrechtsreform eine eigene Verjährungsregelung in § 852 BGB a.F., ist diese nun reduziert auf die deliktsrechtlichen Ansprüche. Dies bedeutet, dass auch deliktische Ansprüche grundsätzlich der Regelung des § 195 BGB, d.h. der Regelverjährung von drei Jahren unterliegen. Dies entspricht der bisherigen Verjährung von Deliktsansprüchen ebenso wie die nunmehr subjektive Komponente für den Verjährungsbeginn in § 199 Abs. 1 Nr. 2 BGB, die der Gesetzgeber aus § 852 BGB a.F. übernommen hat.

> **Hinweis:**
> Dies bedeutet für den Rechtsanwalt, dass er in Fällen, in denen es darauf ankommt, ob der Anspruchsberechtigte die den Anspruch begründenden Tatsachen sowie den Schuldner kannte oder hätte kennen müssen, auf die früher zu § 852 BGB a.F. ergangene Rechtsprechung zurückgreifen kann.

Anders als nach dem bisherigen § 852 BGB a.F. muss der Inhaber eines deliktischen Anspruches zukünftig allerdings die Verjährungshöchstgrenzen nach § 199 Abs. 2–4 BGB, insbesondere § 199 BGB beachten.

Hinweis:
Aufgrund der europarechtlichen Vorgaben ist allerdings zu beachten, dass der deliktische Anspruch aus Produkthaftung einer besonderen Regelung nach § 12 ProdHaftG unterliegt und auch von dem jetzigen Gesetz zur Anpassung von Verjährungsvorschriften an das Gesetz zur Schuldrechtsmodernisierung nicht betroffen wurde. Hier gilt mithin gänzlich die auch bisher maßgebliche Verjährung. § 199 BGB ist hier nicht anwendbar.

5 Die besonderen Verjährungsfristen der §§ 196–198 BGB

5.1 Die Verjährungsfrist bei Rechten an einem Grundstück

Die Darstellung der besonderen Verjährungsfristen innerhalb des BGB zeigt, dass dem Gesetzgeber schon bei der Schuldrechtsreform durchaus bewusst war, dass die modernen Wirtschaftsverhältnisse eine Verkürzung der Regelverjährungsfrist erzwingen, gleichwohl jedoch eine undifferenzierte allgemeine Verjährungsfrist von drei Jahren nicht sachgerecht ist. Während die dargestellten Regelungen innerhalb des BGB im Kern jeweils eine Verkürzung der Verjährungsfrist vorsehen, befassen sich §§ 196–198 BGB mit Ansprüchen, die aufgrund ihrer besonderen Verhältnisse einer längeren Verjährungsfrist als nur von drei Jahren unterliegen müssen.

Nach § 196 BGB verjähren Ansprüche auf Übertragung des Eigentums an einem Grundstück sowie auf Begründung, Übertragung oder Aufhebung eines Rechtes an einem Grundstück oder auf Änderung des Inhaltes eines solchen Rechtes sowie die Ansprüche auf die Gegenleistung in zehn Jahren.

Beispiel

Hat der Schuldner aufgrund eines notariellen Vertrages einen Anspruch auf Einräumung einer Grundschuld an einem Grundstück eines Dritten und hat er diesen Anspruch – insbesondere, um diesen Wert seinen Gläubigern zu entziehen – bisher nicht durch die Stellung des Eintragungsantrages durchgesetzt, so kann der Gläubiger diesen nur pfänden und wirtschaftlich nutzen, wenn die notarielle Einigung und Bewilligung der Eintragung nicht mehr als zehn Jahre zurückliegt. Das Gleiche gilt für einen etwa noch nicht eingezogenen Kaufpreis aus einem Grundstücksgeschäft.

Hintergrund für diese längere Verjährungsfrist des § 196 BGB bei Rechten an Grundstücken ist, dass dem Gesetzgeber bewusst war, dass die Durchführung von Grundstücksverträgen durchaus externen Hindernissen unterliegen kann, die von den Parteien nicht zu beeinflussen sind. Dies betrifft etwa Grundbucheintragungen, Steuerfragen oder auch die Vermessung von Grundstücksteilen. Hier wollte der Gesetzgeber keinen Handlungsdruck für den Anspruchsinhaber herstellen, wenn der Schuldner leistungsbereit, aufgrund der externen und von ihm nicht zu beeinflussenden Umstände jedoch im Rahmen der kurzen Verjährungsfrist nicht leistungsfähig ist.

Hinweis:
Dies betrifft selbstverständlich nur die Frage, inwieweit Rechte an einem Grundstück verjähren. Inwieweit sich aus der Feststellung von Hindernissen bei der Durchführung eines Grundstücksvertrages andere Ansprüche ergeben und ob und welcher Verjährungsfrist diese Ansprüche unterliegen, bleibt von § 196 BGB unberührt. Wie die sich aus der vertraglichen und tatsächlichen Situation ergebenden Ansprüche verjähren, ist jeweils gesondert zu prüfen.

Dabei kann etwa ein Schadensersatzanspruch wegen schuldhaft verzögerter Grundstücksübertragung durchaus nach § 195 BGB in der kurzen regelmäßigen Verjährung von drei Jahren verjähren.

Unter § 196 BGB fallen in diesem Sinne die Ansprüche auf Übertragung des Eigentums, etwa aus einem Kaufvertrag nach § 433 Abs. 1 BGB, einer Schenkung nach § 516 Abs. 1 Satz 1 BGB oder dem Erbbaurecht nach § 11 ErbbauVO.

Darüber hinaus fallen unter § 196 BGB Ansprüche auf Begründung, Übertragung, Aufhebung oder Änderung beschränkt dinglicher Grundstücksrechte, insbesondere einer Hypothek, einer Grundschuld oder eines Nießbrauches, aber auch eines Erbbaurechtes oder eines Dauerwohn- bzw. Nutzungsrechtes nach dem Wohnungseigentumsgesetz.

Eine besondere Problematik des § 196 BGB stellt die so genannte „stehen gelassene" Grundschuld dar. Wird zur Sicherung eines Darlehensrückzahlungsanspruches die Eintragung einer Grundschuld bewilligt, so besteht nach gänzlicher Tilgung des Darlehens grundsätzlich ein Anspruch auf Löschung oder Rückübertragung der Grundschuld. In der Praxis wird allerdings nicht selten auf die Geltendmachung dieses Rückübertragungsanspruches verzichtet.

> **Hinweis:**
> Dies ermöglicht es, die im Grundbuch bereits eingetragene Grundschuld einem späteren, d.h. zukünftigen Kreditgeber einfacher, vor allen Dingen aber auch kostengünstiger als Sicherheit übertragen zu können.

Ausgehend von der bisherigen Verjährungsfrist von 30 Jahren nach §§ 195, 198 BGB a.F. drohte dem Sicherungsgeber hier keine zunächst beachtenswerte Verjährung seines Rückübertragungsanspruches hinsichtlich der Grundschuld. Nunmehr verkürzt § 196 BGB die Verjährungsfrist für den Rückübertragungsanspruch auf zehn Jahre. Schon bei den Beratungen der Schuldrechtsmodernisierung ist dies kritisch betrachtet worden. So scheint zweifelhaft, ob die Zehnjahresfrist ausreichend ist, um den wirtschaftlichen Bedürfnissen von möglichen Sicherungsgebern und Sicherungsnehmern Rechnung zu tragen.

> **Hinweis:**
> Ein Ausweg zeigt hier § 202 BGB, der es erlaubt, über die Verlängerung der gesetzlich vorgesehenen Verjährungsfrist eine Vereinbarung zu treffen. Unter Beachtung der Höchstgrenze in Form der dreißigjährigen Verjährung nach § 202 Abs. 2 BGB ist es den Parteien also unbenommen, die bisherige Rechtslage durch eine entsprechende vertragliche Vereinbarung herzustellen. Dies wird der Rechtsanwalt im Rahmen seiner Beratungsleistung zu berücksichtigen haben. Kommt es zu einer solchen vertraglichen Regelung, hat der Rechtsanwalt zwei weitere Möglichkeiten, der Verjährungsproblematik aus dem Weg zugehen. Einerseits kann er die Möglichkeit wählen, dass der Rückgewähranspruch ausdrücklich an die Geltendmachung im Sinne einer aufschiebenden Bedingung gebunden wird. Dies hindert die Fälligkeit des Rückgewähranspruches vor dessen Geltendmachung und führt nach § 199 Abs. 1 Nr. 1 BGB dazu, dass der Anspruch nicht entsteht und damit die Verjährung nicht beginnt. Die andere Möglichkeit besteht darin, eine automatische Gewähr der Grundschuld vor Ablauf der Verjährungsfrist zu vereinbaren, „soweit der Rückgewähranspruch nicht bereits zuvor geltend gemacht wurde".

Nach der ausdrücklichen Regelung in § 196 BGB wird von der zehnjährigen Verjährung nicht nur der Leistungsanspruch, sondern auch der Gegenleistungsanspruch erfasst. Bei einem Anspruch auf Übertragung des Eigentums an einem Grundstück unterfällt damit auch der entsprechende Kaufpreisanspruch der zehnjährigen Verjährung. Der Gesetzgeber will so verhindern, dass die von den Vertragsparteien vereinbarten gegenseitigen Ansprüche unterschiedlichen Verjährungsfristen unterliegen und damit eine der Vertragsparteien, insbesondere diejenige, die die Gegenleistung zu erbringen hat, ohne sachlichen Grund privilegiert wird. Zwar würde die Regelung nicht dazu führen, dass die Leistung ohne Gegenleistung erbracht werden müsste (§§ 320, 215 BGB), jedoch unterbliebe die eigentliche Durchführung des Vertrages. Der Gesetzgeber vermeidet so, dass sich der Kaufpreisschuldner über diesen Umweg vom Vertrag lösen kann.

Insbesondere bei Grundstücksübertragungen muss der Rechtsanwalt auch beachten, dass § 196 BGB seinem Wortlaut nach nur den Anspruch auf Übertragung des Eigentums, nicht aber den Anspruch auf Besitzeinräumung erwähnt, so dass der Eigentumsverschaffungsanspruch nach zehn Jahren, der Anspruch auf Besitzbeschaffung nach § 195 BGB dagegen schon in drei Jahren verjährt, da die Besitzverschaffung nicht Tatbestandsmerkmal der Übereignung eines Grundstückes ist.

In der Praxis hat dies zur Folge, dass trotz des vertraglich geregelten Anspruches auf Eigentumsverschaffung und Besitzverschaffung der Grundstückskäufer zunächst darauf reduziert wäre, den Eigentumsverschaffungsanspruch durchzusetzen. Aufgrund des sodann rechtskräftig durchgesetzten Eigentumsverschaffungsanspruches könnte er gemäß § 985 BGB dann seinen Besitzanspruch geltend machen, da dieser in diesem Fall nicht mehr auf den vertraglichen Anspruch reduziert ist. Dies bedeutet aber, dass der Verkäufer nach Ablauf der Verjährungsfrist für die Besitzverschaffung von drei Jahren nach § 195 BGB allein durch die Verzögerung des Verfahrens auf Eigentumsverschaffung dem Käufer den Besitz und damit die Nutzung des Grundstückes verwehren kann.

Wenngleich diskutiert werden mag, ob ein solches der Ratio des § 196 BGB widersprechendes Ergebnis dadurch vermieden wird, dass dem Verkäufer nach § 242 BGB die Berufung auf die kürzere Verjährungsfrist für Besitzverschaffungsansprüche nach § 195 BGB verweigert wird oder ob in analoger Anwendung von § 196 BGB die zehnjährige Verjährungsfrist auch auf Besitzverschaffungsansprüche erweitert wird, erscheint es doch praxisgerechter, dies durch eine entsprechende Vereinbarung gemäß § 202 BGB schon im notariellen Kaufvertrag zu lösen. Dies wird der Rechtsanwalt ebenso wie der Notar in seiner Beratungspraxis zu berücksichtigen haben.

Hinweis:
Für die Verjährung nach § 196 BGB ist zu beachten, dass für den Verjährungsbeginn § 199 Abs. 1 BGB nicht gilt. Nach seinem eindeutigen Wortlaut regelt § 199 BGB lediglich den Verjährungsbeginn bei der regelmäßigen Verjährung. Für den Beginn der Verjährungsfrist nach § 196 BGB ist insoweit § 200 BGB maßgeblich. Danach beginnt die Verjährungsfrist mit der Entstehung des Anspruches, soweit nicht ein anderer Verjährungsbeginn bestimmt ist. Ein Anspruch entsteht, wenn seine Voraussetzungen gegeben sind, d.h. insbesondere, wenn der Anspruch fällig ist.

5.2 Die dreißigjährige Verjährungsfrist nach § 197 BGB

Ungeachtet der Einschätzung, dass die dreißigjährige Verjährungsfrist als Regelverjährung ungeeignet ist, hat der Gesetzgeber die Notwendigkeit gesehen, für bestimmte Ansprüche weiterhin eine dreißigjährige Verjährungsfrist vorzusehen.

Nach § 197 Abs. 1 Nr. 1 BGB verjähren so nach 30 Jahren Herausgabeansprüche aus Eigentum und anderen dinglichen Rechten.

Checkliste
Wichtigste dingliche Herausgabeansprüche
Der wichtigste Herausgabeanspruch in diesem Zusammenhang ist § 985 BGB, der dem Eigentümer gegenüber dem unrechtmäßigen Besitzer einen Herausgabeanspruch gibt. Entsprechende Ansprüche ergeben sich für
- den Nießbrauch aus § 1036 Abs. 1 BGB,
- das Wohnungsrecht aus § 1093 Abs. 1 Satz 2 BGB i.V.m. § 1036 Abs. 1 BGB,
- das Dauerwohnrecht nach § 34 WEG i.V.m. § 985 BGB,
- das Dauernutzungsrecht nach § 31 Abs. 3, § 34 WEG i.V.m. § 985 BGB,
- das Pfandrecht an beweglichen Sachen nach § 1227 BGB i.V.m. § 985 BGB,
- das Erbbaurecht nach § 11 Abs. 1 ErbbauVO i.V.m. § 985 BGB,
- das Wohnungserbbaurecht nach § 30 WEG.

> **Hinweis:**
> Beachtet werden muss, dass § 197 Abs. 1 Nr. 1 BGB ausdrücklich Herausgabeansprüche aus dinglichen Rechten umfasst, d.h. schuldrechtliche Herausgabeansprüche nicht der langen Verjährung nach § 197 BGB unterliegen.

Fraglich ist, inwieweit die Ansprüche auf Herausgabe nach §§ 1231, 1251 Abs. 1 BGB der Regelung des § 197 Abs. 1 Nr. 1 BGB unterfallen. Für eine entsprechende Anwendung spricht, dass es sich um lediglich § 985 BGB modifizierende Vorschriften handelt, so dass eine entsprechende Anwendung von § 197 Abs. 1 Nr. 1 BGB angezeigt erscheint.

> **Hinweis:**
> Im Hinblick auf die hiermit verbundene Unsicherheit kann bis zum Vorliegen einer entsprechenden höchstrichterlichen Rechtsprechung allerdings nur empfohlen werden, dass verjährungshemmende Maßnahmen ergriffen werden oder der Versuch einer entsprechenden Vereinbarung über die Verjährung unternommen wird.

In gleicher Weise ist umstritten, ob das Vermieterpfandrecht nach § 562b Abs. 2 Satz 1 BGB der Regelung des § 197 Abs. 1 Nr. 1 BGB im Hinblick auf die besondere Nähe des Vermieterpfandrechtes zu der Regelung in §§ 1227, 985 BGB unterfällt. Dieser Frage kommt in der Praxis allerdings nur geringe Bedeutung zu, da das Vermieterrecht ohnehin Schlussfristen nach § 562a und § 562b Abs. 2 Satz 2 BGB unterliegt, so dass diese Frage nur aktuell wird, wenn der Vermieter im Sinne von § 199 Abs. 1 Nr. 2 BGB keine Kenntnis von den anspruchsbegründenden Tatsachen hat. Solche Fallkonstellationen erscheinen jedoch eher fernliegend.

Checkliste

Familien- und erbrechtliche Ansprüche

Der dreißigjährigen Verjährung nach § 197 Abs. 1 BGB unterliegen nach dessen Nr. 2 auch familien- und erbrechtliche Ansprüche. Hierunter fallen z.B. die Ansprüche

- aus § 1481 BGB über die Haftung der Ehegatten untereinander,
- aus § 1615m BGB auf Erstattung der Beerdigungskosten für die Mutter bei Tod infolge von Schwangerschaft oder Entbindung,
- aus § 2018 BGB der Herausgabeanspruch gegen Erbschaftsbesitzer,
- aus § 2029 BGB die Ansprüche des Erben in Ansehung einzelner Erbschaftsgegenstände gegen den Erbschaftsbesitzer,
- aus § 2174 BGB, dem Forderungsanspruch des Vermächtnisnehmers,
- aus § 2219 BGB die Ansprüche der Erben gegen den Testamentsvollstrecker[56].

Beachtet werden muss die Sonderregelung des § 197 Abs. 2 BGB im Verhältnis zu § 197 Abs. 1 Nr. 2 BGB. Danach verjähren familien- und erbrechtliche Ansprüche, soweit diese regelmäßig wiederkehrende Leistungen oder Unterhaltsleistungen erfassen, nicht nach 30 Jahren, sondern bereits in der Regelverjährungsfrist von drei Jahren. Hier ist die Intention für die sonstige dreißigjährige Verjährung, dass entsprechende Ansprüche häufig erst nach erheblichen Zeitabläufen festgestellt werden, nicht einschlägig, so dass es hinsichtlich der regelmäßig wiederkehrenden Leistungen bei der Regelverjährungsfrist verbleiben kann.

§ 197 Abs. 1 Nr. 3–6 BGB unterwirft dann die rechtskräftig festgestellten Ansprüche, auch soweit sie sich aus vollstreckbaren Vergleichen oder vollstreckbaren Urkunden ergeben oder im Insolvenzverfahren zur Insolvenztabelle festgestellt worden sind, der dreißigjährigen Verjährung und schließt dabei neuerdings auch den Erstattungsanspruch bezüglich der nach § 788 ZPO zu ersetzenden Kosten der Zwangsvollstreckung mit ein.

---

[56] BGH, NJW 2002, 3773.

Neben den verschiedenen Urteilsarten sind von § 197 Abs. 1 Nr. 3–5 BGB insbesondere
- der Schiedsspruch nach § 1055 ZPO,
- der Vollstreckungsbescheid nach § 701 ZPO,
- der Kostenfestsetzungsbeschluss nach § 104 ZPO,
- die vollstreckbaren Vergleiche nach § 794 Abs. 1 Nr. 1 und § 796a ff. ZPO,
- die vollstreckbaren Urkunden nach § 794 Abs. 1 Nr. 5 ZPO,
- Schiedssprüche mit vereinbartem Wortlaut nach § 1053 Abs. 2, § 1055 ZPO

erfasst.

Hinweis:
Beachtet werden muss die Sonderregelung hinsichtlich des Verjährungsbeginns in § 201 BGB. Die Verjährung der genannten rechtskräftig festgestellten Ansprüche im Sinne des § 197 Abs. 1 Nr. 3–6 BGB beginnt mit der Rechtskraft der Entscheidung, der Errichtung des vollstreckbaren Titels oder der Feststellung des Anspruchs im Insolvenzverfahren, jedoch nicht vor der Entstehung, d.h. der Fälligkeit des Anspruches.

Die Gesamtregelung entspricht bis auf § 197 Abs. 1 Nr. 6 BGB der Rechtslage vor der Schuldrechtsreform nach § 218 Abs. 1 BGB a.F., so dass auf die entsprechende Rechtsprechung noch zurückgegriffen werden kann.

Bei der Regelung des § 197 Abs. 1 Nr. 3–6 BGB muss beachtet werden, dass hier für den Anspruch faktisch eine doppelte Verjährung greift. Zunächst unterliegt der materiellrechtliche Anspruch unter den Voraussetzungen des § 194 BGB der Verjährung. Wurde dieser materiellrechtliche Anspruch im Sinne des § 197 Abs. 1 Nr. 3–5 BGB tituliert, ist sein ursprüngliches Verjährungsverhältnis beendet und er unterliegt nunmehr der langen Verjährungsfrist von 30 Jahren nach § 197 Abs. 1 BGB.

Hinweis:
Ganz besondere Beachtung muss der Rechtsanwalt der Frage der Verjährung des Anspruches nach § 197 Abs. 1 Nr. 3–5 BGB schenken, wenn der Anspruch nur teilweise rechtskräftig festgestellt oder in anderer Weise tituliert wurde. Für diesen Fall unterliegt nur der rechtskräftig festgestellte Teil der langen Verjährung nach §197 Abs. 1 BGB. Im Übrigen verbleibt es bei der Verjährungsfrist für den materiellrechtlichen Anspruch.

Hat der Schuldner ein Schuldanerkenntnis abgegeben, so hat die herrschende Meinung vor der Schuldrechtsreform angenommen, dass auch der Anspruch aus diesem Schuldanerkenntnis der langen Verjährung nach § 218 Abs. 1 BGB a.F. unterliegt[57]. Die Notwendigkeit hierfür hat sich daraus ergeben, dass Vereinbarungen über die Verjährung nur eingeschränkt möglich waren. Dies hat der Gesetzgeber mit § 202 BGB nunmehr geändert, so dass zweifelhaft erscheint, ob eine Regelungslücke vorliegt, die eine entsprechende Anwendung des § 197 Abs. 1 Nr. 3–5 BGB auf ein Schuldanerkenntnis rechtfertigt. Dies gilt umso mehr, als der Gesetzgeber in Kenntnis der Problematik das Schuldanerkenntnis nicht in § 197 Abs. 1 BGB aufgenommen hat.

Hinweis:
Der Rechtsanwalt wird mithin gehalten sein, bei der Abgabe eines Schuldanerkenntnisses zugleich eine verjährungsverlängernde Vereinbarung im Sinne des § 202 BGB bis zur Höchstgrenze von 30 Jahren nach § 202 Abs. 2 BGB zu integrieren. Anderenfalls setzt er sich der Gefahr eines Haftungsrisikos aus. Hat er dies unterlassen, kann er argumentativ allenfalls geltend machen, dass sich aus der Natur der Abgabe eines Schuldanerkenntnisses ergibt, dass der Schuldner auf die Geltendmachung der Einrede der Verjährung verzichtet, konkludent eine Vereinbarung nach § 202 BGB vorliegt oder ihm wegen eines Verstoßes gegen Treu und Glauben nach § 242 BGB die Berufung auf die Verjährung versagt ist.

---

[57] BHG, NJW-RR 1990, 664.

Beachtet werden muss auch, dass der Anwaltsvergleich nach § 796b ZPO nur dann der langen Verjährungsfrist nach § 197 Abs. 1 Nr. 4 BGB unterfällt, wenn er für vollstreckbar erklärt wurde und damit nach § 794 Abs. 1 Nr. 4b ZPO Grundlage der Zwangsvollstreckung ist. Anderenfalls handelt es sich allein um einen außergerichtlichen Vergleich, der gerade nicht von § 197 Abs. 1 Nr. 4 BGB erfasst wird.

Unter den vollstreckbaren Vergleich nach § 197 Abs. 1 Nr. 4 BGB zählen sowohl die in der mündlichen Verhandlung nach § 160 Abs. 3 Nr. 1 ZPO protokollierten Vergleiche als auch die im schriftlichen Verfahren geschlossenen Vergleiche nach § 278 Abs. 6 ZPO. Gleiches gilt für Vergleiche vor den Gütestellen nach § 797a ZPO sowie die Vergleiche in Prozesskostenhilfeverfahren nach § 118 Abs. 1 Satz 3 ZPO oder im selbständigen Beweisverfahren nach § 492 Abs. 3 ZPO.

Weiter umstritten bleiben wird, ob die nach §§ 154 ff. KostO vom Notar selbst zu erstellende vollstreckbare Kostenrechnung als vollstreckbare Urkunde im Sinne von § 197 Abs. 1 Nr. 4 BGB anzusehen ist.

Mit dem nunmehr in Kraft getretenen Gesetz zur Anpassung der Verjährungsvorschriften an das Gesetz zur Schuldrechtsreform hat der Gesetzgeber § 197 Abs. 1 BGB um eine Nr. 6 erweitert. Danach verjähren auch Ansprüche auf Erstattung der Kosten der Zwangsvollstreckung nach 30 Jahren. Hierbei handelt es sich um die Kosten der Zwangsvollstreckung nach § 788 ZPO, die nicht in einem Kostenfestsetzungsverfahren tituliert wurden. Soweit über die Erstattung der Kosten der Zwangsvollstreckung nach § 788 Abs. 2, §§ 104 ff. ZPO ein Kostenfestsetzungsbeschluss ergangen ist, ergibt sich die dreißigjährige Verjährungsfrist bereits aus § 197 Abs. 1 Nr. 3 BGB.

Nach § 788 Abs. 1 Satz 1 ZPO können die Zwangsvollstreckungskosten aber auch mit der titulierten Forderung beigetrieben werden, ohne dass es einer gesonderten Titulierung dieser Kosten bedarf. Dies gilt auch dann, wenn die eigentliche titulierte Forderung erfüllt ist. § 788 ZPO dient insoweit der Vermeidung eines weiteren Rechtsstreites zwischen dem Gläubiger und dem Schuldner über die Kosten der Zwangsvollstreckung.

Vor der jetzigen Regelung fehlte es an einer ausdrücklichen Verjährungsvorschrift für den Anspruch auf Erstattung der notwendigen Kosten der Zwangsvollstreckung nach § 788 ZPO. Dies konnte allerdings im Ergebnis auch dahinstehen, da sich sowohl bei Anwendung der regelmäßigen Verjährungsfrist des § 195 BGB a.F. als auch in entsprechender Anwendung von § 218 Abs. 1 BGB a.F. eine dreißigjährige Verjährungsfrist ergab. Mit der Schuldrechtsmodernisierung und damit der Verkürzung der regelmäßigen Verjährung nach § 195 BGB auf drei Jahre hat die Streitfrage, ob der Anspruch aus § 788 ZPO der Regelverjährung unterliegt oder den rechtskräftig gestellten Ansprüchen nach § 197 Abs. 1 Nr. 3–5 BGB gleichsteht, jedoch an Bedeutung zugenommen.

> **Hinweis:**
> Unterwirft man den Anspruch aus § 788 ZPO der Regelverjährung nach § 195 BGB, sind mit Ablauf des 31. Dezember 2004 alle Ansprüche auf Erstattung von Vollstreckungskosten, die vor dem 1. Januar 2002 entstanden sind, verjährt, wenn nicht der Gläubiger die Kosten nach §§ 788, 104 ZPO zuvor hat rechtskräftig feststellen lassen oder die Verjährung durch eine Vollstreckungshandlung im Sinne von § 212 Abs. 1 Nr. 2 BGB neu begonnen hat. Allerdings entspricht diese Verfahrensweise nicht der herrschenden Auffassung, die wegen der besonderen Nähe von § 788 ZPO zu den rechtskräftig festgestellten Ansprüchen eine entsprechende Anwendung von § 197 Abs. 1 Nr. 3 BGB, d.h. des früheren § 218 BGB a.F., angenommen hat.[58]

---

[58] Siehe hierzu Münchener Kommentar, 4. Aufl., Band 1a, § 197 Rn. 16.

Ziel des Gesetzgebers war es nunmehr, hier eine gesetzliche Klarstellung vorzunehmen, wonach der Zielsetzung von § 788 ZPO entsprechend auch der Anspruch auf Erstattung der Kosten der Zwangsvollstreckung der dreißigjährigen Verjährung unterliegen soll. Anderenfalls zwänge der Gesetzgeber den Gläubiger, seine Erstattungsansprüche im Wege des Kostenfestsetzungsverfahrens oder durch die Vornahme kostenträchtiger, aber meist vergeblicher Vollstreckungsversuche nicht der Verjährung auszusetzen. Der Gesetzgeber wollte mit § 788 ZPO aber gerade die dadurch begründete sachliche und personelle Belastung der Gerichte und die sachliche, personelle und zeitliche Belastung von Gläubiger und Schuldner vermeiden.

Hinweis:
Beachtet werden muss allerdings, dass aufgrund der Übergangsbestimmung durch die Neuregelung bereits verjährte Ansprüche nicht der neuen Verjährungsfrist unterliegen. Da der Gläubiger nicht absehen konnte, ob die Neuregelung im Dezember 2004 oder im Januar 2005 in Kraft tritt, mithin die notwendigen Kosten der Zwangsvollstreckung, die vor dem 1. Januar 2002 entstanden sind, am 31. Dezember 2004 verjähren, musste er diese titulieren oder die Verjährungsfrist durch die Vornahme von Vollstreckungshandlungen neu beginnen lassen. Hat er dies versäumt, hilft dem Gläubiger nur die Argumentation, dass die Kosten der Zwangsvollstreckung nach § 788 ZPO nicht der regelmäßigen Verjährung nach § 195 BGB unterlegen haben, sondern der dreißigjährigen Verjährungsfrist entsprechend § 197 Abs. 1 Nr. 3–5 BGB bzw. § 218 BGB a.F.

Der Beginn der Verjährung nach § 197 BGB richtet sich nach § 201 BGB, so dass auch dieser an die Einfügung von § 197 Abs. 1 Nr. 6 BGB anzupassen war. Mit der Erweiterung der Regelung des § 201 Satz 1 BGB auf § 197 Abs. 1 Nr. 6 BGB beginnt die Verjährung von Ansprüchen auf Erstattung der notwendigen Kosten der Zwangsvollstreckung nach § 788 ZPO eigentlich mit der Rechtskraft der vollstreckbaren Entscheidung, der Errichtung des vollstreckbaren Titels oder der Feststellung im Insolvenzverfahren, bei deren Vollstreckung die Kosten angefallen sind. Allerdings beginnt die Verjährung nicht, bevor nicht der Anspruch entstanden ist, d.h. die Kosten auslösende Vollstreckungsmaßnahme stattgefunden hat. Da eine solche Vollstreckungsmaßnahme zugleich die Verjährung des titulierten Anspruches nach § 212 Abs. 1 Nr. 2 BGB neu beginnen lässt, laufen im Ergebnis die Verjährung des titulierten Hauptanspruches und der Kosten für dessen zwangsweise Durchsetzung gleich.

Hinweis:
Beachtet werden muss, dass auch hier die Regelung des § 197 Abs. 2 BGB gilt, wonach regelmäßig wiederkehrende zukünftige Leistungen von § 197 Abs. 1 BGB nicht erfasst werden.

Dies bedeutet, dass sowohl die nach Rechtskraft anfallenden Zinsen auf die Hauptforderung als auch die Zinsen auf die notwendigen Kosten der Zwangsvollstreckung im Sinne des § 788 ZPO nicht der dreißigjährigen Verjährungsfrist nach § 197 Abs. 1 BGB unterliegen, sondern der regelmäßigen Verjährungsfrist nach § 195 BGB, so dass der Gläubiger sowohl wegen der Zinsen in der Hauptsache als auch wegen der Zinsen auf die Vollstreckungskosten Vollstreckungsmaßnahmen ergreifen muss, um hier jeweils einen Neubeginn der Verjährung zu erreichen.

Eine Alternative hierzu stellt die Möglichkeit dar, mit dem Schuldner eine Vereinbarung nach § 202 ZPO zu treffen und damit auch die Verjährung der zukünftig regelmäßig wiederkehrenden Zinsen auf die Hauptforderung und die Kosten der Zwangsvollstreckung der dreißigjährigen Verjährungsfrist nach § 202 Abs. 2 BGB zu unterwerfen.

Nach der hier vertretenen Auffassung ist eine solche Vereinbarung nicht nur als Individualvereinbarung möglich, sondern auch im Rahmen allgemeiner Geschäftsbedingungen. § 309 BGB enthält kein entsprechendes Klauselverbot. § 309 Nr. 8b Buchstabe ff. legt nahe, dass der Gesetzgeber lediglich die die Verjährung verkürzenden Vereinbarungen für unzulässig erachtet.

5.3 Die Verjährung bei der Rechtsnachfolge nach § 198 BGB

Eine besondere Regelung zur Verjährungszeit bei der Rechtsnachfolge enthält § 198 BGB. Gelangt eine Sache, hinsichtlich derer ein dinglicher Anspruch besteht, durch Rechtsnachfolge in den Besitz eines Dritten, so kommt die während des Besitzes des Rechtsvorgängers verstrichene Verjährungszeit dem Dritten als Rechtsnachfolger grundsätzlich zu Gute.

Grundsätzlich gilt, dass die Rechtsnachfolge auf Seiten des Gläubigers oder des Schuldners die Verjährung des Anspruches unberührt lässt. Die Verjährungsfrist kann also insbesondere durch einen Wechsel des Gläubigers durch Abtretung keinem Neubeginn zugeführt werden.

Aufgrund des materiellen Rechtes bedarf es bei dinglichen Ansprüchen diesbezüglich allerdings einer gesonderten Regelung. Durch den Besitzwechsel an einer Sache erlischt der Anspruch gegen den ursprünglichen Besitzer und entsteht gegen den nunmehrigen Besitzer ein erneuter dinglicher Anspruch, der dann mit der neuen Anspruchsentstehung auch den Beginn einer neuen Verjährungsfrist auslöst.

Um diese ungewollte Folge zu vermeiden, hat der Gesetzgeber mit § 198 BGB angeordnet, dass bei einer Rechtsnachfolge im Besitz die während des Besitzes des Rechtsvorgängers verstrichene Verjährungszeit dem Rechtsnachfolger zugute kommt. Damit wird ein Gleichlauf für die Verjährung schuldrechtlicher und dinglicher Ansprüche bei Rechtsnachfolgen erreicht. Im Ergebnis lässt der Gesetzgeber damit bei dinglichen Ansprüchen die Verjährung in Fällen der Rechtsnachfolge früher beginnen, nämlich im Zeitpunkt des Beginns der Verjährungsfrist gegenüber dem Rechtsvorgänger.

6 Der Beginn der Verjährungsfristen

Der Beginn der Verjährungsfristen ist in §§ 199–201 BGB geregelt. § 199 BGB betrifft dabei den Beginn der regelmäßigen Verjährungsfrist und der Höchstfristen nach § 195 BGB und § 201 BGB die Verjährungsfrist von festgestellten Ansprüchen nach § 197 Abs. 1 Nr. 3–6 BGB. Als Auffangregelung greift § 200 BGB mit der Regelung des Verjährungsbeginns bei anderen Ansprüchen, die nicht der regelmäßigen Verjährung unterliegen, soweit nichts anderes bestimmt ist.

6.1 Der Beginn der regelmäßigen Verjährungsfristen

Unterliegt ein Anspruch der regelmäßigen Verjährung nach § 195 BGB, so richtet sich der Beginn der Verjährung grundsätzlich nach § 199 Abs. 1 BGB. Danach beginnt die Verjährungsfrist
- mit dem Schluss des Jahres,
- in dem der Anspruch entstanden ist und
- der Gläubiger
  - von den den Anspruch begründenden Umständen und
  - der Person des Schuldners

  Kenntnis erlangt oder ohne grobe Fahrlässigkeit hätte erlangen müssen.

> **Hinweis:**
> Beachtet werden muss, dass § 199 Abs. 1 BGB nur für die Ansprüche gilt, die der regelmäßigen Verjährung unterliegen. Unterliegen Ansprüche einer dreijährigen Verjährungsfrist, wie etwa der Anspruch des Vertragserben gegenüber dem Beschenkten nach § 2287 Abs. 2 BGB, so liegt eine Sonderverjährungsvorschrift vor. Hier muss dann im Einzelfall der Verjährungsbeginn geprüft werden, der meist in der Sonderregelung enthalten ist, d.h. bei § 2287 BGB „von dem Anfall der Erbschaft an". Andernfalls richtet er sich nach § 200 BGB.

Unterliegt ein Anspruch nicht der regelmäßigen Verjährungsfrist nach § 195 BGB, kann daher § 199 Abs. 1 BGB nur herangezogen werden, wenn auf diesen ausdrücklich verwiesen wird.

§ 199 BGB hat einen doppelten Regelungsgegenstand. Aufgrund der deutlich verkürzten Regelverjährung von 30 Jahren auf drei Jahre will der Gesetzgeber vermeiden, dass ein Anspruch verjährt, bevor ein Gläubiger von den anspruchsbegründenden Tatsachen tatsächlich Kenntnis erlangt hat. Insoweit fügt er eine subjektive Komponente für den Verjährungsbeginn ein.

Andererseits will der Gesetzgeber erreichen, dass es aus Gründen der Rechtssicherheit niemals zur Verjährung eines Anspruches kommt, wenn der Gläubiger keine positive Kenntnis von den anspruchsbegründenden Voraussetzungen erhält und seine Nichtkenntnis auch nicht zumindest auf grober Fahrlässigkeit beruht. Um dieses Ziel zu erreichen, enthält § 199 Abs. 2–4 BGB Verjährungshöchstfristen, deren Beginn allein an objektive Umstände geknüpft ist. Im Ergebnis sichert diese Regelungssystematik, dass Ansprüche, die grundsätzlich der Verjährung unterliegen, nicht über einen hinausgeschobenen Beginn der Verjährungsfrist letztlich unverjährbar werden.

6.1.1 Der Verjährungsbeginn nach § 199 Abs. 1 BGB

Nach § 199 Abs. 1 BGB setzt der Beginn der regelmäßigen Verjährung nach § 195 BGB zunächst die Entstehung des Anspruches voraus. Ein Anspruch ist grundsätzlich entstanden, wenn die Tatbestandsvoraussetzungen des Anspruches gegeben sind, dieser insbesondere fällig ist.

> **Hinweis:**
> Ein Anspruch entsteht zunächst dann, wenn er fällig ist. Die Fälligkeit kann in drei Stufen bestimmt werden.
> - Sie richtet sich zunächst grundsätzlich nach den vertraglichen Regelungen.
> - Soweit hier keine Vereinbarungen getroffen wurden, sind die speziellen gesetzlichen Fälligkeitsregelungen des vertraglichen Rechtstypus, z.B. § 556b BGB für den Mietzins, maßgeblich.
> - Soweit auch hier keine Regelungen vorhanden sind, greift die allgemeine Regelung in § 271 BGB. Danach ist mangels anderer Regelungen der Anspruch sofort fällig.

Beachtet werden muss, dass durch die Formulierung, dass der Anspruch lediglich entstanden sein muss, bei Schadensersatzansprüchen ein früherer Zeitpunkt maßgeblich sein kann, da ein Schaden bereits entstanden ist, wenn sich die Vermögenssituation des Geschädigten durch die deliktische Handlung bereits verschlechtert hat. Dem kann mit dem Begriff der Fälligkeit allein nicht Rechnung getragen werden, so dass der Gesetzgeber auf das Entstehen des Anspruches abgestellt hat.

> **Hinweis:**
> Auch in Zukunft gilt, dass Heilungskosten aus einem Verkehrsunfallereignis, die jedoch erst in sieben Jahren anfallen, mit dem Zeitpunkt des Schadenseintritts, also dem Verkehrsunfall entstehen. Insoweit sind solche Ansprüche mit einem Feststellungsantrag auf Ersatz des zukünftigen materiellen (und immateriellen) Schadens zu titulieren, um dem Einwand der Verjährung zu entgehen. Der so rechtskräftig festgestellte Anspruch verjährt dann nach § 197 Abs. 1 Nr. 3 BGB n.F. erst in 30 Jahren.

Als weitere Problematik von § 199 Abs. 1 BGB muss beachtet werden, dass bei verschiedenen Rechtsverhältnissen der Gläubiger die Erfüllung seines Anspruches jederzeit verlangen kann. Dies gilt beispielsweise für die Rückgabepflicht im Leihverhältnis nach § 604 BGB. Dies hätte zur Folge, dass mit dem Beginn des Leihverhältnisses unmittelbar auch die Verjährungsfrist für den Rückgabeanspruch beginnt. Angesichts der nur kurzen Regelverjährungsfrist von drei Jahren könnte dies problematisch sein, weshalb der Gesetzgeber hier im Einzelfall eine abweichende Bestimmung vorgenommen hat. Im gewählten Beispiel der Leihe hat er insoweit in § 604 Abs. 5 BGB angeordnet, dass die Verjährung des Anspruches auf Rückgabe der Sache erst mit der Beendigung der Leihe, d.h. dem tatsächlichen Rückgabeverlangen des Gläubigers beginnt. Dies muss im Einzelfall geprüft werden.

Ähnliche Sonderregelungen finden sich neben § 604 Abs. 5 BGB für die Leihe auch in § 695 Satz 2 BGB für das Hinterlegungsverhältnis und in § 696 Satz 3 BGB für das Verwahrungsverhältnis.

Dadurch, dass der Gesetzgeber den Verjährungsbeginn an das Entstehen des Anspruches gebunden hat, hat er zugleich zum Ausdruck gebracht, dass bei Ansprüchen, die erst nach Ausübung eines Gestaltungsrechtes, etwa der Anfechtung, dem Rücktritt oder der Kündigung entstehen, für den Verjährungsbeginn die Fälligkeit des Anspruches maßgeblich bleibt, d.h. die Verjährung erst beginnt, nachdem die Anfechtung oder der Rücktritt erklärt oder die Kündigung ausgesprochen wurde. Nicht ausreichend ist dagegen, dass die Anfechtungslage, der Rücktritts- oder der Kündigungsgrund gegeben war.

> **Hinweis:**
> Eine besondere Problematik kann sich ergeben, wenn ein Anspruch durch eine Rechnung begründet wird. Hier ist im Einzelfall zu prüfen, ob die Rechnungserteilung tatsächliche Anspruchsvoraussetzung ist. In diesem Fall beginnt auch die Verjährungsfrist im Sinne des § 199 Abs. 1 Nr. 1 BGB erst mit der Rechnungserteilung. Grundsätzlich ist allerdings davon auszugehen, dass die Rechnungserteilung keine Fälligkeitsvoraussetzung für den Anspruch ist. In der Regel folgt die Rechnungserteilung erst auf die Fälligkeit des Anspruch folgt.[59]

6.1.2 Die positive Kenntnis oder grob fahrlässige Unkenntnis

Neben der Anspruchsentstehung nach § 199 Abs. 1 Nr. 1 BGB setzt der Beginn der Verjährungsfrist voraus, dass der Gläubiger die den Anspruch begründenden Tatsachen sowie die Person des Schuldners positiv kennt oder seine diesbezügliche Unkenntnis auf grober Fahrlässigkeit beruht, § 199 Abs. 1 Nr. 2 BGB. Dies entspricht in seiner Grundstruktur der früheren Regelung in § 852 BGB a.F., so dass auf die hierzu ergangene Rechtsprechung unter Beachtung der nachfolgend dargestellten Modifikationen zurückgriffen werden kann.

Die Kenntnis der den Anspruch begründenden Tatsachen liegt beim Gläubiger vor, wenn ihm der Lebenssachverhalt bekannt ist, der die Voraussetzungen des Anspruches zu begründen geeignet ist. Unerheblich ist dabei, ob der Gläubiger den Sachverhalt zutreffend rechtlich bewertet, d.h. das Bewusstsein entwickelt, dass ihm ein entsprechender Anspruch auch tatsächlich zusteht. Entscheidend ist allein, dass ihm die Tatsachen bekannt sind, die eine entsprechende Bewertung ermöglichen.

> **Hinweis:**
> Für den Rechtsanwalt bedeutet dies, dass er als Vertreter des Schuldners auf Indizien für die Kenntnis des Gläubigers von der Anspruchsentstehung achten und diese dokumentieren muss. Im Wissen um dieses Verhalten des Schuldners muss der Rechtsanwalt als Vertreter des Gläubigers seiner Berechnung der Verjährung und entsprechenden Maßnahmen zur Anspruchssicherung – soweit möglich – den frühesten Zeitpunkt der Verjährung, nämlich das Entstehen des Anspruches zugrunde legen. Ausgehend hiervon sollte die Fristenverwaltung organisiert werden.

Bei Schadensersatzansprüchen ist dabei erforderlich, dass der Gläubiger zunächst Kenntnis von der schädigenden Handlung und von dem Eintritt eines Schadens hat. Unerheblich bleibt dabei, ob der tatsächliche Umfang und die Höhe des Schadens bereits feststehen.

Soweit der Schadensersatzanspruch ein Verschulden voraussetzt, ist es weiter erforderlich, dass der Gläubiger von den Tatsachen Kenntnis hat, die geeignet sind, ein Verschulden des Schädigers zu begründen. Letztlich muss der Gläubiger die Tatsachen kennen, die die haftungsausfüllende Kausalität begründen.

---

[59] Vgl. hierzu Paland/Heinrichs, BGB, 63. Aufl., § 271 Rn 7.

Weiterhin bedarf es der Kenntnis des Gläubigers von der Person des Schuldners. Dies setzt voraus, dass er Namen und Anschrift des Schuldners kennt.[60] Kommen mehrere Personen als Anspruchsgegner in Betracht, so sind die Voraussetzungen des § 199 Abs. 1 Nr. 2 BGB für die einzelne Person gegeben, wenn der Gläubiger mit hinreichender Aussicht auf Erfolg gegen diese den Anspruch gerichtlich geltend machen könnte.

Hinweis:
Dies kann insbesondere bei Schadensersatzansprüchen aus unerlaubter Handlung der Fall sein. Ist der Bevollmächtigte hier im Zweifel, empfiehlt es sich, dass er die nach seiner Einschätzung am ehesten in Betracht kommende Person in Anspruch nimmt und den weiteren Personen den Streit verkündet. Hinsichtlich der in Anspruch genommenen Person hemmt dieses Vorgehen die Verjährung nach § 204 Abs. 1 Nr. 1 BGB, während für die weiteren Personen durch die Zustellung der Streitverkündungsschrift die Verjährung nach § 204 Abs. 1 Nr. 6 BGB gehemmt wird.

Hat der Gläubiger keine positive Kenntnis von den anspruchsbegründenden Tatsachen und der Person des Schuldners, so sind die Voraussetzungen des § 199 Abs. 1 Nr. 2 BGB gleichwohl gegeben, wenn diese Unkenntnis auf grobe Fahrlässigkeit des Gläubigers zurückgeht.

Hinweis:
Insoweit unterscheidet sich § 199 Abs. 1 Nr. 2 BGB von § 852 BGB a.F., der lediglich auf die positive Kenntnis des Gläubigers abgestellt hat.

Nach ständiger Rechtsprechung liegt grobe Fahrlässigkeit dann vor, wenn der Gläubiger die im Verkehr erforderliche Sorgfalt in ungewöhnlich grobem Maße verletzt hat, ganz nahe liegende Überlegungen nicht angestellt oder beiseite geschoben wurden und dasjenige unbeachtet geblieben ist, was im gegebenen Fall jedem vernünftig Denkenden hätte einleuchten müssen.[61]

Handelt es sich bei dem Gläubiger um eine juristische Person, so ist das Verhalten desjenigen Mitarbeiters maßgeblich, der mit der Verfolgung von Ansprüchen betraut ist.[62]

Grobe Fahrlässigkeit liegt aber auch vor, wenn der Gläubiger ganz nahe liegende Nachforschungsmöglichkeiten nicht nutzt, beispielsweise, wenn ihm die Person des Schuldners und eine frühere Anschrift bekannt sind, er es aber unterlässt, durch eine Anfrage beim Einwohnermeldeamt eine Klärung der aktuellen Anschrift des Schuldners herbeizuführen.

Maßgeblich für den Verjährungsbeginn ist bei der grob fahrlässigen Unkenntnis der Zeitpunkt, in dem der Gläubiger durch Beachtung der im Verkehr erforderlichen Sorgfalt seine Unkenntnis hätte beseitigen können.

Hinweis:
Da sich der Schuldner auf den Verjährungseintritt beruft, ist die Behauptung, die Verjährung habe frühzeitig begonnen, da die Unkenntnis des Gläubigers von den den Anspruch begründenden Tatsachen oder der Person des Schuldners auf grober Fahrlässigkeit beruhe, als eine ihm günstige Tatsache von ihm zu beweisen. Dies kann in der Praxis besondere Schwierigkeiten mit sich bringen, weil der Schuldner letztlich Tatsachen zu beweisen hat, die in der Sphäre des Gläubigers liegen. Insoweit kann das Gericht dem Schuldner lediglich Beweiserleichterungen einräumen, soweit er Tatsachen darlegt und ggf. beweist, die eine grobe Fahrlässigkeit des Gläubigers nahe legen. Gegebenenfalls kann sich allerdings der Schuldner § 142 ZPO zunutze machen und die Vorlage von Unterlagen des Gläubigers erreichen, aus denen sich ergibt, dass sich weitere Nachforschungen aufgedrängt hätten und diese geeignet gewesen wären, die Unkenntnis des Gläubigers von den anspruchsbegründenden Tatsachen und der Person des Schuldners zu beseitigen.

---

[60] BGH, NJW 1998, 989; BGH, NJW 2000, 953; BGH, ZIP 2001, 706.
[61] BGH, NJW-RR 1994, 1469; BGH, NJW 1992, 3235.
[62] BGH, NJW 2001, 2536; BGHZ 133, 138; HK-BGB/Dörner, 3. Aufl., § 199 Rn 4.

6.1.3 Der auf das Jahresende hinausgeschobene Verjährungsbeginn

Anders als vor der Schuldrechtsreform beginnt die Regelverjährung nach § 195 BGB aufgrund der ausdrücklichen gesetzlichen Anordnung in § 199 Abs. 1 BGB erst mit dem Schluss des Jahres, in dem die Voraussetzungen des § 199 Abs. 1 Nr. 1 und 2 BGB erfüllt sind.

Der Gesetzgeber erreicht damit, dass Streitfragen über die Fälligkeit bzw. das Entstehen des Anspruches im Sinne von § 199 Abs. 1 Nr. 1 BGB oder über den Zeitpunkt der grob fahrlässigen Sorgfaltspflichtverletzung des Gläubigers meist unerheblich bleiben, soweit die von den Parteien jeweils herangezogenen Zeitpunkte nur innerhalb eines Kalenderjahres liegen. In jedem Fall würde dann die Verjährung zum Jahresende beginnen, so dass die Streitfrage nicht geklärt werden muss und so eine Entlastung der Gerichte möglich ist. Angesichts der Verkürzung der regelmäßigen Verjährungsfrist von 30 Jahren auf drei Jahre ist die damit faktisch mögliche Verlängerung der Verjährungsfrist auf bis zu vier Jahre vertretbar.

Beachtet werden muss, dass diese Regelung des Verjährungsbeginns zum Jahresende nur für die Regelverjährung nach § 195 BGB gilt, nicht jedoch für den Beginn anderer Verjährungsfristen und auch nicht für den Beginn der Verjährungshöchstfristen nach § 199 Abs. 2–4 BGB.

6.1.4 Die Verjährungshöchstfristen[63]

§ 199 Abs. 2–4 BGB hebt die Regelung in § 199 Abs. 1 BGB partiell auf, soweit er den dort niedergelegten subjektiven Ansatz für den Verjährungsbeginn einer objektiven Maximalregelung der Gesamtverjährungszeit, beginnend mit einem objektiven Zeitpunkt, unterwirft. Durch diese Regelung verhindert der Gesetzgeber, dass es zu einer faktischen Unverjährbarkeit von grundsätzlich der Verjährung unterliegenden Ansprüchen kommt.

§ 199 Abs. 2–4 BGB kommt grundsätzlich immer dann zur Anwendung, wenn ein Anspruch der Regelverjährung nach § 195 BGB unterliegt. Dies bedeutet im Ergebnis, dass für den Anspruch **zwei Verjährungsfristen** laufen, nämlich

- die **regelmäßige Verjährungsfrist** nach § 195 BGB, die mit dem Entstehen des Anspruches und der positiven Kenntnis von den anspruchsbegründenden Tatsachen und der Kenntnis der Person des Schuldners oder der grob fahrlässigen Unkenntnis des Gläubigers hiervon beginnt und
- der **Verjährungshöchstfrist** nach § 199 Abs. 2–4 BGB, die jeweils zu dem dort objektiv bestimmten Zeitpunkt beginnt.

Die objektive Verjährungshöchstfrist nach § 199 Abs. 2–4 BGB beginnt regelmäßig vor oder gleichzeitig mit der Regelverjährungsfrist, so dass grundsätzlich beide Verjährungsfristen laufen. Der Schuldner kann sich auf die Verjährung berufen, sobald eine der Verjährungsfristen abgelaufen ist. Steht dem Schuldner etwa ein Schadensersatzanspruch im Sinne von § 199 Abs. 3 BGB zu, so beginnt die Verjährungshöchstfrist von zehn Jahren mit der Entstehung des Anspruches. Erhält der Gläubiger erst neun Jahre nach diesem Zeitpunkt Kenntnis von den anspruchsbegründenden Tatsachen und/oder der Person des Schuldners, so verjährt der Anspruch gleichwohl nach Ablauf der Verjährungshöchstfrist von zehn Jahren, auch wenn die Verjährungsfrist nach §§ 195, 199 Abs. 1 BGB grundsätzlich noch zwei weitere Jahre laufen würde. Maßgeblich ist also immer die früher ablaufende Verjährungsfrist.

> **Hinweis:**
> Bei der Berechnung der Verjährungshöchstfristen muss dabei beachtet werden, dass diese taggenau nach §§ 187 ff. BGB zu berechnen sind, d.h. hier die Verjährungsfrist mit dem tatsächlichen Zeitpunkt der Entstehung des Anspruches oder der sonst genannten objektiven Tatsache beginnt und nicht erst mit dem Schluss des Jahres, in dem der objektive Umstand vorgelegen hat.

---

[63] Siehe dazu das Übersichtsschema im Anhang unter 2.

Innerhalb des § 199 Abs. 2–4 BGB ist sodann zu unterscheiden zwischen Schadensersatzansprüchen hinsichtlich bestimmter und besonders wertvoller Rechtsgüter, deren Verjährungshöchstfrist in § 199 Abs. 2 BGB geregelt ist, den sonstigen Schadensersatzansprüchen, deren Verjährungshöchstzeit in § 199 Abs. 3 BGB geregelt ist und sonstigen Ansprüchen, die nicht Schadensersatzansprüche sind, deren Verjährungshöchstfrist in § 199 Abs. 4 BGB geregelt ist.

Nach § 199 Abs. 2 BGB verjähren Schadensersatzansprüche, die auf der Verletzung
- des Lebens,
- des Körpers,
- der Gesundheit
- oder der Freiheit

beruhen, ohne Rücksicht auf § 199 Abs. 1 BGB, d.h. die Entstehung und die Kenntnis oder grob fahrlässige Unkenntnis der anspruchsbegründenden Tatsachen und der Person des Schuldners. Die Verjährung beginnt mit der Begehung der Handlung, der Pflichtverletzung oder dem sonstigen schadenauslösenden Ereignis.

> **Hinweis:**
> Diese differenzierte Regelung der Höchstfristen der Verjährung von Schadensersatzansprüchen bedeutet, dass nunmehr aus einer einzigen unerlaubten Handlung, z.B. einem Verkehrsunfall, resultierende Ansprüche je nach verletztem Rechtsgut unterschiedlich verjähren können. Dies ist also gesondert für jede Schadensposition zu prüfen.

Es handelt sich um eine eng auszulegende Ausnahmevorschrift, so dass die dreißigjährige Verjährungsfrist nicht auf andere Rechtsgüter in entsprechender Anwendung erweiterbar ist. Insbesondere Schadensersatzansprüche wegen der Verletzung von Eigentum fallen nicht unter § 199 Abs. 2 BGB.

Problematisch ist allerdings das Rechtsgut der Freiheit, da der Gesetzgeber nicht weiter konkretisiert hat, ob hiermit lediglich die körperliche Freiheit gemeint sein soll oder auch die Willensfreiheit.

Im Ergebnis wird der Begriff nicht anders verstanden werden können als in § 823 Abs. 1 BGB, d.h. in der zugrunde liegenden materiellrechtlichen Schadensersatznorm. Dort wird der Begriff der Freiheit im Sinne der körperlichen Freiheit verwendet, so dass auch in § 199 Abs. 2 BGB davon auszugehen ist, dass lediglich Schadensersatzansprüche wegen der Verletzung der körperlichen Freiheit der Sonderregelung des § 199 Abs. 2 BGB unterfallen, Schadensersatzansprüche wegen der Beeinträchtigung der Willensfreiheit dagegen der Regelung des § 199 Abs. 3 BGB.

Anders als in § 199 Abs. 1 BGB beginnt die Verjährung mit der Begehung der Handlung, der Pflichtverletzung oder dem sonstigen, den Schaden auslösenden Ereignis. Diese Gesichtspunkte sind rein objektiv zu bestimmen. Auf die subjektive Kenntnis der Beteiligten kommt es nicht an.

> **Hinweis:**
> Insbesondere im Bereich der Gesundheitsschäden kann dies dazu führen, dass Gesundheitsbeschädigungen, die durch besondere Untersuchungsmaßnahmen, Therapien oder die Verabreichung von Medikamenten erst sehr spät zu einem tatsächlichen Schadenseintritt führen, oder deren Ursächlichkeit für einen bereits früher festgestellten Schaden sich erst nach Ablauf eines Zeitraumes von 30 Jahren zeigt, ungeachtet dieser Problematik verjähren. Dies nimmt der Gesetzgeber allerdings im Hinblick auf den Gesichtspunkt der Rechtssicherheit grundsätzlich hin.

Abzustellen ist allein auf die zum Schaden führende Handlung. Für den Verjährungsbeginn ist unerheblich, wann es tatsächlich zum Schadenseintritt gekommen ist.

Soweit dann § 199 Abs. 2 BGB davon spricht, dass auf die Begehung der Handlung abzustellen ist, zielt dies auf deliktische Schadensersatzansprüche. Der Begriff der Pflichtverletzung zielt wiederum auf vertragliche Schadensersatzansprüche, während der Verjährungsbeginn auf das sonstige den Schaden auslösende Ereignis, insbesondere auf Schadensersatzansprüche aus Gefährdungshaftung abstellt.

Soweit das deliktische Tun, die Pflichtverletzung oder das sonst den Schaden auslösende Ereignis in einem Unterlassen liegt, beginnt die Verjährung in dem Zeitpunkt, in dem die Handlung des Schuldners erforderlich gewesen wäre, um den Schaden abzuwenden.

Schadensersatzansprüche, die nicht auf der Verletzung des Lebens, des Körpers, der Gesundheit oder der Freiheit beruhen, d.h. insbesondere Schadensersatzansprüche, die auf der Verletzung des Eigentums oder sonstiger dinglicher Rechte oder des Vermögens beruhen, verjähren jedenfalls in den Höchstfristen des § 199 Abs. 3 BGB. Hier hat der Gesetzgeber eine zweistufige Regelung gewählt. Nach § 199 Abs. 3 Satz 1 Nr. 1 BGB verjähren sonstige Schadensersatzansprüche ohne Rücksicht auf die Kenntnis oder grob fahrlässige Unkenntnis der anspruchsbegründenden Tatsachen und der Person des Schuldners in zehn Jahren von ihrer Entstehung an. Unabhängig von der Frage, wann der Schadensersatzanspruch entstanden ist und ohne Rücksicht auf die Kenntnis oder grob fahrlässige Unkenntnis der den Anspruch begründenden Tatsachen und der Person des Schuldners verjähren die sonstigen Schadensersatzansprüche jedenfalls in 30 Jahren von der Begehung der Handlung, der Pflichtverletzung oder dem sonstigen den Schaden auslösenden Ereignis an.

Der Gesetzgeber hat damit für die sonstigen Schadensersatzansprüche außerhalb der besonderen Schutzgüter des § 199 Abs. 2 BGB zwei parallel laufende Verjährungshöchstfristen neben die grundsätzlich geltende allgemeine Verjährungsfrist des § 195 BGB mit dem Verjährungsbeginn nach § 199 Abs. 1 BGB gestellt. Das Verhältnis der beiden Verjährungshöchstfristen zueinander bestimmt § 199 Abs. 3 Satz 2 BGB, wonach die jeweils früher endende Frist maßgeblich ist.

Nach § 199 Abs. 3 Satz 1 Nr. 1 BGB verjährt ein bereits entstandener Schadensersatzanspruch, der nicht auf der Verletzung der besonderen Rechtsgüter des Lebens, des Körpers, der Gesundheit oder der Freiheit beruht, spätestens innerhalb von zehn Jahren gerechnet ab dem tatsächlichen Zeitpunkt seiner Entstehung. Dies gilt auch dann, wenn der Gläubiger – in dieser Alternative unabhängig von der Frage, aus welchem Grunde – die anspruchsbegründenden Voraussetzungen des Schadensersatzanspruches nicht kannte. Es handelt sich mithin um diejenigen Fälle, in denen zwar die Voraussetzungen des § 199 Abs. 1 Nr. 1 BGB vorliegen, nicht aber die Voraussetzungen des § 199 Abs. 1 Nr. 2 BGB und deshalb die Regelverjährung von drei Jahren nicht zu laufen begonnen hat. Ist der Schadensersatzanspruch nicht entstanden, weil zwar die schädigende Handlung begangen wurde, die Pflichtverletzung vorliegt oder auch das sonstige den Schaden auslösende Ereignis stattgefunden hat, es aber z.B. zu einem Schadenseintritt gekommen ist, so beginnt die regelmäßige Verjährung nach § 195 BGB ebenfalls nicht zu laufen, da es in diesem Fall an der Voraussetzung des § 199 Abs. 1 Nr. 1 BGB fehlt. Dem generellen Anliegen entsprechend möchte der Gesetzgeber aber verhindern, dass in diesem Fall die Unverjährbarkeit eines Schadensersatzanspruches möglich wird. Aus diesem Grunde ordnet er an, dass der Anspruch ungeachtet seiner Entstehung und ungeachtet der Frage, ob der Gläubiger von der Person des Schädigers oder der deliktischen Handlung, der Pflichtverletzung oder dem sonstigen den Schaden begründenden Ereignis Kenntnis hat, in 30 Jahren verjährt.

Haben § 199 Abs. 2 und 3 BGB alle Schadensersatzansprüche, die der regelmäßigen Verjährung nach § 195 BGB unterliegen, eine Regelung hinsichtlich der Verjährungshöchstfristen gefunden, regelt § 199 Abs. 4 BGB die Verjährungshöchstfrist für alle noch verbleibenden Ansprüche. Diese verjähren ohne Rücksicht auf die Kenntnis oder grob fahrlässige Unkenntnis in zehn Jahren von ihrer Entstehung an.

§ 199 Abs. 4 BGB stellt grundsätzlich auf eine Anspruchsentstehung ab. Dies führt zu Schwierigkeiten, wenn der Anspruch des Gläubigers nicht auf ein Tun, sondern auf ein Unterlassen gerichtet ist. Aus diesem Grunde stellt § 199 Abs. 5 BGB klar, dass in diesem Fall an die Stelle der Entstehung die Zuwiderhandlung tritt, d.h. deren Zeitpunkt maßgeblich ist. Die Verjährungsfrist beginnt also in jedem Fall mit dem Ende der Zuwiderhandlung, im Falle des § 199 Abs. 1 BGB mit dem Ende des Jahres, in das das Ende der Zuwiderhandlung fällt.

6.2 Der Beginn der Verjährungsfrist von festgestellten Ansprüchen

Unterliegt ein Anspruch der dreißigjährigen Verjährungsfrist nach § 197 Abs. 1 Nr. 3–6 BGB, d.h. handelt es sich um einen rechtskräftig festgestellten Anspruch einschließlich eines Anspruches aus vollstreckbaren Vergleichen oder vollstreckbaren Urkunden sowie der Feststellung im Insolvenzverfahren und der Vollstreckungskosten nach § 788 ZPO, richtet sich der Beginn der dreißigjährigen Verjährung nach § 201 BGB.

Danach beginnt die Verjährung der titulierten Ansprüche mit der Rechtskraft der Entscheidung, der Errichtung des vollstreckbaren Titels oder der Feststellung im Insolvenzverfahren, nicht jedoch vor der Entstehung des Anspruches.

> **Hinweis:**
> Damit ist zunächst klargestellt, dass es sich nicht um eine Verjährungsfrist handelt, die unabhängig von den genannten Zeitpunkten zum Ende des Jahres, in das die Zeitpunkte fallen, beginnt. Die entsprechende Formulierung aus § 199 BGB hat der Gesetzgeber nicht in § 201 BGB übernommen, so dass hier eine taggenaue Berechnung der Verjährungsfrist nach §§ 187 ff. BGB erforderlich ist.

Soweit der Anspruch im Sinne von § 197 Abs. 1 Nr. 3 BGB rechtskräftig festgestellt ist, beginnt die dreißigjährige Verjährung mit der formellen Rechtskraft der Entscheidung. Dies bedeutet, dass die Entscheidung nicht mehr mit Rechtsmitteln angefochten werden kann.

> **Hinweis:**
> Hierbei ist nach der ZPO-Reform insbesondere zu beachten, dass nicht berufungsfähige erstinstanzliche Urteile nicht mehr unmittelbar rechtskräftig werden, sondern erst nach Ablauf der Notfrist von zwei Wochen ab der Zustellung des Urteiles gemäß § 321a ZPO und der dort geregelten Gehörsrüge.

Handelt es sich um Ansprüche aus vollstreckbaren Vergleichen oder vollstreckbaren Urkunden im Sinne des § 197 Abs. 1 Nr. 4 BGB, beginnt die dreißigjährige Verjährungsfrist mit der Errichtung des Titels. Bei einem vollstreckbaren Vergleich, der in der mündlichen Verhandlung geschlossen wurde, ist der maßgebliche Zeitpunkt die gerichtliche Protokollierung des Vergleiches. Wird der Vergleich im schriftlichen Verfahren nach § 278 Abs. 6 ZPO geschlossen, ist der Zugang des Feststellungsbeschlusses nach § 278 Abs. 6 ZPO maßgeblich.

> **Hinweis:**
> Hier kann berücksichtigt werden, dass der gerichtliche Vergleich im schriftlichen Verfahren nach § 278 Abs. 6 ZPO verfahrensrechtlich nach der Änderung durch das Justizmodernisierungsgesetz zum 1. September 2004 leichter errichtet werden kann, da das Gericht nun nicht in jedem Fall einen eigenen Vorschlag unterbreiten muss, sondern unmittelbar auch einen übereinstimmenden Vorschlag der Parteien als schriftlichen Vergleich nach § 278 Abs. 6 ZPO feststellen kann. Darüber hinaus kann berücksichtigt werden, dass – anders als noch nach der BRAGO – für den Abschluss eines Prozessvergleiches nach § 278 Abs. 6 ZPO neben der Verfahrens- und Vergleichsgebühr auch die Terminsgebühr anfällt.[64]

Soweit es sich um einen Anwaltsvergleich im Sinne von §§ 796c, 794 Abs. 1 4b ZPO handelt, unterfällt dieser erst dann § 197 Abs. 1 Nr. 4 BGB, wenn er für vollstreckbar erklärt wurde. Maßgeblicher Zeitpunkt für den Verjährungsbeginn ist in diesem Fall der Zugang des Beschlusses über die Vollstreckbarkeitserklärung des Anwaltsvergleiches.

---

[64] Vgl. hierzu Goebel, die Vergütung des Vergleiches im schriftlichen Verfahren nach dem RVG, RVG Berater 2004, 25; zweifelnd allerdings jetzt BGH, Beschlüsse vom 30.3.2004 und 30.6.2004 – VI ZB 81/03. Nach Auskunft des BMJ soll allerdings eine dem widersprechende höchstrichterliche Rechtsprechung durch gesetzgeberische Maßnahmen korrigiert werden.

Bei vollstreckbaren Urkunden ist maßgeblicher Zeitpunkt ebenfalls die Errichtung des Titels, d.h. die Beurkundung der Erklärung über die Unterwerfung unter die sofortige Zwangsvollstreckung.

Der Schuldenbereinigungsplan steht nach § 308 Abs. 1 Satz 2 InsO einem Vergleich im Sinne von § 794 Abs. 1 Nr. 1 ZPO gleich, weshalb die Verjährung mit der Unanfechtbarkeit des den Plan bestätigenden gerichtlichen Beschlusses beginnt.

Die dreißigjährige Verjährung für Ansprüche, die durch die im Insolvenzverfahren erfolgte Feststellung vollstreckbar geworden sind, beginnt nach § 201 BGB mit der Vollstreckbarkeit der zur Insolvenztabelle festgestellten Forderung nach §§ 178, 201, 215, 257 InsO.

§ 201 BGB gilt nach dem Gesetz zur Anpassung der Verjährungsvorschriften an das Gesetz zur Schuldrechtsreform auch für die notwendigen Kosten der Zwangsvollstreckung. Deren dreißigjährige Verjährungsfrist beginnt demnach grundsätzlich in dem Zeitpunkt, in dem die Verjährung für den Hauptanspruch beginnt. Nachdem allerdings § 200 Satz 1 BGB bestimmt, dass die Verjährung nicht vor der Entstehung des Anspruches beginnt, ist gesichert, dass die dreißigjährige Verjährungsfrist frühestens in dem Zeitpunkt beginnt, in dem die Kosten der Zwangsvollstreckung entstanden sind. Dadurch, dass die entstandenen Kosten der Zwangsvollstreckung zugleich belegen, dass eine Vollstreckungshandlung stattgefunden hat, beginnt nach § 212 Abs. 1 Nr. 2 BGB auch die Verjährungsfrist für den Hauptanspruch neu, so dass letztlich ein Gleichlauf der Verjährungsfristen für den titulierten Hauptanspruch und die Kosten erreicht ist.

Die weitere Bedingung des § 201 BGB für den Beginn der Verjährungsfrist will darüber hinaus sichern, dass die dreißigjährige Verjährungsfrist bei titulierten zukünftigen Forderungen nicht beginnt, bevor die Forderung selbst, d.h. der Anspruch entstanden ist. Insoweit ist ausgeschlossen, dass der Anspruch verjährt, bevor er entstanden ist. Für die Frage, wann ein Anspruch entsteht, kann auf die Ausführungen zu § 199 Abs. 1 Nr. 1 BGB verwiesen werden.

6.3 Der Beginn der übrigen Verjährungsfristen nach § 200 BGB

Soweit für den der Verjährung unterliegenden Anspruch weder die Regelverjährung nach § 195 BGB noch die dreißigjährige Verjährung nach § 197 Nr. 3–6 BGB gilt und auch keine Sonderregelung über den Verjährungsbeginn getroffen ist, bestimmt sich der Beginn der Verjährungsfrist nach § 200 BGB. Danach beginnt die Verjährungsfrist dieser Ansprüche mit der Entstehung des Anspruches, soweit der Anspruch in einer Unterlassung besteht mit dem Ende der Zuwiderhandlung. Letzteres ergibt sich aus der Verweisung von § 200 Satz 2 BGB auf § 199 Abs. 5 BGB.

§ 200 BGB enthält damit eine Auffangbestimmung, soweit sich der Beginn der Verjährungsfrist nicht aus § 199 BGB oder § 201 BGB bzw. einer Spezialregelung ergibt. Als Spezialregelung sind insbesondere zu nennen
- § 438 Abs. 2 BGB im Kaufrecht,
- § 548 Abs. 1 und 2 BGB im Mietrecht,
- § 634a Abs. 2 BGB im Werkvertragsrecht,
- § 651g Abs. 2 Satz 2 BGB im Reisevertragsrecht,
- § 801 Abs. 1 Satz 2 BGB im Recht der Schuldverschreibungen auf den Inhaber,
- § 1302 BGB für Ansprüche nach der Auflösung des Verlöbnisses,
- § 2287 Abs. 2 BGB für Ansprüche des Vertragserben gegen den Beschenkten oder auch
- § 12 Abs. 1 ProdHaftG wegen des Haftungsanspruches nach § 1 ProdHaftG.

Auch der Beginn der Verjährungsfrist nach § 200 BGB ist tagesgenau zu berechnen. Das Abstellen auf das Ende des Jahres, in den das Entstehen des Anspruches fällt, ist mangels der entsprechenden Übernahme der Regelung aus § 199 Abs. 1 BGB nicht zulässig.

7 Die Vereinbarung über die Verjährung

Weitergehender als vor der Schuldrechtsreform lässt § 202 BGB nun Vereinbarungen über die Verjährung zu. Dabei ist die Überschrift des § 202 BGB irreführend, wenn dort von der Unzulässigkeit von Vereinbarungen über die Verjährung gesprochen wird. Aus dem Umkehrschluss zu § 202 BGB, der regelt, welche Vereinbarungen über die Verjährung unzulässig sind, ergibt sich, dass Vereinbarungen über die Verjährung außerhalb dieser Grenzen möglich sind.

Denkbar sind ganz unterschiedliche Arten von Vereinbarungen, so z.B. Vereinbarungen über
- die Verlängerung der Verjährungsfrist,
- die Verkürzung der Verjährungsfrist,
- den früheren oder späteren Beginn der Verjährung,
- die Erweiterung oder Einschränkung von Hemmungstatbeständen,
- die Erweiterung oder Einschränkung des Neubeginns der Verjährung.

Hinweis:
Im Gesetzgebungsverfahren zur Schuldrechtsmodernisierung ist davon ausgegangen worden, dass eine Verkürzung der Verjährung auf weniger als die Hälfte oder eine Verlängerung auf mehr als das Doppelte der gesetzlichen Verjährung eine unangemessene Benachteiligung des anderen darstellt. Diese Ansicht kann als griffige Faustregel – vorbehaltlich einer späteren ausdifferenzierten Rechtsprechung herangezogen werden. Es darf aber nicht übersehen werden, dass im Einzelfall die Interessen der Beteiligten zu bewerten sind und § 202 BGB im Grundsatz die Vertragsfreiheit stärkt. Letztendlich muss das Interesse des Gläubigers, seinen Anspruch tatsächlich durchsetzen zu können, mit dem Interesse des Schuldners nach Rechtssicherheit abgewogen werden.

Nach § 202 Abs. 1 BGB kann die Verjährung dagegen bei Haftung wegen Vorsatzes nicht im Voraus durch Rechtsgeschäft erleichtert werden. Dies betrifft allerdings nur eine Vereinbarung über die Verjährung vor Entstehung des Anspruches. Nachdem der Haftungsanspruch wegen Vorsatzes entstanden ist, kann auch hier die Verjährung erleichtert werden, d.h. insbesondere die Verjährungsfrist für den Anspruch verkürzt werden. In der Praxis wird dem allerdings keine erhebliche Bedeutung zukommen.

Nach § 202 Abs. 2 BGB kann die Verjährung durch Rechtsgeschäft nicht über eine Verjährungsfrist von 30 Jahren ab dem gesetzlichen Verjährungsbeginn hinaus erschwert werden.

Hinweis:
Unter diese Regelung fällt nicht nur die eigentliche Abrede über die Verlängerung der Verjährungsfrist, sondern fallen auch Regelungen, die die Gründe für eine Hemmung oder den Neubeginn der Verjährung betreffen. Um hier – nicht bedachte – Schwierigkeiten zu vermeiden, sollte am Ende der Vereinbarung immer angefügt werden „Die Verjährungsfrist beträgt in keinem Fall mehr als 30 Jahre ab dem gesetzlichen Verjährungsbeginn."

Vereinbarungen über die Verlängerung der Verjährung empfehlen sich ganz besonders in den Fällen des § 197 Abs. 2 BGB, wonach zwar der Hauptanspruch erst in dreißig Jahren verjährt, dagegen der Anspruch auf zukünftige wiederkehrende Leistungen, insbesondere auf zukünftige Zinsen schon nach drei Jahren. Dies wird in der Praxis häufig übersehen und führt schon bei Zugrundelegung des gesetzlichen Zinssatzes von fünf Prozent oder acht Prozent über dem jeweiligen Basiszinssatz zu nicht unerheblichen Einbußen. Übersieht der Rechtsanwalt dazu die besondere Regelung des § 197 Abs. 2 BGB, kann sich dies für ihn als Haftungsfall darstellen.

Die Vereinbarung über die Verjährung kann als Individualvereinbarung, aber auch innerhalb Allgemeiner Geschäftsbedingungen aufgenommen werden. Wird die Vereinbarung in Allgemeine Geschäftsbedingungen aufgenommen, sind die Beschränkungen nach §§ 307, 309 Nr. 8b Buchstabe ff, § 475 BGB zu beachten.

> **Hinweis:**
> Für die Praxis wird es sich aus Gründen der Rechtssicherheit vor allem anbieten, im Sinne eines angemessenen Ausgleiches einerseits die regelmäßige Verjährung zu verlängern, andererseits diese aber an einen rein objektiven Verjährungsbeginn anzuknüpfen.

Die **Vereinbarung** über die Verkürzung oder die Verlängerung der Verjährung unterliegt keiner bestimmten **Form**. Sie kann mithin mündlich, aber auch schriftlich geschlossen werden. Schon aus Gründen der Dokumentation und der möglichen Notwendigkeit, eine solche Vereinbarung nachweisen zu müssen, sollte diese allerdings grundsätzlich schriftlich abgeschlossen werden.

> **Hinweis:**
> Die Formfreiheit allein für die Verjährungsabrede gilt grundsätzlich auch dann, wenn die Begründung des der Verjährung unterliegenden Anspruches formbedürftig ist.[65]

Ist die Abrede über die Verjährung gemessen an § 202 BGB oder §§ 305 ff. BGB unwirksam, so bleibt der Vertrag im Übrigen davon unberührt. An die Stelle der unwirksamen Verjährungsregelung tritt die gesetzliche Verjährung.

8 Die Hemmung und Ablaufhemmung der Verjährung

8.1 Allgemeines

Mit der Modernisierung des Schuldrechtes ist zum 1. Januar 2002 die bisher breit angelegte Unterbrechung der Verjährung und damit deren erneuter Beginn nach dem Wegfall des Unterbrechungstatbestandes weitgehend aufgegeben worden. Nur noch in wenigen Fällen führt eine Maßnahme zum Neubeginn – so der neue Begriff, der an die Stelle der Unterbrechung tritt – der Verjährung.

Stattdessen wird die Hemmung der Verjährung weit ausgedehnt. Dies hat für den Gläubiger die Folge, dass mehr „gerechnet" werden muss und immer wieder Zweifelsfragen auftreten können, wann eine Hemmung geendet hat. Für den Rechtsanwender bedeutet dies eine gesteigerte Anforderung an die Fristenkontrolle und an die **beweiskräftige** Dokumentation von Maßnahmen zur Hemmung der Verjährung. Dieser partielle Systemwechsel des Gesetzgebers kann vor allem im Prozess zu ungewohnten und fehlergeneigten Konsequenzen führen.

Der Zeitraum, während dessen die Verjährung gehemmt ist, wird in die Verjährungsfrist nicht eingerechnet. Dies bedeutet, dass bei Vorliegen eines Hemmungstatbestandes die Verjährung entweder nicht beginnt oder die bereits begonnene Verjährung nicht weiter läuft. Die Hemmung beginnt mit dem Tag, in dessen Verlauf der Hemmungsgrund entsteht, und endet mit Ablauf des Tages, an dem der Hemmungsgrund entfällt. Der so errechnete Zeitraum ist der für den Anspruch festgestellten Verjährungsfrist hinzuzurechnen.

Beispiel

Der Anspruch der Gesellschaft auf Schadensersatz wegen einer wettbewerbswidrigen Handlung eines Vorstandsmitgliedes verjährt nach § 88 Abs. 3 AktG zukünftig in vier Jahren, beginnend in dem Zeitpunkt, in dem die übrigen Vorstandsmitglieder und die Aufsichtsratsmitglieder von der zum Schadensersatz verpflichtenden Handlung Kenntnis erlangen oder ohne grobe Fahrlässigkeit erlangen müssten. Liegen diese Voraussetzungen am 1. März 2005 vor, so läuft die Verjährung mit dem 1. Juni 2005 ab. Verhandeln die Gesellschaft und der zur Leistung verpflichtete Vorstand ab dem 1. April 2005 über den Anspruch, bis das Vorstandsmitglied am 1. September 2005 mitteilt, dass es die Leistung endgültig ablehne, so ist für diese Zeit die Verjährung nach § 203 BGB gehemmt. Da vor der Hemmung nach § 203 BGB bereits ein Monat der Verjährungsfrist abgelaufen war, beträgt

---
[65] Palandt-Heinrichs, BGB, 63. Aufl., § 202 Rn. 2.

die verbleibende Verjährungsfrist jetzt noch zwei Monate, so dass der Anspruch eigentlich am 1. November 2005 verjähren würde.

Hinweis:
Jetzt kommt der Gesellschaft allerdings noch die Ablaufhemmung nach § 203 Satz 2 BGB zugute, so dass die Verjährung des Anspruches frühestens drei Monate nach dem Ende der Verhandlungen eintritt, mithin hier frühestens mit Ablauf des 1. Dezember 2005.

Da der Zeitraum der Hemmung also der grundsätzlichen Verjährungsfrist hinzuzurechnen ist, müssen der Eintritt und der Wegfall eines Hemmungsgrundes zwingend dokumentiert werden und muss die sich daraus ergebende Berechnung der Verjährungsfrist sorgsam nachgehalten werden. Insbesondere der Bevollmächtigte des Klägers wird hier zur Überprüfung angehalten sein. Nach Beendigung eines Mandates wird er dem Gläubiger jeweils die noch verbleibende Verjährungsfrist mitzuteilen haben.

Besondere Bedeutung kommt in diesem Zusammenhang auch der Ablaufhemmung zu. Ist die verbleibende Verjährungsfrist nach Wegfall des Hemmungsgrundes kürzer als die Frist der Ablaufhemmung, so läuft die Verjährungsfrist frühesten mit dem Wegfall der Ablaufhemmung ab. Damit wird dem Gläubiger Gelegenheit gegeben, auf den Wegfall eines Hemmungsgrundes angemessen zu reagieren und in der ihm durch die Ablaufhemmung eingeräumten Zeit entsprechende weitere Maßnahmen zu ergreifen, um die Verjährung erneut zu hemmen, etwa durch Maßnahmen der Rechtsverfolgung, oder im Sinne des § 212 BGB neu beginnen zulassen. Auf den Hinweis zum vorstehenden Beispiel kann dabei verwiesen werden.

Die Verjährung kann durch **unterschiedliche Hemmungstatbestände** gleichzeitig oder auch mehrfach hintereinander gehemmt werden. Möglich ist auch, dass die Verjährung unter den Voraussetzungen des § 212 BGB neu beginnt und sodann auch die neue Verjährungsfrist durch unterschiedliche Tatbestände gehemmt wird.

Beachtet werden muss, dass die Hemmung keine Frist darstellt, so dass § 187 BGB nicht anwendbar ist. Besonders hervorzuheben ist auch, dass die Verjährung nach dem Wegfall des Hemmungsgrundes nicht erst wieder mit Ablauf des Jahres beginnt, in dem der Hemmungsgrund weggefallen ist, auch wenn für den erstmaligen Beginn der Verjährung die so genannte „Silvesterregelung" des § 199 Abs. 1 BGB zur Anwendung kam, d.h. die Verjährung erst mit dem Schluss des Jahres begann, in dem die weiteren Voraussetzungen für den Verjährungsbeginn vorlagen.

Hinweis:
Bei Vorliegen einer Gesamtschuld wird die Wirkung der Hemmung nur zwischen den Personen entfaltet, zwischen denen ein Hemmungsgrund vorliegt. Dies ergibt sich aus § 425 Abs. 2, § 429 Abs. 3 BGB.

Die Verjährungshemmung geht dem Neubeginn der Verjährung vor. Wird also die Verjährung nach Eintritt eines Hemmungstatbestandes im Sinne des § 212 BGB unterbrochen, so beginnt die Verjährungsfrist nicht schon mit dem Ende der Unterbrechung, sondern erst mit dem Wegfall des Hemmungsgrundes neu.[66]

8.2 Die Hemmung der Verjährung bei Verhandlungen

Das geltende Recht kannte bisher keine generelle Unterbrechung oder Hemmung der Verjährung, wenn über den geltend gemachten Anspruch verhandelt wird. Nur für den Werkvertrag in § 639 Abs. 2 BGB a.F., den Reisevertrag in § 651g BGB a.F., das Recht der unerlaubten Handlung in

---

[66] BGH, NJW 1990, 826 = MDR 1990, 328 = WM 1990, 527 = BGHZ 109, 220.

§ 852 Abs. 2 BGB a.F. und den Frachtvertrag in § 439 Abs. 3 HGB a.F. war eine Hemmung der Verjährung für die Dauer von Verhandlungen vorgesehen. Darüber hinaus war eine Hemmung nur unter dem Gesichtspunkt von § 242 BGB erreichbar.

Dies hat § 203 BGB geändert. Danach ist die Verjährung gehemmt, wenn zwischen dem Schuldner und dem Gläubiger Verhandlungen
- über den Anspruch oder
- die den Anspruch begründenden Umstände

schweben. Die Hemmung dauert zunächst an, bis der eine oder der andere Teil die Fortsetzung der Verhandlungen verweigert.

> **Hinweis:**
> In dieser Formulierung liegt eine Gefahr für den Gläubiger. Der Gläubiger muss darauf achten, dass der Beginn und das Ende der Verhandlungen zweifelsfrei feststehen. Zwar hat die Rechtsprechung den Begriff der Verhandlungen bei den bisherigen Anwendungsfällen eher weit ausgelegt und etwa schon einen Meinungsaustausch ausreichen lassen, wenn nicht sofort erkennbar eine Verhandlung vom Schuldner abgelehnt wird.[67] Gleichwohl sollte der Gläubiger eindeutig signalisieren, dass er mit seinem Anspruchsschreiben von die Verjährung hemmenden Verhandlungen nach § 203 BGB ausgeht.

§ 203 BGB gilt für alle Ansprüche, deren Verjährung sich nach dem BGB richtet. Unerheblich bleibt dabei, ob der Anspruch der Regelverjährung nach § 195 BGB unterliegt oder ob für dessen Verjährung spezielle Vorschriften gelten. § 203 BGB gilt insbesondere auch für Ansprüche aus zivilrechtlichen Nebengesetzen, soweit diese keine Verjährungsregelungen enthalten, auf die Verjährungsregelungen der §§ 194 ff. BGB verweisen oder aber wenn die dort getroffene Verjährungsregel nicht abschließend ist.

Für die Hemmung der Verjährung reicht es aus, dass der Schuldner nicht sofort erkennen lässt, dass er jegliche Verhandlungen ablehnt.[68] Ausreichend ist, dass aus Sicht des verständigen Betrachters der Gläubiger zu der Annahme berechtigt ist, dass der Schuldner bereit ist, über den Anspruch in Verhandlungen zu treten. Dies kann schon darin gesehen werden, dass der Schuldner anfragt, welche Ansprüche der Gläubiger geltend machen will.[69] Das Gleiche gilt für die erklärte Bereitschaft des Schuldners, zur Aufklärung des dem Anspruch zugrunde liegenden Sachverhaltes beizutragen.[70]

Verjährungshemmung nach § 203 BGB tritt auch ein, wenn ein Versicherer erklärt, er werde nach Abschluss eines Strafverfahrens unaufgefordert auf die Sache zurückkommen.[71]

Eine Verhandlung mit einem Dritten – etwa einem Versicherer, der nicht im Außenverhältnis haftet oder nur mit einem von mehreren Mitschuldnern – hemmt die Verjährung nach dem Gesetz gegenüber dem Schuldner oder den anderen Mitschuldnern nicht, da etwa die Versicherung Dritter nicht Schuldner ist.

> **Hinweis:**
> Die Verhandlung mit dem Dritten sollte gegenüber dem Schuldner an die Bedingung einer Verjährungsvereinbarung nach § 202 BGB gekoppelt werden. Dies ist insbesondere dann zu beachten, wenn mit einem Versicherer verhandelt wird, der aber – anders als etwa nach § 3 Nr. 1 und 2 PflVG im Verkehrsunfallrecht – im Außenverhältnis nicht in Anspruch genommen werden kann.

---

[67] BGHZ 93, 64; BGH, MDR 1988, 570; BGH, NJW 1997, 3447.
[68] BGHZ 93, 64; BGH, NJW-RR 2001, 1168.
[69] BGH, NJW 2001, 1723.
[70] BGH, NJW-RR 2001, 1168.
[71] BGH, VersR 75, 40.

Möchte eine Partei die Verhandlungen beenden, so muss sie dies grundsätzlich eindeutig erklären.[72] Die Verhandlungen sollen auch in einem Zeitpunkt beendet sein, in dem nach Treu und Glauben die eine Partei von der anderen erwarten kann, dass weitere Handlungen oder Erklärungen vorgenommen werden.[73]

Die Hemmung der Verjährung endet grundsätzlich mit dem Abbruch der Verhandlungen. Allerdings hat der Gesetzgeber einen weiteren Schutz für den Gläubiger eingebaut. Sofern die Verhandlungen erst unmittelbar vor dem Eintritt der Verjährung aufgenommen werden und damit die Verjährung unmittelbar nach dem Abbruch eintreten würde, greift § 203 Satz 2 BGB, wonach dem Gläubiger eine Karenzzeit von drei Monaten zur Einleitung weiterer die Verjährung hemmender Maßnahmen, etwa der Einreichung der Klage oder sonstiger Maßnahmen der Rechtsverfolgung nach § 204 BGB, zur Verfügung steht. Gerade für den Fall des unerwarteten – taktischen – Abbruchs der Verhandlungen durch den Schuldner wird dem Gläubiger so die Gelegenheit gegeben, Rechtsverfolgungsmaßnahmen zu prüfen und ggf. einzuleiten.

Werden die Verhandlungen abgebrochen, so endet die Hemmung der Verjährung zunächst. Werden die Verhandlungen später erneut aufgenommen, so tritt auch eine erneute Hemmung der Verjährung nach § 203 BGB ein.

8.3 Die Hemmung der Verjährung durch Rechtsverfolgung

Das bis zum 1. Januar 2002 gültige Recht sah für bestimmte Maßnahmen zur Durchsetzung eines Anspruches in einem förmlichen Verfahren entweder die Hemmung oder – weitgehend – die Unterbrechung der Verjährung vor.

Für andere Fälle, wie etwa die Stellung eines Prozesskostenhilfeantrages, fehlte es an einer gesetzlichen Regelung, deren Lücke die Rechtsprechung geschlossen hat[74], oder es wurde, etwa für Teile des Beweissicherungsverfahrens oder den Antrag auf Erlass einer einstweiligen Verfügung oder eines Arrestes[75], eine Auswirkung auf die Verjährung abgelehnt.

Diese Differenzierungen sind mit dem Gesetz zur Schuldrechtsmodernisierung entfallen. Zum einen wurde die Unterbrechung der Verjährung beseitigt und durch die Hemmung der Verjährung ersetzt, gleichzeitig aber wurden die Maßnahmen der Rechtsverfolgung, die zu einer solchen Hemmung der Verjährung führen, erweitert.

8.3.1 Die Hemmungstatbestände

Die nachfolgende Tabelle zeigt die Tatbestände auf, die zu einer Hemmung der Verjährung bei einer förmlichen Rechtsverfolgungsmaßnahme führen.

---

[72] BGH, NJW 1998, 2819.
[73] BGH, NJW 1986, 1337.
[74] BGHZ 70, 235, 239.
[75] BGH, NJW 1979, 217.

§ 204 Abs. 1 Nr. 1 BGB	• Die Erhebung der Klage auf Leistung oder Feststellung des Anspruches, • der Antrag auf Erteilung einer Vollstreckungsklausel, • der Antrag auf Erlass eines Vollstreckungsurteils (§ 723 ZPO).
	Hinweis: Hier ist das stärkste Umdenken in Bezug auf die Fristenkontrolle in besonderen Fallkonstellationen und im Zusammenspiel mit § 204 Abs. 2 BGB erforderlich, da diese Maßnahmen früher die Verjährung unterbrochen haben.
§ 204 Abs. 1 Nr. 2 BGB	• Die Zustellung des Antrages im vereinfachten Verfahren über den Unterhalt Minderjähriger nach §§ 645 ff. ZPO.
§ 204 Abs. 1 Nr. 3 BGB	• Die Zustellung des Mahnbescheides im Mahnverfahren.
	Hinweis: Hier ist besonders die Nachfrist des § 204 Abs. 2 BGB zu beachten. Bleibt die Sache, insbesondere nach einem Widerspruch, länger als sechs Monate liegen, so hilft auch der Mahnbescheidsantrag kurz vor Ablauf der Verjährung nichts mehr, da diese eben nur noch gehemmt, nicht aber unterbrochen wird.

§ 204 Abs. 1 Nr. 4 BGB	• Die **Veranlassung** der Bekanntgabe des Güteantrages
	  – bei einer von der LJV eingerichteten Gütestelle,
	  – bei einer von der LJV anerkannten Gütestelle,
	  – bei einer sonstigen Gütestelle, wenn die Parteien diese einvernehmlich anrufen.

	Hinweis: Nach § 15a Abs. 3 Satz 2 EGZPO wird das Einvernehmen unwiderruflich vermutet, wenn ein Verbraucher eine branchengebundene Gütestelle oder eine Gütestelle der Industrie- und Handelskammer, der Handwerkskammer oder der Innung angerufen hat. Wird die Bekanntgabe unverzüglich veranlasst, wirkt der Beginn der Hemmung auf die Einreichung des Antrages zurück.

Hemmung und Ablaufhemmung der Verjährung

§ 204 Abs. 1 Nr. 5 BGB	• Die Geltendmachung der Aufrechung des Anspruches im Prozess. **Hinweis:** Hier genügt die Geltendmachung durch einen einfachen Schriftsatz, der nicht zugestellt werden muss, oder auch durch die Geltendmachung in der mündlichen Verhandlung, was allerdings protokollieren zu lassen ist.
§ 204 Abs. 1 Nr. 6 BGB	• Die Zustellung der Streitverkündung. **Hinweis:** Das Gesetz knüpft ausdrücklich an die Zustellung der Streitverkündung nach § 73 Satz 2 ZPO an. Wegen der nur noch abgeschwächten Hemmung statt der Verjährung wird der Rechtsanwalt die ausdrückliche Zustellung der Streitverkündungsschrift überwachen müssen. Die Erfahrung lehrt, dass dies im gerichtlichen Betrieb gelegentlich „untergeht". Die Folgen treffen – mangels Vorsatz des Richters bei gleichzeitigem Richterprivileg nach § 839 BGB – allein den Gläubiger. • Die Streitverkündung im selbständigen Beweisverfahren wird von der Regelung ebenfalls umfasst.[76]
§ 204 Abs. 1 Nr. 7 BGB	• Die Zustellung eines Antrages auf Durchführung eines selbständigen Beweisverfahrens. **Hinweis:** Abgesehen von der Ablösung der Unterbrechung der Verjährung durch die Hemmung liegt hier ein Gewinn gegenüber dem bisherigen Recht, da dieses die Verjährungsunterbrechung bisher nur für das Kaufvertragsrecht, § 477 Abs. 2 BGB a.F., und für das Werkvertragsrecht, § 639 Abs. 1 BGB a.F., kannte. Nunmehr gilt die Verjährungsunterbrechung für alle Beweissicherungsverfahren!
§ 204 Abs. 1 Nr. 8 BGB	• Den Beginn eines vereinbarten Begutachtungsverfahrens oder die Beauftragung eines Gutachters in dem Verfahren nach § 641a BGB.

---

[76] BGHZ 134, 190.

§ 204 Abs. 1 Nr. 9 BGB	• Die Zustellung des Antrages auf Erlass eines Arrestes sowie
	• die Zustellung eines Antrages auf Erlass einer einstweiligen Verfügung.
	
	Hinweis:
	Diese Variante erfasst die Fälle, in denen das Gericht unmittelbar Termin zur mündlichen Verhandlung bestimmt, ohne den Arrest oder die einstweilige Verfügung zu erlassen.
	
	• Wenn der Antrag nicht zugestellt wird, beginnt die Hemmung mit der Zustellung
	  – des Arrestbefehls,
	  – der einstweiligen Anordnung,
	  – der einstweiligen Verfügung,
	wenn diese innerhalb von **einem Monat nach dem Erlass** erfolgt.
	
	Hinweis:
	Nach der Gesetzesbegründung bleibt offen, ob sowohl die Leistungs- als auch die Regelungsverfügung von § 204 Abs. 1 Nr. 9 BGB n.F. erfasst sind. Dies wird die Rechtsprechung noch zu klären haben. Der inhaltlichen Begründung nach dürfte nur die Leistungsverfügung erfasst sein; dem Bestreben nach einer Vereinfachung des Verjährungsrechtes entspricht es, beide Fälle zu erfassen. Dem Grundsatz des sichersten Weges folgend wird der Rechtsanwalt allerdings bis zu einer höchstrichterlichen Klärung davon auszugehen haben, dass lediglich die Leistungsverfügung erfasst ist.

§ 204 Abs. 1 Nr. 10 BGB	• Die Anmeldung des Anspruches im Insolvenzverfahren oder im schifffahrtsrechtlichen Verteilungsverfahren.
§ 204 Abs. 1 Nr. 11 BGB	• Der **Beginn** des schiedsrichterlichen Verfahrens. **Hinweis:** Nach § 1044 ZPO beginnt das schiedsgerichtliche Verfahren mit dem Tag, an dem der Schiedsbeklagte den Antrag, die Streitigkeit einem Schiedsgericht vorzulegen, empfangen hat. Aber Achtung vor anders lautenden Anträgen des Schuldners: Anderes kann vereinbart werden.

§ 204 Abs. 1 Nr. 12 BGB	• Die Einreichung eines Antrages bei einer Behörde, wenn
	  – die Zulässigkeit einer Klage von der Vorentscheidung dieser Behörde abhängt – und –
	  – die Klage binnen drei Monaten nach der Erledigung des Gesuchs erhoben wird.
	
	• Gleiches gilt, wenn die Entscheidung der Behörde Voraussetzung für einen bei Gericht oder bei einer in Nr. 4 genannten Gütestelle zu stellenden Antrag ist.

Hemmung und Ablaufhemmung der Verjährung

§ 204 Abs. 1 Nr. 13 BGB	• Die Einreichung des Antrages auf Bestimmung des zuständigen Gerichts bei dem höheren Gericht, wenn innerhalb von drei Monaten nach der Erledigung des Antrages Klage erhoben oder der Antrag gestellt wird. **Hinweis:** Die neue Formulierung „Klage oder Antrag" stellt nun klar, dass die Verjährung auch gehemmt ist, wenn das zuständige Mahngericht bestimmt werden soll.
§ 204 Abs. 1 Nr. 14 BGB	• Die Bekanntgabe des **erstmaligen** Antrages auf Gewährung von PKH. Erfolgt die Bekanntgabe demnächst, d.h. ohne schuldhaftes Zögern nach der Einreichung des Antrages, so tritt die Hemmung schon mit der Einreichung ein. **Hinweis:** Nach der Gesetzesbegründung zum Gesetz zur Schuldrechtsmodernisierung soll es nicht auf eine ordnungsgemäße Begründung, die Vollständigkeit und die Vorlage der erforderlichen Unterlagen ankommen. Solche gesetzlichen Anforderungen werden aus verjährungsrechtlicher Sicht als überflüssig angesehen. Gleichzeitig wird ausgeführt, dass der Rechtsprechung die Ausformung der Mindestanforderungen an den Antrag überlassen bleibe. Der Missbrauchsgefahr soll dadurch begegnet werden, dass nur der erste Prozesskostenhilfeantrag verjährungshemmende Wirkung hat. Es erscheint zweifelhaft, ob die Rechtsprechung dem folgen wird, so dass dem Grundsatz des sichersten Weges folgend auch hier nur empfohlen werden kann, dass die Ordnungsgemäßheit des Antrages auf Gewährung von PKH sorgfältig geprüft wird. Nur im Notfall, d.h. wenn der Mandant sich nicht in der Lage sieht, die Erklärung über die persönlichen und wirtschaftlichen Verhältnisse vollständig und wahrheitsgemäß auszufüllen und seine Angaben durch entsprechende Unterlagen zu belegen, sollte der Rechtsanwalt argumentativ auf die Auffassung des Gesetzgebers zurückgreifen.

8.3.2 Die Ablaufhemmung bei Rechtsverfolgungsmaßnahmen

Auch bei der Hemmung der Verjährung durch die Rechtsverfolgung hat der Gesetzgeber eine Karenzzeit für den Gläubiger vorgesehen. Die Hemmung der Verjährung endet
- sechs Monate nach der rechtskräftigen Entscheidung,
- sechs Monate nach der sonstigen Beendigung des eingeleiteten Verfahrens,

> **Hinweis:**
> Diese Alternative betrifft die Verfahren, die ohne einen besonderen Erledigungsakt, wie eine Mitteilung, eine Kostenentscheidung oder Ähnliches enden. Hierzu gehören insbesondere die selbständigen Beweisverfahren. Diese Frist bedarf daher der besonderen Überwachung durch den Rechtsanwalt im Rahmen der Fristenkontrolle.

- sechs Monate nach der letzten Verfahrenshandlung der Parteien, wenn das Verfahren dadurch in Stillstand gerät, dass die Parteien es nicht betreiben.

> **Hinweis:**
> Bringen die Parteien den Rechtsstreit zum Ruhen, weil Vergleichsverhandlungen geführt werden, so sollte dies ausdrücklich festgehalten werden, damit zumindest die Hemmung nach § 203 BGB n.F. greift.

Zu beachten ist, dass der Gesetzgeber ausweislich der Begründung zu den Änderungen zum Gesetzentwurf ausdrücklich darauf verzichtet hat, das von der Rechtsprechung entwickelte Kriterium des „Stillstands des Verfahrens aus triftigem Grund" aufzunehmen. Damit ist unerheblich, worauf der Stillstand beruht: Die Hemmung endet sechs Monate später!

Besondere Regelungen gelten nach § 204 Abs. 3 BGB nochmals für den Arrest und die einstweilige Verfügung (Nr. 9), für die Einreichung des Antrages an eine Behörde (Nr. 12) und den Antrag an das höhere Gericht auf Bestimmung des zuständigen Gerichtes (Nr. 13).

8.4 Die Hemmung der Verjährung durch andere Maßnahmen

Der Gesetzgeber hat weitere Hemmungstatbestände geregelt, die zum Teil dem bisherigen Recht entsprechen oder nur Klarstellungen enthalten, zum Teil aber auch neu sind. In allen Fällen ist zu beachten, dass es keine Unterbrechung mehr gibt, sondern allein eine Hemmung eintritt.

8.4.1 Die Hemmung der Verjährung bei einem Leistungsverweigerungsrecht

Nach § 205 BGB wird die Verjährung so lange gehemmt, wie der Schuldner aufgrund einer Vereinbarung mit dem Gläubiger vorübergehend berechtigt ist, die Leistung zu verweigern.

> **Hinweis:**
> Diese Regelung soll nach Auffassung des Gesetzgebers die Fortführung der Rechtsprechung des BGH, wonach bei Zinsen aus Sicherungsgrundschulden die Verjährung nicht analog § 202 Abs. 1 BGB a.F. gehemmt ist, nicht hindern.[77]

Hauptanwendungsfall des § 205 BGB sind die so genannten Stillhalteabkommen, wonach zwischen Gläubiger und Schuldner vereinbart wird, dass der Gläubiger den Anspruch einstweilen nicht geltend macht. Das Stillhalteabkommen muss darauf gerichtet sein, für den Schuldner entweder ein Leistungsverweigerungsrecht zu begründen[78] oder jedenfalls die Klagbarkeit der Forderung vorübergehend auszuschließen.[79]

> **Hinweis:**
> Stehen der Geltendmachung des Anspruches durch den Gläubiger andere rechtliche Hindernisse entgegen, so führt dies nach § 205 BGB nicht zu einer Hemmung der Verjährung, da § 205 BGB ausdrücklich eine Vereinbarung zwischen dem Schuldner und dem Gläubiger verlangt.

8.4.2 Die Hemmung der Verjährung wegen höherer Gewalt

Nach § 206 BGB ist die Verjährung gehemmt, solange der Gläubiger innerhalb der letzten sechs Monate der Verjährungsfrist durch höhere Gewalt an der Rechtsverfolgung gehindert ist. Neu ist gegenüber § 203 BGB a.F. seit dem 1. Januar 2002, dass die höhere Gewalt innerhalb der letzten sechs Monate der Verjährungsfrist vorgelegen haben muss.

Höhere Gewalt liegt vor, wenn die Hinderung der Rechtsverfolgung auf einem Ereignis beruht, welches auch durch die äußerste billigerweise zu erwartende Sorgfalt nicht vorausgesehen und verhütet

---

[77] BGH, NJW 1999, 3705.
[78] BGH, NJW 2000, 2661.
[79] BGH, NJW 2002, 1488.

werden konnte.[80] Höhere Gewalt wird allerdings weder durch Beweisschwierigkeiten noch durch ein verfassungswidriges Gesetz oder eine geänderte Rechtsprechung begründet. Dagegen liegt höhere Gewalt vor, wenn ein Fall des Stillstandes der Rechtspflege gegeben ist oder wenn der Gläubiger plötzlich und unerwartet derart erkrankt, dass Vorsorge nicht mehr möglich ist. Keine höhere Gewalt liegt dagegen in der Eröffnung des Insolvenzverfahrens über das Vermögen des Gläubigers. Keine höhere Gewalt ist letztlich auch die Unkenntnis vom Bestehen des Anspruches.

> **Hinweis:**
> Insoweit kann allerdings § 199 BGB helfen, nach dessen Abs. 1 Nr. 2 die Verjährung erst beginnt, wenn der Gläubiger Kenntnis von den den Anspruch begründenden Voraussetzungen und der Person des Schuldners erhält.

8.4.3 Die Hemmung der Verjährung aus familiären oder ähnlichen Gründen

§ 207 BGB soll die familiären oder ähnlichen Beziehungen zwischen den in § 207 Abs. 1 BGB genannten Personen schützen. Die in familiärer oder sonst näherer Beziehung stehenden Personen sollen nicht gezwungen werden, während des Bestehens dieser Beziehung Ansprüche gegeneinander geltend zu machen.

Deshalb ist nach § 207 BGB die Verjährung von Ansprüchen
- zwischen Ehegatten gehemmt, solange die Ehe besteht,
- zwischen Lebenspartnern gehemmt, solange die Lebenspartnerschaft[81] besteht,
- zwischen Eltern und Kindern und dem Ehegatten eines Elternteils und dessen Kindern gehemmt, solange die Kinder minderjährig sind,

> **Hinweis:**
> Soweit nach § 207 Abs. 1 Nr. 2 BGB Ansprüche zwischen Eltern und Kindern und dem Ehegatten eines Elternteils und dessen Kindern während der Minderjährigkeit der Kinder gehemmt werden, sind hiervon auch Ansprüche zwischen den Adoptiveltern und dem Adoptivkind und seit dem 1. Januar 2002 auch Ansprüche zwischen dem Kind und dem Ehegatten seines Vaters oder seiner Mutter erfasst.

- zwischen dem Vormund und dem Mündel gehemmt, solange das Vormundschaftsverhältnis andauert,
- zwischen dem Betreuten und dem Betreuer gehemmt, solange das Betreuungsverhältnis andauert,
- zwischen dem Pflegling und dem Pfleger gehemmt, solange das Pflegschaftsverhältnis andauert,
- zwischen dem Kind und seinem Beistand gehemmt, solange die Beistandschaft andauert.

§ 207 BGB erfasst Ansprüche jeder Art, unabhängig von der Frage, auf welcher Rechtsgrundlage diese beruhen.

> **Hinweis:**
> Insoweit werden auch Ansprüche aus Verkehrsunfällen erfasst, obwohl sich diese regelmäßig gegen den nach § 3 Nr. 1 und 2 PflVG haftenden Pflichtversicherer richten.[82]

Die Hemmung endet allerdings, wenn der Anspruch den Rahmen der familiären oder sonstigen nahen Beziehung verlässt und etwa an einen Dritten abgetreten wird oder kraft Gesetzes auf diesen übergeht.[83]

---

[80] Palandt/Heinrichs, BGB, 63. Aufl., § 206 Rn. 4.
[81] Gemeint sind gleichgeschlechtliche Lebenspartnerschaften im Sinne des Gesetzes über die Eingetragene Lebenspartnerschaft vom 16.2.2001, BGBl. I 2001, 266.
[82] BGH, NJW 1988, 1209; OLG Hamm, VersR 1998, 1342 zu dem zuvor geltenden § 204 BGB a.F.
[83] OLG Brandenburg, NJW-RR 2002, 362.

Die Hemmung nach § 207 BGB umfasst nicht nur Ansprüche, die innerhalb der nahen Beziehung entstanden sind, sondern auch solche, die vor der entsprechenden Beziehung begründet wurden. Die Geltendmachung dieser Ansprüche würde die familiäre oder ähnlich nahe Beziehung in gleicher Weise stören wie bei Ansprüchen, die innerhalb der Beziehungszeit entstanden sind.

> **Hinweis:**
> Da § 207 BGB im Wesentlichen die Regelung des § 204 BGB a.F. übernimmt, kann insoweit auf die frühere Rechtsprechung zurückgegriffen werden. Dies gilt allerdings nicht, soweit § 207 BGB auch die Ansprüche zwischen Stiefeltern und Stiefkindern einbezieht.

8.4.4 Die Hemmung der Verjährung bei Ansprüchen wegen der Verletzung der sexuellen Selbstbestimmung

Vor dem 1. Januar 2002 verjährten Ansprüche wegen der Verletzung der sexuellen Selbstbestimmung grundsätzlich nach § 852 BGB a.F. nach drei Jahren. Die Verjährung begann mit der Kenntnis der sorgeberechtigten Eltern von der Verletzung der sexuellen Selbstbestimmung. Aus den unterschiedlichsten Gründen haben die sorgeberechtigten Eltern entsprechende Ansprüche jedoch nicht immer geltend gemacht.

> **Hinweis:**
> Dies hatte allerdings nur insoweit Auswirkungen, als der Täter nicht Mitglied der Familie des Opfers war. Gehörte der Täter der Familie des Opfers an, so wurde die Verjährung der in Frage kommenden Ansprüche schon nach § 204 BGB a.F. und jetzt § 207 BGB n.F. gehemmt.

Der Gesetzgeber will dem Opfer zukünftig jedoch selbst die Entscheidung darüber belassen, ob es mögliche Ansprüche wegen der Verletzung der sexuellen Selbstbestimmung verfolgt. Die hier bisher angelegte Fremdbestimmung durch die Eltern sollte beseitigt werden. Ebenso bedurfte es einer Hemmung der Verjährung bis zu einem Zeitpunkt, in dem das Opfer tatsächlich selbst und frei die Frage beurteilen kann, ob der Täter (auch) zivilrechtlich verfolgt werden soll.

Der Gesetzgeber hat sich deshalb mit dem Gesetz zur Schuldrechtsmodernisierung dafür entschieden, nach § 208 BGB die Verjährung von Ansprüchen wegen der sexuellen Selbstbestimmung gegen den Täter und damit Schuldner bis zur Vollendung des 21. Lebensjahres des Opfers und damit des Gläubigers zu hemmen. Leben Opfer und Täter zum Zeitpunkt der Vollendung des 21. Lebensjahres des Opfers noch immer in häuslicher Gemeinschaft, so wird die Verjährung auch über diesen Zeitpunkt hinaus gehemmt, bis die häusliche Gemeinschaft beendet ist.

> **Hinweis:**
> Eine weitere Verlängerung der Verjährung ergibt sich über die Anwendung von §§ 210, 211 BGB in besonderen Fallkonstellationen:
> - Bei Geschäftsunfähigen und in der Geschäftsführung beschränkten Personen ohne gesetzlichen Vertreter tritt die Verjährung nach § 210 BGB als Ablaufhemmung frühestens sechs Monate nach der Behebung des Vertretungshindernisses ein.
> - Eine Ablaufhemmung führt auch § 211 BGB für Nachlassfälle ein, wonach die Verjährung nicht vor Ablauf von sechs Monaten nach dem Zeitpunkt eintritt, in dem der Erbe die Erbschaft angenommen hat oder das Nachlassinsolvenzverfahren eröffnet wurde.

Für die Anwendung von § 208 BGB ist unerheblich, auf welche Anspruchsgrundlage der Anspruch gestützt wird. In der Regel werden sich die Ansprüche allerdings aus § 823 Abs. 1 BGB oder § 823 Abs. 2 BGB i.V.m. §§ 174–184b StGB ergeben.

Die Hemmung endet mit der Vollendung des 21. Lebensjahres des Opfers, d.h. ab diesem Zeitpunkt läuft die regelmäßige Verjährung nach § 195 BGB von drei Jahren, wenn das Opfer in diesem Zeitpunkt Kenntnis von den den Anspruch begründenden Tatsachen und der Person des Täters hat. § 208 BGB gilt dann auch für Ansprüche gegen den Gehilfen und den Anstifter des Täters.

Hemmung und Ablaufhemmung der Verjährung

8.4.5 Die Ablaufhemmung bei nicht voll Geschäftsfähigen

Ist eine geschäftsunfähige oder eine in der Geschäftsfähigkeit beschränkte Person ohne einen gesetzlichen Vertreter, so tritt eine für oder gegen sie laufende Verjährung nicht vor dem Ablauf von sechs Monaten nach dem Zeitpunkt ein, in dem die Person entweder unbeschränkt geschäftsfähig oder aber der Mangel der Vertretung behoben wird. § 210 BGB übernimmt § 206 BGB a.F. und erweitert ihn um den Schuldner. Nach dem vor dem 1. Januar 2002 geltenden Recht waren – jedenfalls nach dem Wortlaut der Vorschrift – nur Ansprüche des Geschäftsunfähigen als Gläubiger gehemmt, nicht aber Ansprüche, die sich gegen den Geschäftsunfähigen selbst richteten.

§ 210 BGB soll verhindern, dass Ansprüche allein deshalb verjähren, weil die geschäftsunfähige oder in der Geschäftsfähigkeit beschränkte Person keinen Vertreter hat, der Maßnahmen zur Verhinderung des Eintrittes der Verjährung treffen kann.

Hinweis:
§ 210 BGB ist auch auf den Fall anwendbar, dass die geschäftsunfähige oder in der Geschäftsfähigkeit beschränkte Person zwar einen Betreuer, Vormund oder Pfleger hat, für dessen Handlungen jedoch ein Einwilligungsvorbehalt angeordnet worden ist und die Einwilligung des Vormundschaftsgerichtes nicht rechtzeitig eingeholt werden kann. Dagegen gilt § 210 BGB nicht für juristische Personen. Hier muss jeweils das Instrumentarium zur Bestimmung eines Notorgans, etwa nach § 29 BGB, ergriffen werden.

Von § 210 BGB werden auch die Fälle erfasst, in denen der gesetzliche Vertreter entweder wegen der eigenen Geschäftsunfähigkeit oder der Beschränkung in der Geschäftsfähigkeit nicht handeln kann oder wegen einer Interessenkollision, etwa nach § 181 BGB, nicht handeln darf.

Die Verjährung verlängert sich im Sinne einer Ablaufhemmung nach dem Wegfall des Vertretungshindernisses um zumindest sechs Monate, wenn die laufende eigentliche Verjährungsfrist nicht noch mindestens sechs Monate beträgt.

Anderes gilt nach § 210 Abs. 1 Satz 2 BGB dann, wenn die eigentliche Verjährungsfrist kürzer als sechs Monate ist. In diesem Fall tritt an Stelle der Sechsmonatsfrist die für die Verjährung des Anspruches geltende kürzere Verjährungsfrist, um die sich dann diese Verjährungsfrist nach dem Wegfall des Hindernisses nochmals verlängert.

Beispiel

Der Arbeitgeber möchte gegen seinen Handlungsgehilfen im Sinne des § 59 HGB die Schadensersatzansprüche nach § 61 Abs. 1 HGB gelten machen. Der Arbeitgeber hat am 15. August 2004 von den den Anspruch begründenden Tatsachen erfahren. Am 15. September 2004 wird der Handlungsgehilfe in eine Landesnervenklinik eingeliefert und ist zunächst geschäftsunfähig. Am 4. Oktober 2004 wird für den Handlungsgehilfen ein Betreuer bestellt.

Der Anspruch verjährt nach § 61 Abs. 2 HGB in drei Monaten ab der Kenntnis des Arbeitgebers von den den Anspruch begründenden Tatsachen, so dass die Verjährung hier am 15. August 2004 begonnen hat und am 15. November 2004 abgelaufen wäre. Durch die am 15. September eingetretene Geschäftsunfähigkeit ist die Verjährung jedoch zunächst ab diesem Zeitpunkt gehemmt, bis der Betreuer bestellt ist. Nach § 210 Satz 1 BGB beginnt die Verjährung dann am 4. Oktober 2004 erneut zu laufen und läuft aufgrund der Ablaufhemmung nicht vor sechs Monaten, d.h. dem 4. April 2005 ab. Damit würde aber die eigentliche Verjährungsfrist von drei Monaten auf sechs Monate verlängert. Deshalb kommt § 210 Abs. 1 Satz 2 BGB zur Anwendung, womit die Ablaufhemmung lediglich drei Monate beträgt und damit die Verjährung am 4. Januar 2005 abläuft. Bis dahin muss der Arbeitgeber Maßnahmen zur weiteren Verjährungshemmung, letztlich solche zur Rechtsverfolgung nach § 204 BGB oder durch Verhandlungen mit dem neuen Vertreter nach § 203 BGB getroffen haben.

8.4.6 Die Ablaufhemmung in Nachlassfällen

Die Verjährung eines Anspruches, der zu einem Nachlass gehört oder sich gegen einen Nachlass richtet, tritt nach § 211 BGB nicht vor dem Ablauf von sechs Monaten nach dem Zeitpunkt ein, in dem die Erbschaft von dem Erben angenommen oder das Insolvenzverfahren über den Nachlass eröffnet wird oder von dem an der Anspruch von einem oder gegen einen Vertreter geltend gemacht werden kann. Ist die Verjährungsfrist kürzer als sechs Monate, so tritt die kürzere Verjährungsfrist an die Stelle der Sechsmonatsfrist. Hier kann auf das Beispiel unter 8.4.5. verwiesen werden.

§ 211 BGB hat unverändert die frühere Regelung des § 201 BGB a.F. übernommen, so dass auf diesbezügliche ältere Rechtsprechung und Literatur zurückgegriffen werden kann.

8.5 Erstreckung der Hemmung der Verjährung auf parallele Ansprüche

Nach § 213 BGB erstrecken sich die Hemmung, die Ablaufhemmung und der erneute Beginn der Verjährung eines Anspruches auch auf die Verjährung aller anderen Ansprüche aus demselben Grunde, die neben dem verfolgten Anspruch oder an seiner Stelle wahlweise gegeben sind. Damit überträgt der Gesetzgeber diesen Gedanken aus dem Kaufrecht (§ 477 Abs. 3 BGB a.F.) in das allgemeine Verjährungsrecht und damit auf alle Ansprüche. Diese Wirkung hat nach dem Willen des Gesetzgebers drei Voraussetzungen:

- Der verfolgte und der daneben in der Verjährung gehemmte Anspruch müssen sich gegen denselben Schuldner richten.
- Die Ansprüche müssen auf das gleiche Interesse gerichtet sein.
- Es muss sich um Ansprüche handeln, in denen das Gesetz dem Gläubiger von vornherein mehrere Ansprüche zur Wahl stellt, was z.B. **nicht** zwischen dem Erfüllungsanspruch und dem Anspruch auf Ersatz des Verzögerungsschadens, **dagegen sehr wohl** zwischen dem vertraglichen und dem deliktischen Schadensersatzanspruch gegeben sein dürfte.

Hinweis:
Es wird abzuwarten bleiben, ob die Rechtsprechung diese Voraussetzungen ebenfalls aus dem Wortlaut ableitet und sich zu Eigen macht. Zumindest hinsichtlich der letzten Voraussetzung könnte der Wortlaut auch das gegenteilige Ergebnis, nämlich eine umfassende Hemmung aller Ansprüche aus dem gleichen Lebenssachverhalt, nahe legen. Dies entspräche auch eher der Zielsetzung des Gesetzgebers, den Gläubiger nicht zum prozessualen Aktionismus mit vielen Hilfsanträgen zu zwingen. Da die ersten Ansprüche nach dem neuen Verjährungsrecht frühestens zum 31. Dezember 2004 verjähren, wird mit entsprechenden Entscheidungen erst 2005 oder später zu rechnen sein.

9 Der Neubeginn der Verjährung

War es vor dem 1. Januar 2002 in vielen Fällen möglich, die Verjährung zu unterbrechen und diese nach dem Wegfall des Unterbrechungstatbestandes neu beginnen zu lassen, so sind diese Möglichkeiten mit dem Gesetz zur Schuldrechtsmodernisierung weitgehend durch Hemmungstatbestände ersetzt worden. Nur noch in seltenen Fällen beginnt die Verjährung neu. Die entsprechende Regelung findet sich nunmehr in § 212 BGB, wo statt von der Unterbrechung der Verjährung von deren Neubeginn gesprochen wird. Der Begriff des „Neubeginns" der Verjährung löst also die „Unterbrechung" der Verjährung ab, beschränkt diese aber in § 212 Abs. 1 BGB auf ganz wenige Fälle.

Des Schutzes der Verjährung bedarf es zunächst nicht, wenn der Schuldner durch eigene Handlungen ohne jeden Zweifel erkennen lässt, dass er den Anspruch als bestehend ansieht, während der

Gläubiger schutzbedürftig ist, wenn er im Hinblick hierauf die Rechtsverfolgung unterlässt. Deshalb beginnt die Verjährung neu, wenn der Schuldner den Anspruch durch
- Abschlagszahlung,
- Sicherheitsleistung,
- Zinszahlung
- oder in anderer Weise

anerkennt. Der Gläubiger wird so durch die Regelung des § 212 BGB davor geschützt, dass er einerseits im Vertrauen auf ein den Anspruch bestätigendes Verhalten des Schuldners darauf verzichtet, den bestehenden Anspruch geltend zu machen, und später in diesem Vertrauen enttäuscht wird, wenn der Schuldner sich auf die Einrede der Verjährung beruft.

> **Hinweis:**
> Den Fall, ob in der Erklärung der Aufrechnung zugleich ein Anerkenntnis des Anspruches, gegen den aufgerechnet wird, liegt, entscheidet der Gesetzgeber nicht. Nach der Gesetzesbegründung zur Schuldrechtsmodernisierung soll diese Frage der Rechtsprechung überlassen bleiben. Der Rechtsanwalt des Gläubigers sollte in diesem Fall also eine ausdrückliche Erklärung des Schuldners oder eine die Verjährungsfrist verlängernde Vereinbarung nach § 202 BGB verlangen. Kann er dies nicht erlangen, muss er, dem Grundsatz des sichersten Weges folgend, Maßnahmen zur Hemmung der Verjährung ergreifen, wenn er die Berechtigung der Aufrechnung einerseits bestreiten, andererseits die Verjährung des Anspruches des Gläubigers vermeiden will.

Ein Anerkenntnis im Sinne von § 212 Abs. 1 Nr. 1 BGB liegt nach der Rechtsprechung des BGH[84] vor, wenn sich aus dem – auch rein tatsächlichen – Verhalten des Schuldners gegenüber dem Gläubiger ergibt, dass dem Schuldner das Bestehen des Anspruches dem Grunde nach bewusst ist und das deswegen das Vertrauen des Gläubigers begründet, dass sich der Schuldner nicht nach Ablauf der Verjährungsfrist alsbald auf die Verjährung berufen wird. Ob eine bestimmte Erklärung die Voraussetzungen des die Verjährung unterbrechenden Anerkenntnisses im Sinne des § 212 BGB erfüllt, ist nach der Rechtsprechung allerdings eine Frage der tatrichterlichen Auslegung. Genau aus diesem Grunde empfiehlt es sich, sich hier nicht auf Streitfragen einzulassen, sondern im Zweifelsfall vor Ablauf der Verjährungsfrist eine verjährungsverlängernde Vereinbarung nach § 202 BGB zu schließen.

Nach der Regelung in § 212 Abs. 1 Nr. 1 BGB kann das Anerkenntnis entweder ausdrücklich erfolgen oder konkludent in den Formen einer Abschlagszahlung, einer Zinszahlung, einer Sicherheitsleistung oder aber auch in einer anderen Weise.

Das Anerkenntnis eines Gesamtschuldners wirkt nach § 425 Abs. 2, § 429 Abs. 3 BGB nur für den Gesamtschuldner, der das Anerkenntnis abgegeben hat. Nichts anderes gilt, wenn die Zwangsvollstreckung im Sinne des § 212 Abs. 1 Nr. 2 BGB nur gegen einen von mehreren Gesamtschuldnern betrieben wird. Insoweit ist besondere Vorsicht geboten.

Die Verjährung beginnt nach § 212 Abs. 1 Nr. 2 BGB ebenfalls neu, soweit der Gläubiger durch Vollstreckungsmaßnahmen deutlich macht, dass er auf den titulierten Anspruch besteht, in dem
- eine gerichtliche oder behördliche Vollstreckungshandlung vorgenommen oder
- eine gerichtliche oder behördliche Vollstreckungsmaßnahme beantragt wird.

> **Hinweis:**
> Während der Gerichtsvollzieher bisher nicht als „Gericht" angesehen wurde – was die Befugnisse der Inkassounternehmen zur Stellung des Antrages auf Abgabe einer eidesstattlichen Versicherung begründete – differenziert hier die Gesetzesbegründung nicht mehr hinreichend. Es bleibt zu hoffen, dass dies nicht von Teilen der Rechtsprechung als Begründung für einen Rückschritt in der Antragsbefugnis der Inkassounternehmen im Verfahren zur Vorlage eines Vermögensverzeichnisses und der Abnahme der eidesstattlichen Versicherung nach §§ 807, 899 ZPO genutzt wird.

---

[84] BGH, NJW 2002, 2872 = MDR 2002, 1240 = BGHR 2002, 894 = WM 2003, 930 = VersR 2003, 251.

Beachtet werden muss, dass es nach § 212 Abs. 2 BGB nicht zum Neubeginn der Verjährung kommt, wenn die Vollstreckungshandlung auf Antrag des Gläubigers oder wegen eines Mangels der gesetzlichen Voraussetzungen aufgehoben wird.

> **Hinweis:**
> Hierunter fallen nur die evidenten Fehler bei den Zwangsvollstreckungsvoraussetzungen. Nicht erfasst sind dagegen die Fälle, in denen eine gepfändete Sache unpfändbar ist oder die Vollstreckungshandlung aufgrund einer Drittwiderspruchsklage aufgehoben wird.

Weiterhin kommt es nach § 212 Abs. 3 BGB auch dann nicht zu einem Neubeginn der Verjährung, wenn der Antrag auf Vornahme einer Vollstreckungshandlung zurückgewiesen oder vom Gläubiger zurückgenommen wird. Insbesondere die Zurücknahme des Vollstreckungsantrages muss auf jeden Fall unterbleiben.

> **Hinweis:**
> Soll die Vollstreckung im Nachgang zu einem Ratenzahlungsvergleich oder einer sonstigen Einigung aufgehoben werden, darf dies nur in Verbindung mit einer die Verjährung verlängernden Vereinbarung nach § 202 BGB geschehen.

Beachtet werden muss, dass die Verjährung nicht neu beginnt, wenn die Vollstreckungshandlung bereits vor dem Beginn des Laufes der Verjährung beantragt oder durchgeführt wurde. Dies gilt selbst dann, wenn die Zwangsvollstreckung über den Beginn der Verjährung hinweg fortdauert. Der Gläubiger muss in diesem Fall eine weitere Vollstreckungsmaßnahme beantragen oder die Vollstreckungsart wechseln, etwa neben der Zwangsverwaltung die Zwangsversteigerung oder neben der Zwangsversteigerung die Zwangsverwaltung beantragen.

Liegt ein Fall des § 212 BGB vor, beginnt die Verjährung am Tag nach dem Tatanerkenntnis bzw. dem Antrag oder der Vornahme der gerichtlichen oder behördlichen Vollstreckungshandlung neu. Da es um den Neubeginn einer Verjährungs**frist** geht, ist § 187 BGB hier anwendbar, so dass die Verjährungsfrist am Tage, nach dem die Voraussetzungen des § 212 Abs. 1 BGB vorliegen, neu beginnt und im ursprünglichen Umfang andauert.

Nicht anders als bei der Hemmung der Verjährung gilt allerdings auch hier, dass § 199 BGB und die hier niedergelegte „Silvesterregelung" nicht greift, d.h. die Verjährungsfrist nicht erst mit dem Ende des Jahres neu beginnt, in dem der Unterbrechungstatbestand nach § 212 Abs. 1 BGB verwirklicht ist.

Beachtet werden muss, dass der Neubeginn der Verjährung unmittelbar an dem auf das Ereignis im Sinne des § 212 Abs. 1 BGB folgenden Tag beginnt. Kommt es in der Folge zu weiteren Anerkenntnissen, etwa durch eine fortlaufende Teilzahlung, so beginnt die Verjährung an dem auf die Zahlung folgenden Tag jeweils neu. Nichts anderes gilt, wenn mehrere Vollstreckungsanträge aufeinander folgen.

Anders verhält es sich nur dann, wenn ein Hemmungstatbestand und der Neubeginntatbestand nach § 212 Abs. 1 BGB zusammenfallen. In diesem Fall gilt der Vorrang der Hemmung, was zur Folge hat, dass die Verjährung erst mit dem Wegfall des Hemmungsgrundes neu beginnt.

IV Anhang

1 Die allgemeinen Verjährungsregelungen des BGB

Bürgerliches Gesetzbuch

vom 2.1.2002 (BGBl. I 2002 S. 42), zuletzt geändert durch Gesetz zur Anpassung von Verjährungsvorschriften an das Gesetz zur Modernisierung des Schuldrechts (BTDrucks. 15/3653 vom 24.8.2004; BTDrucks. 15/4060 vom 27.10.2004)

Abschnitt 5 Verjährung

Titel 1
Gegenstand und Dauer der Verjährung

§ 194 Gegenstand der Verjährung

(1) Das Recht, von einem anderen ein Tun oder Unterlassen zu verlangen (Anspruch), unterliegt der Verjährung.
(2) Ansprüche aus einem familienrechtlichen Verhältnis unterliegen der Verjährung nicht, soweit sie auf die Herstellung des dem Verhältnis entsprechenden Zustands für die Zukunft gerichtet sind.

§ 195 Regelmäßige Verjährungsfrist

Die regelmäßige Verjährungsfrist beträgt drei Jahre.

§ 196 Verjährungsfrist bei Rechten an einem Grundstück

Ansprüche auf Übertragung des Eigentums an einem Grundstück sowie auf Begründung, Übertragung oder Aufhebung eines Rechts an einem Grundstück oder auf Änderung des Inhalts eines solchen Rechts sowie die Ansprüche auf die Gegenleistung verjähren in zehn Jahren.

§ 197 Dreißigjährige Verjährungsfrist

(1) In 30 Jahren verjähren, soweit nicht ein anderes bestimmt ist,
1. Herausgabeansprüche aus Eigentum und anderen dinglichen Rechten,
2. familien- und erbrechtliche Ansprüche,
3. rechtskräftig festgestellte Ansprüche,
4. Ansprüche aus vollstreckbaren Vergleichen oder vollstreckbaren Urkunden,
5. Ansprüche, die durch die im Insolvenzverfahren erfolgte Feststellung vollstreckbar geworden sind, und
6. Ansprüche auf Erstattung der Kosten der Zwangsvollstreckung.

(2) Soweit Ansprüche nach Absatz 1 Nr. 2 regelmäßig wiederkehrende Leistungen oder Unterhaltsleistungen und Ansprüche nach Absatz 1 Nr. 3 bis 5 künftig fällig werdende regelmäßig wiederkehrende Leistungen zum Inhalt haben, tritt an die Stelle der Verjährungsfrist von 30 Jahren die regelmäßige Verjährungsfrist.

§ 198 Verjährung bei Rechtsnachfolge

Gelangt eine Sache, hinsichtlich derer ein dinglicher Anspruch besteht, durch Rechtsnachfolge in den Besitz eines Dritten, so kommt die während des Besitzes des Rechtsvorgängers verstrichene Verjährungszeit dem Rechtsnachfolger zugute.

§ 199 Beginn der regelmäßigen Verjährungsfrist und Höchstfristen

(1) Die regelmäßige Verjährungsfrist beginnt mit dem Schluss des Jahres, in dem
1. der Anspruch entstanden ist und
2. der Gläubiger von den den Anspruch begründenden Umständen und der Person des Schuldners Kenntnis erlangt oder ohne grobe Fahrlässigkeit erlangen müsste.

(2) Schadensersatzansprüche, die auf der Verletzung des Lebens, des Körpers, der Gesundheit oder der Freiheit beruhen, verjähren ohne Rücksicht auf ihre Entstehung und die Kenntnis oder grob fahrlässige Unkenntnis in 30 Jahren von der Begehung der Handlung, der Pflichtverletzung oder dem sonstigen, den Schaden auslösenden Ereignis an.
(3) Sonstige Schadensersatzansprüche verjähren
1. ohne Rücksicht auf die Kenntnis oder grob fahrlässige Unkenntnis in zehn Jahren von ihrer Entstehung an und
2. ohne Rücksicht auf ihre Entstehung und die Kenntnis oder grob fahrlässige Unkenntnis in 30 Jahren von der Begehung der Handlung, der Pflichtverletzung oder dem sonstigen, den Schaden auslösenden Ereignis an.

Maßgeblich ist die früher endende Frist.
(4) Andere Ansprüche als Schadensersatzansprüche verjähren ohne Rücksicht auf die Kenntnis oder grob fahrlässige Unkenntnis in zehn Jahren von ihrer Entstehung an.
(5) Geht der Anspruch auf ein Unterlassen, so tritt an die Stelle der Entstehung die Zuwiderhandlung.

§ 200 Beginn anderer Verjährungsfristen

Die Verjährungsfrist von Ansprüchen, die nicht der regelmäßigen Verjährungsfrist unterliegen, beginnt mit der Entstehung des Anspruchs, soweit nicht ein anderer Verjährungsbeginn bestimmt ist. § 199 Abs. 5 findet entsprechende Anwendung.

§ 201 Beginn der Verjährungsfrist von festgestellten Ansprüchen

Die Verjährung von Ansprüchen der in § 197 Abs. 1 Nr. 3 bis 6 bezeichneten Art beginnt mit der Rechtskraft der Entscheidung, der Errichtung des vollstreckbaren Titels oder der Feststellung im Insolvenzverfahren, nicht jedoch vor der Entstehung des Anspruchs. § 199 Abs. 5 findet entsprechende Anwendung.

§ 202 Unzulässigkeit von Vereinbarungen über die Verjährung

(1) Die Verjährung kann bei Haftung wegen Vorsatzes nicht im Voraus durch Rechtsgeschäft erleichtert werden.
(2) Die Verjährung kann durch Rechtsgeschäft nicht über eine Verjährungsfrist von 30 Jahren ab dem gesetzlichen Verjährungsbeginn hinaus erschwert werden.

Titel 2
Hemmung, Ablaufhemmung und Neubeginn der Verjährung

§ 203 Hemmung der Verjährung bei Verhandlungen

Schweben zwischen dem Schuldner und dem Gläubiger Verhandlungen über den Anspruch oder die den Anspruch begründenden Umstände, so ist die Verjährung gehemmt, bis der eine oder der andere Teil die Fortsetzung der Verhandlungen verweigert. Die Verjährung tritt frühestens drei Monate nach dem Ende der Hemmung ein.

§ 204 Hemmung der Verjährung durch Rechtsverfolgung

(1) Die Verjährung wird gehemmt durch
1. die Erhebung der Klage auf Leistung oder auf Feststellung des Anspruchs, auf Erteilung der Vollstreckungsklausel oder auf Erlass des Vollstreckungsurteils,
2. die Zustellung des Antrags im vereinfachten Verfahren über den Unterhalt Minderjähriger,
3. die Zustellung des Mahnbescheids im Mahnverfahren,
4. die Veranlassung der Bekanntgabe des Güteantrags, der bei einer durch die Landesjustizverwaltung eingerichteten oder anerkannten Gütestelle oder, wenn die Parteien den Einigungsversuch einvernehmlich unternehmen, bei einer sonstigen Gütestelle, die Streitbeilegungen betreibt, eingereicht ist; wird die Bekanntgabe demnächst nach der Einreichung des Antrags veranlasst, so tritt die Hemmung der Verjährung bereits mit der Einreichung ein,
5. die Geltendmachung der Aufrechnung des Anspruchs im Prozess,
6. die Zustellung der Streitverkündung,
7. die Zustellung des Antrags auf Durchführung eines selbständigen Beweisverfahrens,
8. den Beginn eines vereinbarten Begutachtungsverfahrens oder die Beauftragung des Gutachters in dem Verfahren nach § 641a,
9. die Zustellung des Antrags auf Erlass eines Arrests, einer einstweiligen Verfügung oder einer einstweiligen Anordnung, oder, wenn der Antrag nicht zugestellt wird, dessen Einreichung, wenn der Arrestbefehl, die einstweilige Verfügung oder die einstweilige Anordnung innerhalb eines Monats seit Verkündung oder Zustellung an den Gläubiger dem Schuldner zugestellt wird,
10. die Anmeldung des Anspruchs im Insolvenzverfahren oder im Schifffahrtsrechtlichen Verteilungsverfahren,
11. den Beginn des schiedsrichterlichen Verfahrens,
12. die Einreichung des Antrags bei einer Behörde, wenn die Zulässigkeit der Klage von der Vorentscheidung dieser Behörde abhängt und innerhalb von drei Monaten nach Erledigung des Gesuchs die Klage erhoben wird; dies gilt entsprechend für bei einem Gericht oder bei einer in Nummer 4 bezeichneten Gütestelle zu stellende Anträge, deren Zulässigkeit von der Vorentscheidung einer Behörde abhängt,
13. die Einreichung des Antrags bei dem höheren Gericht, wenn dieses das zuständige Gericht zu bestimmen hat und innerhalb von drei Monaten nach Erledigung des Gesuchs die Klage erhoben oder der Antrag, für den die Gerichtsstandsbestimmung zu erfolgen hat, gestellt wird,
14. die Veranlassung der Bekanntgabe des erstmaligen Antrags auf Gewährung von Prozesskostenhilfe; wird die Bekanntgabe demnächst nach der Einreichung des Antrags veranlasst, so tritt die Hemmung der Verjährung bereits mit der Einreichung ein.

(2) Die Hemmung nach Absatz 1 endet sechs Monate nach der rechtskräftigen Entscheidung oder anderweitigen Beendigung des eingeleiteten Verfahrens. Gerät das Verfahren dadurch in Stillstand, dass die Parteien es nicht betreiben, so tritt an die Stelle der Beendigung des Verfahrens die letzte Verfahrenshandlung der Parteien, des Gerichts oder der sonst mit dem Verfahren befassten Stelle. Die Hemmung beginnt erneut, wenn eine der Parteien das Verfahren weiter betreibt.
(3) Auf die Frist nach Absatz 1 Nr. 9, 12 und 13 finden die §§ 206, 210 und 211 entsprechende Anwendung.

§ 205 Hemmung der Verjährung bei Leistungsverweigerungsrecht

Die Verjährung ist gehemmt, solange der Schuldner auf Grund einer Vereinbarung mit dem Gläubiger vorübergehend zur Verweigerung der Leistung berechtigt ist.

§ 206 Hemmung der Verjährung bei höherer Gewalt

Die Verjährung ist gehemmt, solange der Gläubiger innerhalb der letzten sechs Monate der Verjährungsfrist durch höhere Gewalt an der Rechtsverfolgung gehindert ist.

§ 207 Hemmung der Verjährung aus familiären und ähnlichen Gründen

(1) Die Verjährung von Ansprüchen zwischen Ehegatten ist gehemmt, solange die Ehe besteht. Das Gleiche gilt für Ansprüche zwischen
1. Lebenspartnern, solange die Lebenspartnerschaft besteht,
2. Eltern und Kindern und dem Ehegatten eines Elternteils und dessen Kindern während der Minderjährigkeit der Kinder,
3. dem Vormund und dem Mündel während der Dauer des Vormundschaftsverhältnisses,
4. dem Betreuten und dem Betreuer während der Dauer des Betreuungsverhältnisses und
5. dem Pflegling und dem Pfleger während der Dauer der Pflegschaft.

Die Verjährung von Ansprüchen des Kindes gegen den Beistand ist während der Dauer der Beistandschaft gehemmt.
(2) § 208 bleibt unberührt.

§ 208 Hemmung der Verjährung bei Ansprüchen wegen Verletzung der sexuellen Selbstbestimmung

Die Verjährung von Ansprüchen wegen Verletzung der sexuellen Selbstbestimmung ist bis zur Vollendung des 21. Lebensjahrs des Gläubigers gehemmt. Lebt der Gläubiger von Ansprüchen wegen Verletzung der sexuellen Selbstbestimmung bei Beginn der Verjährung mit dem Schuldner in häuslicher Gemeinschaft, so ist die Verjährung auch bis zur Beendigung der häuslichen Gemeinschaft gehemmt.

§ 209 Wirkung der Hemmung

Der Zeitraum, während dessen die Verjährung gehemmt ist, wird in die Verjährungsfrist nicht eingerechnet

§ 210 Ablaufhemmung bei nicht voll Geschäftsfähigen

(1) Ist eine geschäftsunfähige oder in der Geschäftsfähigkeit beschränkte Person ohne gesetzlichen Vertreter, so tritt eine für oder gegen sie laufende Verjährung nicht vor dem Ablauf von sechs Monaten nach dem Zeitpunkt ein, in dem die Person unbeschränkt geschäftsfähig oder der Mangel der Vertretung behoben wird. Ist die Verjährungsfrist kürzer als sechs Monate, so tritt der für die Verjährung bestimmte Zeitraum an die Stelle der sechs Monate.
(2) Absatz 1 findet keine Anwendung, soweit eine in der Geschäftsfähigkeit beschränkte Person prozessfähig ist.

§ 211 Ablaufhemmung in Nachlassfällen

Die Verjährung eines Anspruchs, der zu einem Nachlass gehört oder sich gegen einen Nachlass richtet, tritt nicht vor dem Ablauf von sechs Monaten nach dem Zeitpunkt ein, in dem die Erbschaft von dem Erben angenommen oder das Insolvenzverfahren über den Nachlass eröffnet wird oder von dem an der Anspruch von einem oder gegen einen Vertreter geltend gemacht werden kann. Ist die Verjährungsfrist kürzer als sechs Monate, so tritt der für die Verjährung bestimmte Zeitraum an die Stelle der sechs Monate.

§ 212 Neubeginn der Verjährung

(1) Die Verjährung beginnt erneut, wenn
1. der Schuldner dem Gläubiger gegenüber den Anspruch durch Abschlagszahlung, Zinszahlung, Sicherheitsleistung oder in anderer Weise anerkennt oder
2. eine gerichtliche oder behördliche Vollstreckungshandlung vorgenommen oder beantragt wird.
(2) Der erneute Beginn der Verjährung infolge einer Vollstreckungshandlung gilt als nicht eingetreten, wenn die Vollstreckungshandlung auf Antrag des Gläubigers oder wegen Mangels der gesetzlichen Voraussetzungen aufgehoben wird.

(3) Der erneute Beginn der Verjährung durch den Antrag auf Vornahme einer Vollstreckungshandlung gilt als nicht eingetreten, wenn dem Antrag nicht stattgegeben oder der Antrag vor der Vollstreckungshandlung zurückgenommen oder die erwirkte Vollstreckungshandlung nach Absatz 2 aufgehoben wird.

§ 213 Hemmung, Ablaufhemmung und erneuter Beginn der Verjährung bei anderen Ansprüchen

Die Hemmung, die Ablaufhemmung und der erneute Beginn der Verjährung gelten auch für Ansprüche, die aus demselben Grunde wahlweise neben dem Anspruch oder an seiner Stelle gegeben sind.

Titel 3
Rechtsfolgen der Verjährung

§ 214 Wirkung der Verjährung

(1) Nach Eintritt der Verjährung ist der Schuldner berechtigt, die Leistung zu verweigern.
(2) Das zur Befriedigung eines verjährten Anspruchs Geleistete kann nicht zurückgefordert werden, auch wenn in Unkenntnis der Verjährung geleistet worden ist. Das Gleiche gilt von einem vertragsmäßigen Anerkenntnis sowie einer Sicherheitsleistung des Schuldners.

§ 215 Aufrechnung und Zurückbehaltungsrecht nach Eintritt der Verjährung

Die Verjährung schließt die Aufrechnung und die Geltendmachung eines Zurückbehaltungsrechts nicht aus, wenn der Anspruch in dem Zeitpunkt noch nicht verjährt war, in dem erstmals aufgerechnet oder die Leistung verweigert werden konnte.

§ 216 Wirkung der Verjährung bei gesicherten Ansprüchen

(1) Die Verjährung eines Anspruchs, für den eine Hypothek, eine Schiffshypothek oder ein Pfandrecht besteht, hindert den Gläubiger nicht, seine Befriedigung aus dem belasteten Gegenstand zu suchen.
(2) Ist zur Sicherung eines Anspruchs ein Recht verschafft worden, so kann die Rückübertragung nicht auf Grund der Verjährung des Anspruchs gefordert werden. Ist das Eigentum vorbehalten, so kann der Rücktritt vom Vertrag auch erfolgen, wenn der gesicherte Anspruch verjährt ist.
(3) Die Absätze 1 und 2 finden keine Anwendung auf die Verjährung von Ansprüchen auf Zinsen und andere wiederkehrende Leistungen.

§ 217 Verjährung von Nebenleistungen

Mit dem Hauptanspruch verjährt der Anspruch auf die von ihm abhängenden Nebenleistungen, auch wenn die für diesen Anspruch geltende besondere Verjährung noch nicht eingetreten ist.

§ 218 Unwirksamkeit des Rücktritts

(1) Der Rücktritt wegen nicht oder nicht vertragsgemäß erbrachter Leistung ist unwirksam, wenn der Anspruch auf die Leistung oder der Nacherfüllungsanspruch verjährt ist und der Schuldner sich hierauf beruft. Dies gilt auch, wenn der Schuldner nach § 275 Abs. 1 bis 3, § 439 Abs. 3 oder § 635 Abs. 3 nicht zu leisten braucht und der Anspruch auf die Leistung oder der Nacherfüllungsanspruch verjährt wäre. § 216 Abs. 2 Satz 2 bleibt unberührt.

(2) § 214 Abs. 2 findet entsprechende Anwendung.

2 Übersichtsschema: Höchstfristen bei der Regelverjährung

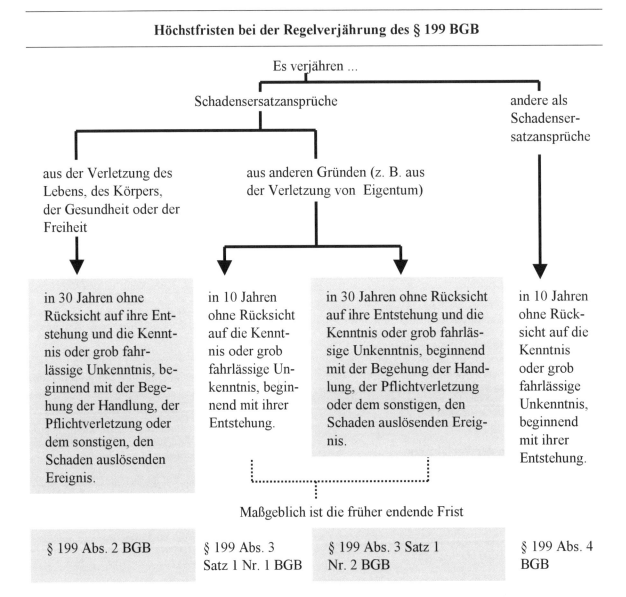

3 Das Gesetz zur Anpassung von Verjährungsvorschriften

Entwurf eines Gesetzes zur Anpassung von Verjährungsvorschriften an das Gesetz zur Modernisierung des Schuldrechts

(BTDrucks. 15/3653 vom 24.8.2004, geändert durch BTDrucks. 15/4060 vom 27.10.2004)

Artikel 1
Änderung des Arzneimittelgesetzes

§ 90 des Arzneimittelgesetzes in der Fassung der Bekanntmachung vom 11. Dezember 1998 (BGBl. I S. 3586), das zuletzt durch ... geändert worden ist, wird aufgehoben.

Artikel 2
Änderung des Lebensmittelspezialitätengesetzes

§ 3 Abs. 4 des Lebensmittelspezialitätengesetzes vom 29. Oktober 1993 (BGBl. I S. 1814), das zuletzt durch ... geändert worden ist, wird aufgehoben.

Artikel 3
Änderung des Bundes-Bodenschutzgesetzes

In § 24 Abs. 2 Satz 3 des Bundes-Bodenschutzgesetzes vom 17. März 1998 (BGBl. I S. 502), das zuletzt durch ... geändert worden ist, werden der Punkt am Satzende durch ein Semikolon ersetzt und folgender Halbsatz eingefügt:
„die §§ 438, 548 und 606 des Bürgerlichen Gesetzbuchs sind nicht anzuwenden."

Artikel 4
Änderung der Bundesrechtsanwaltsordnung

Die Bundesrechtsanwaltsordnung in der im Bundesgesetzblatt Teil III, Gliederungsnummer 303-8, veröffentlichten bereinigten Fassung, zuletzt geändert durch ..., wird wie folgt geändert:
1. § 51b wird aufgehoben.
2. In § 59m Abs. 2 wird die Angabe „§§ 51b, 52 Abs. 2" durch die Angabe „§ 52 Abs. 2" ersetzt.

Artikel 5
Änderung der Insolvenzordnung

Die Insolvenzordnung vom 5. Oktober 1994 (BGBl. I S. 2866), zuletzt geändert durch ..., wird wie folgt geändert:
1. § 26 Abs. 3 Satz 3 wird aufgehoben.
2. § 62 Satz 1 wird wie folgt gefasst:
„Die Verjährung des Anspruchs auf Ersatz des Schadens, der aus einer Pflichtverletzung des Insolvenzverwalters entstanden ist, richtet sich nach den Regelungen über die regelmäßige Verjährung nach dem Bürgerlichen Gesetzbuch."
3. § 146 Abs. 1 wird wie folgt gefasst:
„(1) Die Verjährung des Anfechtungsanspruchs richtet sich nach den Regelungen über die regelmäßige Verjährung nach dem Bürgerlichen Gesetzbuch."
4. § 147 wird wie folgt geändert:
   a) Die Absatzbezeichnung „(1)" wird gestrichen.
   b) Absatz 2 wird aufgehoben.

Artikel 6
Änderung des Einführungsgesetzes zum Bürgerlichen Gesetzbuche

Dem Artikel 229 des Einführungsgesetzes zum Bürgerlichen Gesetzbuche in der Fassung der Bekanntmachung vom 21. September 1994 (BGBl. I S. 2494, 1997 I S. 1061), das zuletzt durch ... geändert worden ist, wird folgender § 11 angefügt:

„§ 11
Überleitungsvorschrift zum Gesetz zur Anpassung von Verjährungsvorschriften an das Gesetz zur Modernisierung des Schuldrechts

(1) Auf die Verjährungsfristen gemäß den durch das Gesetz zur Anpassung von Verjährungsvorschriften an das Gesetz zur Modernisierung des Schuldrechts vom ... (BGBl. I S. ...) geänderten Vorschriften

1. im Arzneimittelgesetz,
2. im Lebensmittelspezialitätengesetz,
3. in der Bundesrechtsanwaltsordnung,
4. in der Insolvenzordnung,
5. im Bürgerlichen Gesetzbuch,
6. im Gesetz zur Regelung der Wohnungsvermittlung,
7. im Handelsgesetzbuch,
8. im Umwandlungsgesetz,
9. im Aktiengesetz,
10. im Gesetz betreffend die Gesellschaften mit beschränkter Haftung,
11. im Gesetz betreffend die Erwerbs- und Wirtschaftsgenossenschaften,
12. in der Patentanwaltsordnung,
13. im Steuerberatungsgesetz,
14. in der Verordnung über Allgemeine Bedingungen für die Elektrizitätsversorgung von Tarifkunden,
15. in der Verordnung über Allgemeine Bedingungen für die Gasversorgung von Tarifkunden,
16. in der Verordnung über Allgemeine Bedingungen für die Versorgung mit Wasser,
17. in der Verordnung über Allgemeine Bedingungen für die Versorgung mit Fernwärme,
18. im Rindfleischetikettierungsgesetz,

19. in der Telekommunikations-Kundenschutzverordnung und
20. in der Verordnung über die Allgemeinen Beförderungsbedingungen für den Straßenbahn- und Obusverkehr sowie für den Linienverkehr mit Kraftfahrzeugen

ist § 6 entsprechend anzuwenden, soweit nicht ein anderes bestimmt ist. An die Stelle des 1. Januar 2002 tritt der ... [einsetzen: Datum des Inkrafttretens des Gesetzes zur Anpassung von Verjährungsvorschriften an das Gesetz zur Modernisierung des Schuldrechts], an die Stelle des 31. Dezember 2001 der ... [einsetzen: Datum des letzten Tages vor dem Inkrafttreten des Gesetzes zur Anpassung von Verjährungsvorschriften an das Gesetz zur Modernisierung des Schuldrechts]."

(2) Noch nicht verjährte Ansprüche, deren Verjährung sich nach Maßgabe des bis zum ... [einsetzen: Datum des letzten Tages vor dem Inkrafttreten des Gesetzes zur Anpassung von Verjährungsvorschriften an das Gesetz zur Modernisierung des Schuldrechts] geltenden Rechts nach den Regelungen über die regelmäßige Verjährung nach dem Bürgerlichen Gesetzbuch bestimmt hat und für die durch das Gesetz zur Anpassung von Verjährungsvorschriften an das Gesetz zur Modernisierung des Schuldrechts längere Verjährungsfristen bestimmt werden, verjähren nach den durch dieses Gesetz eingeführten Vorschriften. Der Zeitraum, der vor dem ... [einsetzen: Datum des Inkrafttretens des Gesetzes zur Anpassung von Verjährungsvorschriften an das Gesetz zur Modernisierung des Schuldrechts] abgelaufen ist, wird in die Verjährungsfrist eingerechnet.

Artikel 7
Änderung des Bürgerlichen Gesetzbuchs

Das Bürgerliche Gesetzbuch in der Fassung der Bekanntmachung vom 2. Januar 2002 (BGBl. I S. 42, 2909, 2003 I S. 738), zuletzt geändert durch ..., wird wie folgt geändert:

1. § 197 Abs. 1 wird wie folgt geändert:
   a) In Nummer 4 wird das Wort „und" durch ein Komma ersetzt.
   b) In Nummer 5 werden der Punkt durch ein Komma ersetzt und das Wort „und" angefügt.
   c) Nach Nummer 5 wird folgende Nummer 6 angefügt:
   „6. Ansprüche auf Erstattung der Kosten der Zwangsvollstreckung."
2. In § 201 Satz 1 wird die Ziffer „5" durch die Ziffer „6"ersetzt.
3. § 1996 Abs. 1 wird wie folgt gefasst:
   „(1) War der Erbe ohne sein Verschulden verhindert, das Inventar rechtzeitig zu errichten, die nach den Umständen gerechtfertigte Verlängerung der Inventarfrist zu beantragen oder die in Absatz 2 bestimmte Frist von zwei Wochen einzuhalten, so hat ihm auf seinen Antrag das Nachlassgericht eine neue Inventarfrist zu bestimmen."
4. § 1997 wird wie folgt gefasst:
   „§ 1997
   Hemmung des Fristablaufs
   Auf den Lauf der Inventarfrist und der im § 1996 Abs. 2 bestimmten Frist von zwei Wochen finden die für die Verjährung geltenden Vorschriften des § 210 entsprechende Anwendung."

Artikel 8
Änderung des Gesetzes zur Regelung der Wohnungsvermittlung

§ 5 Abs. 1 Satz 2 des Gesetzes zur Regelung der Wohnungsvermittlung vom 4. November 1971 (BGBl. I S. 1745, 1747), das zuletzt durch ... geändert worden ist, wird aufgehoben.

Artikel 9
Änderung des Handelsgesetzbuchs

Das Handelsgesetzbuch in der im Bundesgesetzblatt Teil III, Gliederungsnummer 4100-1, veröffentlichten bereinigten Fassung, zuletzt geändert durch ..., wird wie folgt geändert:

1. § 61 Abs. 2 wird wie folgt gefasst:
   „(2) Die Ansprüche verjähren in drei Monaten von dem Zeitpunkt an, in welchem der Prinzipal Kenntnis von dem Abschluss des Geschäfts erlangt oder ohne grobe Fahrlässigkeit erlangen müsste; sie verjähren ohne Rücksicht auf diese Kenntnis oder grob fahrlässige Unkenntnis in fünf Jahren von dem Abschluss des Geschäfts an."
2. § 88 wird aufgehoben.
3. § 113 Abs. 3 wird wie folgt gefasst:
   „(3) Die Ansprüche verjähren in drei Monaten von dem Zeitpunkt an, in welchem die übrigen Gesellschafter von dem Abschluss des Geschäfts oder von der Teilnahme des Gesellschafters an der anderen Gesellschaft Kenntnis erlangen oder ohne grobe Fahrlässigkeit erlangen müssten; sie verjähren ohne Rücksicht auf diese Kenntnis oder grob fahrlässige Unkenntnis in fünf Jahren von ihrer Entstehung an."
4. § 902 wird wie folgt geändert:
   a) Die Absatzbezeichnung „(1)" wird gestrichen.
   b) Absatz 2 wird aufgehoben.
5. In § 903 Abs. 3 Satz 1 wird die Angabe „Abs. 1" gestrichen.
6. § 905 wird aufgehoben.

Artikel 10
Änderung des Umwandlungsgesetzes

§ 93 Abs. 4 des Umwandlungsgesetzes vom 28. Oktober 1994 (BGBl. I S. 3210, 1995 I S. 428), das zuletzt durch ... geändert worden ist, wird aufgehoben.

Artikel 11
Änderung des Aktiengesetzes

Das Aktiengesetz vom 6. September 1965 (BGBl. I S. 1089), zuletzt geändert durch ..., wird wie folgt geändert:

1. In § 51 Satz 1 wird die Angabe „den §§ 46 bis 49" durch die Angabe „den §§ 46 bis 48" ersetzt.
2. Dem § 54 wird folgender Absatz 4 angefügt:
   „(4) Der Anspruch der Gesellschaft auf Leistung der Einlagen verjährt in zehn Jahren von seiner Entstehung an. Wird das Insolvenzverfahren über das Vermögen der Gesellschaft eröffnet, so tritt die Verjährung nicht vor Ablauf von sechs Monaten ab dem Zeitpunkt der Eröffnung ein."
3. § 62 Abs. 3 wird wie folgt gefasst:
   „(3) Die Ansprüche nach diesen Vorschriften verjähren in zehn Jahren seit dem Empfang der Leistung. § 54 Abs. 4 Satz 2 findet entsprechende Anwendung."
4. § 88 Abs. 3 wird wie folgt gefasst:
   „(3) Die Ansprüche der Gesellschaft verjähren in drei Monaten seit dem Zeitpunkt, in dem die übrigen Vorstandsmitglieder und die Aufsichtsratsmitglieder von der zum Schadensersatz verpflichtenden Handlung Kenntnis erlangen oder ohne grobe Fahrlässigkeit erlangen müssten. Sie verjähren ohne Rücksicht auf diese Kenntnis oder grob fahrlässige Unkenntnis in fünf Jahren von ihrer Entstehung an."

5. § 284 Abs. 3 wird wie folgt gefasst:
   „(3) Die Ansprüche der Gesellschaft verjähren in drei Monaten seit dem Zeitpunkt, in dem die übrigen persönlich haftenden Gesellschafter und die Aufsichtsratsmitglieder von der zum Schadensersatz verpflichtenden Handlung Kenntnis erlangen oder ohne grobe Fahrlässigkeit erlangen müssten. Sie verjähren ohne Rücksicht auf diese Kenntnis oder grob fahrlässige Unkenntnis in fünf Jahren von ihrer Entstehung an."

6. Dem § 302 wird folgender Absatz 4 angefügt:
   „(4) Die Ansprüche aus diesen Vorschriften verjähren in zehn Jahren seit dem Tag, an dem die Eintragung der Beendigung des Vertrags in das Handelsregister nach § 10 des Handelsgesetzbuchs als bekannt gemacht gilt."

7. § 327 Abs. 4 wird wie folgt gefasst:
   „(4) Endet die Eingliederung, so haftet die frühere Hauptgesellschaft für die bis dahin begründeten Verbindlichkeiten der bisher eingegliederten Gesellschaft, wenn sie vor Ablauf von fünf Jahren nach dem Ende der Eingliederung fällig und daraus Ansprüche gegen die frühere Hauptgesellschaft in einer in § 197 Abs. 1 Nr. 3 bis 5 des Bürgerlichen Gesetzbuchs bezeichneten Art festgestellt sind oder eine gerichtliche oder behördliche Vollstreckungshandlung vorgenommen oder beantragt wird; bei öffentlich-rechtlichen Verbindlichkeiten genügt der Erlass eines Verwaltungsakts. Die Frist beginnt mit dem Tag, an dem die Eintragung des Endes der Eingliederung in das Handelsregister nach § 10 des Handelsgesetzbuchs als bekannt gemacht gilt. Die für die Verjährung geltenden §§ 204, 206, 210, 211 und 212 Abs. 2 und 3 des Bürgerlichen Gesetzbuchs sind entsprechend anzuwenden. Einer Feststellung in einer in § 197 Abs. 1 Nr. 3 bis 5 des Bürgerlichen Gesetzbuchs bezeichneten Art bedarf es nicht, soweit die frühere Hauptgesellschaft den Anspruch schriftlich anerkannt hat."

Artikel 12
Änderung des Einführungsgesetzes zum Aktiengesetz

Nach § 26d des Einführungsgesetzes zum Aktiengesetz vom 6. September 1965 (BGBl. I S. 1185), das zuletzt durch ... geändert worden ist, wird folgender § 26e eingefügt:

„§ 26e
Übergangsregelung zum Gesetz zur Anpassung von Verjährungsvorschriften an das Gesetz zur Modernisierung des Schuldrechts

§ 327 Abs. 4 des Aktiengesetzes in der ab dem ... [einsetzen: Datum des Inkrafttretens des Gesetzes zur Anpassung von Verjährungsvorschriften an das Gesetz zur Modernisierung des Schuldrechts] geltenden Fassung ist auf vor diesem Datum entstandene Verbindlichkeiten anzuwenden, wenn

1. die Eintragung des Endes der Eingliederung in das Handelsregister nach § 10 des Handelsgesetzbuchs nach diesem Datum als bekannt gemacht gilt und

2. die Verbindlichkeiten nicht später als vier Jahre nach dem Tag, an dem die Eintragung des Endes der Eingliederung in das Handelsregister nach § 10 des Handelsgesetzbuchs als bekannt gemacht gilt, fällig werden.

Auf später fällig werdende Verbindlichkeiten im Sinne des Satzes 1 ist das bisher geltende Recht mit der Maßgabe anwendbar, dass die Verjährungsfrist ein Jahr beträgt."

Artikel 13
Änderung des Gesetzes betreffend die Gesellschaften mit beschränkter Haftung

Das Gesetz betreffend die Gesellschaften mit beschränkter Haftung in der im Bundesgesetzblatt Teil III, Gliederungsnummer 4123-1, veröffentlichten bereinigten Fassung, zuletzt geändert durch ..., wird wie folgt geändert:

1. In § 9 Abs. 2 wird das Wort „fünf" durch das Wort „zehn" ersetzt.

2. Dem § 19 wird folgender Absatz 6 angefügt:
   „(6) Der Anspruch der Gesellschaft auf Leistung der Einlagen verjährt in zehn Jahren von seiner Entstehung an. Wird das Insolvenzverfahren über das Vermögen der Gesellschaft eröffnet, so tritt die Verjährung nicht vor Ablauf von sechs Monaten ab dem Zeitpunkt der Eröffnung ein."

3. § 31 wird wie folgt geändert:
   a) Absatz 5 wird wie folgt gefasst:
      „(5) Die Ansprüche der Gesellschaft verjähren in den Fällen des Absatzes 1 in zehn Jahren sowie in den Fällen des Absatzes 3 in fünf Jahren. Die Verjährung beginnt mit dem Ablauf des Tages, an welchem die Zahlung, deren Erstattung beansprucht wird, geleistet ist. In den Fällen des Absatzes 1 findet § 19 Abs. 6 Satz 2 entsprechende Anwendung."
   b) Dem Absatz 6 wird folgender Satz angefügt:
      „Die Bestimmungen in § 43 Abs. 1 und 4 finden entsprechende Anwendung."

4. § 55 Abs. 4 wird wie folgt gefasst:
   „(4) Die Bestimmungen in § 5 Abs. 1 und 3 über den Betrag der Stammeinlagen, die Bestimmung in § 5 Abs. 2 über die Unzulässigkeit der Übernahme mehrerer Stammeinlagen sowie die Bestimmungen in § 19 Abs. 6 über die Verjährung finden auch hinsichtlich der auf das erhöhte Kapital zu leistenden Stammeinlagen Anwendung."

Artikel 14
Änderung des Gesetzes betreffend die Erwerbs- und Wirtschaftsgenossenschaften

Das Gesetz betreffend die Erwerbs- und Wirtschaftsgenossenschaften in der Fassung der Bekanntmachung vom 19. August 1994 (BGBl. I S. 2202), zuletzt geändert durch ..., wird wie folgt geändert:

1. Dem § 22 wird folgender Absatz 6 angefügt:
   „(6) Der Anspruch der Genossenschaft auf Leistung von Einzahlungen auf den Geschäftsanteil verjährt in zehn Jahren von seiner Entstehung an. Wird das Insolvenzverfahren über das Vermögen der Genossenschaft eröffnet, so tritt die Verjährung nicht vor Ablauf von sechs Monaten ab dem Zeitpunkt der Eröffnung ein."

2. § 62 Abs. 6 wird aufgehoben.

3. § 74 wird aufgehoben.

4. In § 77 Abs. 4 wird die Angabe „die §§ 73 bis 75" durch die Angabe „die §§ 73 und 75" ersetzt.

5. § 118 Abs. 4 Satz 3 wird aufgehoben.

Artikel 15
Änderung der Patentanwaltsordnung

Die Patentsanwaltsordnung vom 7. September 1966 (BGBl. I S. 557), zuletzt geändert durch ..., wird wie folgt geändert:
1. § 45b wird aufgehoben.
2. In § 52m Abs. 2 wird die Angabe „§§ 45b, 49 und 50 bis 52" durch die Angabe „§§ 49 und 50 bis 52" ersetzt.

Artikel 16
Änderung des Steuerberatungsgesetzes

Das Steuerberatungsgesetz in der Fassung der Bekanntmachung vom 4. November 1975 (BGBl. I S. 2735), zuletzt geändert durch ...., wird wie folgt geändert:
1. In der Inhaltsübersicht wird die Angabe zu § 68 wie folgt gefasst:
   „(weggefallen) § 68".
2. § 68 wird aufgehoben.

Artikel 17
Änderung der Verordnung über Allgemeine Bedingungen für die Elektrizitätsversorgung von Tarifkunden

§ 7 der Verordnung über Allgemeine Bedingungen für die Elektrizitätsversorgung von Tarifkunden vom 21. Juni 1979 (BGBl. I S. 684), die zuletzt durch ... geändert worden ist, wird aufgehoben.

Artikel 18
Änderung der Verordnung über Allgemeine Bedingungen für die Gasversorgung von Tarifkunden

§ 7 der Verordnung über Allgemeine Bedingungen für die Gasversorgung von Tarifkunden vom 21. Juni 1979 (BGBl. I S. 676), die zuletzt durch ... geändert worden ist, wird aufgehoben.

Artikel 19
Änderung der Verordnung über Allgemeine Bedingungen für die Versorgung mit Wasser

§ 7 der Verordnung über Allgemeine Bedingungen für die Versorgung mit Wasser vom 20. Juni 1980 (BGBl. I S. 750, 1067), die zuletzt durch ... geändert worden ist, wird aufgehoben.

Artikel 20
Änderung der Verordnung über Allgemeine Bedingungen für die Versorgung mit Fernwärme

§ 7 der Verordnung über Allgemeine Bedingungen für die Versorgung mit Fernwärme vom 20. Juni 1980 (BGBl. I S. 742), die zuletzt durch ... geändert worden ist, wird aufgehoben.

Artikel 21
Änderung des Rindfleischetikettierungsgesetzes

§ 9 Abs. 4 des Rindfleischetikettierungsgesetzes vom 26. Februar 1998 (BGBl. I S. 380), das zuletzt durch ... geändert worden ist, wird aufgehoben.

Artikel 22
Änderung der Telekommunikations-Kundenschutzverordnung

§ 8 der Telekommunikations-Kundenschutzverordnung vom 11. Dezember 1997 (BGBl. I S. 2910), die zuletzt durch ... geändert worden ist, wird wie folgt gefasst:
„§ 8
Verjährung
Die Verjährung der Ansprüche der Anbieter von Telekommunikationsdienstleistungen für die Öffentlichkeit und ihrer Kunden richtet sich nach den Regelungen über die regelmäßige Verjährung nach dem Bürgerlichen Gesetzbuch."

Artikel 23
Änderung der Verordnung über die Allgemeinen Beförderungsbedingungen für den Straßenbahn- und Obusverkehr sowie für den Linienverkehr mit Kraftfahrzeugen

§ 15 der Verordnung über die Allgemeinen Beförderungsbedingungen für den Straßenbahn- und Obusverkehr sowie für den Linienverkehr mit Kraftfahrzeugen vom 27. Februar 1970 (BGBl. I S. 230), die zuletzt durch... geändert worden ist, wird aufgehoben.

Artikel 24
Rückkehr zum einheitlichen Verordnungsrang

Die auf den Artikeln 17 bis 20, 22 und 23 beruhenden Teile der dort geänderten Rechtsverordnungen können auf Grund der jeweils einschlägigen Ermächtigungen durch Rechtsverordnung geändert werden.

Artikel 25
In-Kraft-Treten

Das Gesetz tritt am Tag nach der Verkündung in Kraft.

4 Synoptische Darstellung der Gesetzesänderungen durch das Gesetz zur Anpassung von Verjährungsvorschriften an das Gesetz zur Modernisierung des Schuldrechts*

Bisherige Rechtslage	Neue Rechtslage

Arzneimittelgesetz

§ 90 Verjährung

(1) Der in § 84 bestimmte Anspruch verjährt in drei Jahren von dem Zeitpunkt an, in welchem der Ersatzberechtigte von dem Schaden, von den Umständen, aus denen sich seine Anspruchsberechtigung ergibt, und von der Person des Ersatzpflichtigen Kenntnis erlangt, ohne Rücksicht auf diese Kenntnis in dreißig Jahren von dem schädigenden Ereignis an.
(2) Schweben zwischen dem Ersatzpflichtigen und dem Ersatzberechtigten Verhandlungen über den zu leistenden Ersatz, so ist die Verjährung gehemmt, bis der eine oder der andere Teil die Fortsetzung der Verhandlung verweigert.
(3) Im übrigen finden die Vorschriften des Bürgerlichen Gesetzbuchs über die Verjährung Anwendung.

§ 90 *(außer Kraft)*

Lebensmittelspezialitätengesetz

§ 3

(4) Die in den Absätzen 1 und 2 genannten Ansprüche verjähren in drei Jahren von dem Zeitpunkt an, in dem der Anspruchsberechtigte von der Handlung und von der Person des Verpflichteten Kenntnis erlangt, ohne Rücksicht auf diese Kenntnis in 30 Jahren von der Begehung der Handlung an. § 852 Abs. 2 des Bürgerlichen Gesetzbuchs ist entsprechend anzuwenden. Hat der Verpflichtete durch die Handlung auf Kosten des Berechtigten etwas erlangt, so ist er auch nach Vollendung der Verjährung zur Herausgabe nach den Vorschriften über die ungerechtfertigte Bereicherung verpflichtet.

§ 3

(4) (außer Kraft)

Bundes-Bodenschutzgesetz

§ 24 Abs. 2 Kosten

(2) Mehrere Verpflichtete haben unabhängig von ihrer Heranziehung untereinander einen Ausgleichsanspruch. Soweit nichts anderes vereinbart wird, hängt die Verpflichtung zum Ausgleich sowie der Umfang des zu leistenden Ausgleichs davon ab, inwieweit die Gefahr oder der Schaden vorwiegend von dem einen oder dem anderen Teil verursacht worden ist; § 426 Abs. 1 Satz 2 des Bürgerlichen Gesetzbuches findet entsprechende Anwendung. Der Ausgleichsanspruch verjährt in drei Jahren. Die Verjährung beginnt nach der Beitreibung der Kosten, wenn eine Behörde Maßnahmen selbst ausführt, im übrigen nach der Beendigung der Maßnahmen durch den Verpflichteten zu dem Zeitpunkt, zu dem der Verpflichtete von der Person des Ersatzpflichtigen Kenntnis erlangt. Der Ausgleichsanspruch verjährt ohne Rücksicht auf diese Kenntnis dreißig Jahre nach der Beendigung der Maßnahmen. Für Streitigkeiten steht der Rechtsweg vor den ordentlichen Gerichten offen.

§ 24 Abs. 2 Kosten

(2) Mehrere Verpflichtete haben unabhängig von ihrer Heranziehung untereinander einen Ausgleichsanspruch. Soweit nichts anderes vereinbart wird, hängt die Verpflichtung zum Ausgleich sowie der Umfang des zu leistenden Ausgleichs davon ab, inwieweit die Gefahr oder der Schaden vorwiegend von dem einen oder dem anderen Teil verursacht worden ist; § 426 Abs. 1 Satz 2 des Bürgerlichen Gesetzbuches findet entsprechende Anwendung. Der Ausgleichsanspruch verjährt in drei Jahren; die §§ 438, 548 und 606 des Bürgerlichen Gesetzbuchs sind nicht anzuwenden. Die Verjährung beginnt nach der Beitreibung der Kosten, wenn eine Behörde Maßnahmen selbst ausführt, im übrigen nach der Beendigung der Maßnahmen durch den Verpflichteten zu dem Zeitpunkt, zu dem der Verpflichtete von der Person des Ersatzpflichtigen Kenntnis erlangt. Der Ausgleichsanspruch verjährt ohne Rücksicht auf diese Kenntnis dreißig Jahre nach der Beendigung der Maßnahmen. Für Streitigkeiten steht der Rechtsweg vor den ordentlichen Gerichten offen.

---

* BT-Drucks. 15/3653 v. 24.8.2004; BT-Drucks. 15/4060 v. 27.10.2004.

Bisherige Rechtslage	Neue Rechtslage
Bundesrechtsanwaltsordnung	
§ 51b Verjährung von Ersatzansprüchen	**§ 51b** *(außer Kraft)*
Der Anspruch des Auftraggebers auf Schadensersatz aus dem zwischen ihm und dem Rechtsanwalt bestehenden Vertragsverhältnis verjährt in drei Jahren von dem Zeitpunkt an, in dem der Anspruch entstanden ist, spätestens jedoch in drei Jahren nach der Beendigung des Auftrags.	
§ 59m Mitteilungspflichten, anwendbare Vorschriften, Verschwiegenheitspflicht	**§ 59m Mitteilungspflichten, anwendbare Vorschriften, Verschwiegenheitspflicht**
(2) Für Rechtsanwaltsgesellschaften gelten sinngemäß die Vorschriften des Dritten und Vierten Abschnitts des Zweiten Teils, die §§ 43 bis 43b, 44, 48, 49a bis 50, 51a Abs. 1, die §§ 51b, 52 Abs. 2, § 56 Abs. 1 und die §§ 57 bis 59 und 163.	(2) Für Rechtsanwaltsgesellschaften gelten sinngemäß die Vorschriften des Dritten und Vierten Abschnitts des Zweiten Teils, die §§ 43 bis 43b, 44, 48, 49a bis 50, 51a Abs. 1, die § 52 Abs. 2, § 56 Abs. 1 und die §§ 57 bis 59 und 163.
Insolvenzordnung	
§ 26 Abweisung mangels Masse	**§ 26 Abweisung mangels Masse**
(3) Wer nach Absatz 1 Satz 2 einen Vorschuß geleistet hat, kann die Erstattung des vorgeschossenen Betrages von jeder Person verlangen, die entgegen den Vorschriften des Gesellschaftsrechts den Antrag auf Eröffnung des Insolvenzverfahrens pflichtwidrig und schuldhaft nicht gestellt hat. Ist streitig, ob die Person pflichtwidrig und schuldhaft gehandelt hat, so trifft sie die Beweislast. Der Anspruch verjährt in fünf Jahren.	(3) Wer nach Absatz 1 Satz 2 einen Vorschuß geleistet hat, kann die Erstattung des vorgeschossenen Betrages von jeder Person verlangen, die entgegen den Vorschriften des Gesellschaftsrechts den Antrag auf Eröffnung des Insolvenzverfahrens pflichtwidrig und schuldhaft nicht gestellt hat. Ist streitig, ob die Person pflichtwidrig und schuldhaft gehandelt hat, so trifft sie die Beweislast.
§ 62 Verjährung	**§ 62 Verjährung**
Der Anspruch auf Ersatz des Schadens, der aus einer Pflichtverletzung des Insolvenzverwalters entstanden ist, verjährt in drei Jahren von dem Zeitpunkt an, in dem der Verletzte von dem Schaden und den Umständen, welche die Ersatzpflicht des Verwalters begründen, Kenntnis erlangt. Der Anspruch verjährt spätestens in drei Jahren von der Aufhebung oder der Rechtskraft der Einstellung des Insolvenzverfahrens an. Für Pflichtverletzungen, die im Rahmen einer Nachtragsverteilung (§ 203) oder einer Überwachung der Planerfüllung (§ 260) begangen worden sind, gilt Satz 2 mit der Maßgabe, daß an die Stelle der Aufhebung des Insolvenzverfahrens der Vollzug der Nachtragsverteilung oder die Beendigung der Überwachung tritt.	Die Verjährung des Anspruchs auf Ersatz des Schadens, der aus einer Pflichtverletzung des Insolvenzverwalters entstanden ist, richtet sich nach den Regelungen über die regelmäßige Verjährung nach dem Bürgerlichen Gesetzbuch. Der Anspruch verjährt spätestens in drei Jahren von der Aufhebung oder der Rechtskraft der Einstellung des Insolvenzverfahrens an. Für Pflichtverletzungen, die im Rahmen einer Nachtragsverteilung (§ 203) oder einer Überwachung der Planerfüllung (§ 260) begangen worden sind, gilt Satz 2 mit der Maßgabe, daß an die Stelle der Aufhebung des Insolvenzverfahrens der Vollzug der Nachtragsverteilung oder die Beendigung der Überwachung tritt.
§ 146 Verjährung des Anfechtungsanspruchs	**§ 146 Verjährung des Anfechtungsanspruchs**
(1) Der Anfechtungsanspruch verjährt in zwei Jahren seit der Eröffnung des Insolvenzverfahrens.	(1) Die Verjährung des Anfechtungsanspruchs richtet sich nach den Regelungen über die regelmäßige Verjährung nach dem Bürgerlichen Gesetzbuch.

| Bisherige Rechtslage | Neue Rechtslage |

§ 147 Rechtshandlungen nach Verfahrenseröffnung

(1) Eine Rechtshandlung, die nach der Eröffnung des Insolvenzverfahrens vorgenommen worden ist und die nach § 81 Abs. 3 Satz 2, §§ 892, 893 des Bürgerlichen Gesetzbuchs, §§ 16, 17 des Gesetzes über Rechte an eingetragenen Schiffen und Schiffsbauwerken und §§ 16, 17 des Gesetzes über Rechte an Luftfahrzeugen wirksam ist, kann nach den Vorschriften angefochten werden, die für die Anfechtung einer vor der Verfahrenseröffnung vorgenommenen Rechtshandlung gelten. Satz 1 findet auf die den in § 96 Abs. 2 genannten Ansprüchen und Leistungen zugrunde liegenden Rechtshandlungen mit der Maßgabe Anwendung, dass durch die Anfechtung nicht die Verrechnung einschließlich des Saldenausgleichs rückgängig gemacht wird oder die betreffenden Überweisungs-, Zahlungs- oder Übertragungsverträge unwirksam werden.
(2) Die Verjährungsfrist nach § 146 Abs. 1 beginnt mit dem Zeitpunkt, in dem die rechtlichen Wirkungen der Handlung eintreten.

§ 147 Rechtshandlungen nach Verfahrenseröffnung

Eine Rechtshandlung, die nach der Eröffnung des Insolvenzverfahrens vorgenommen worden ist und die nach § 81 Abs. 3 Satz 2, §§ 892, 893 des Bürgerlichen Gesetzbuchs, §§ 16, 17 des Gesetzes über Rechte an eingetragenen Schiffen und Schiffsbauwerken und §§ 16, 17 des Gesetzes über Rechte an Luftfahrzeugen wirksam ist, kann nach den Vorschriften angefochten werden, die für die Anfechtung einer vor der Verfahrenseröffnung vorgenommenen Rechtshandlung gelten. Satz 1 findet auf die den in § 96 Abs. 2 genannten Ansprüchen und Leistungen zugrunde liegenden Rechtshandlungen mit der Maßgabe Anwendung, dass durch die Anfechtung nicht die Verrechnung einschließlich des Saldenausgleichs rückgängig gemacht wird oder die betreffenden Überweisungs-, Zahlungs- oder Übertragungsverträge unwirksam werden.

Einführungsgesetz zum Bürgerlichen Gesetzbuch

Artikel 229
Weitere Überleitungsvorschriften

(neu eingefügt):

§ 11 Überleitungsvorschrift zum Gesetz zur Anpassung von Verjährungsvorschriften an das Gesetz zur Modernisierung des Schuldrechts

(1) Auf die Verjährungsfristen gemäß den durch das Gesetz zur Anpassung von Verjährungsvorschriften an das Gesetz zur Modernisierung des Schuldrechts vom ... (BGBl. I S. ...) geänderten Vorschriften
1. im Arzneimittelgesetz,
2. im Lebensmittelspezialitätengesetz,
3. in der Bundesrechtsanwaltsordnung,
4. in der Insolvenzordnung,
5. im Bürgerlichen Gesetzbuch,
6. im Gesetz zur Regelung der Wohnungsvermittlung,
7. im Handelsgesetzbuch,
8. im Umwandlungsgesetz,
9. im Aktiengesetz,
10. im Gesetz betreffend die Gesellschaften mit beschränkter Haftung,
11. im Gesetz betreffend die Erwerbs- und Wirtschaftsgenossenschaften,
12. in der Patentanwaltsordnung,
13. im Steuerberatungsgesetz,
14. in der Verordnung über Allgemeine Bedingungen für die Elektrizitätsversorgung von Tarifkunden,
15. in der Verordnung über Allgemeine Bedingungen für die Gasversorgung von Tarifkunden,
16. in der Verordnung über Allgemeine Bedingungen für die Versorgung mit Wasser,
17. in der Verordnung über Allgemeine Bedingungen für die Versorgung mit Fernwärme,
18. im Rindfleischetikettierungsgesetz,
19. in der Telekommunikations-Kundenschutzverordnung und
20. in der Verordnung über die Allgemeinen Beförderungsbedingungen für den Straßenbahn- und Obusverkehr sowie für den Linienverkehr mit Kraftfahrzeugen

ist § 6 entsprechend anzuwenden, soweit nicht ein anderes bestimmt ist. An die Stelle des 1. Januar 2002 tritt der [einsetzen: Datum des Inkrafttretens des Gesetzes zur Anpassung von Verjährungsvorschriften an das Gesetz zur Modernisierung des Schuldrechts], an die Stelle des 31. Dezember

Bisherige Rechtslage	Neue Rechtslage
	2001 der ... [einsetzen: Datum des letzten Tages vor dem Inkrafttreten des Gesetzes zur Anpassung von Verjährungsvorschriften an das Gesetz zur Modernisierung des Schuldrechts]. (2) Noch nicht verjährte Ansprüche, deren Verjährung sich nach Maßgabe des bis zum...[einsetzen: Datum des letzten Tages vor dem Inkrafttreten des Gesetzes zur Anpassung von Verjährungsvorschriften an das Gesetz zur Modernisierung des Schuldrechts] geltenden Rechts nach den Regelungen über die regelmäßige Verjährung nach dem Bürgerlichen Gesetzbuch bestimmt hat und für die durch das Gesetz zur Anpassung von Verjährungsvorschriften an das Gesetz zur Modernisierung des Schuldrechts längere Verjährungsfristen bestimmt werden, verjähren nach den durch dieses Gesetz eingeführten Vorschriften. Der Zeitraum, der vor dem ... [einsetzen: Datum des Inkrafttretens des Gesetzes zur Anpassung von Verjährungsvorschriften an das Gesetz zur Modernisierung des Schuldrechts] abgelaufen ist, wird in die Verjährungsfrist eingerechnet.

Bürgerliches Gesetzbuch

§ 197 Dreißigjährige Verjährungsfrist	§ 197 Dreißigjährige Verjährungsfrist
(1) In 30 Jahren verjähren, soweit nicht ein anderes bestimmt ist, 1. Herausgabeansprüche aus Eigentum und anderen dinglichen Rechten, 2. familien- und erbrechtliche Ansprüche, 3. rechtskräftig festgestellte Ansprüche, 4. Ansprüche aus vollstreckbaren Vergleichen oder vollstreckbaren Urkunden und 5. Ansprüche, die durch die im Insolvenzverfahren erfolgte Feststellung vollstreckbar geworden sind.	(1) In 30 Jahren verjähren, soweit nicht ein anderes bestimmt ist, 1. Herausgabeansprüche aus Eigentum und anderen dinglichen Rechten, 2. familien- und erbrechtliche Ansprüche, 3. rechtskräftig festgestellte Ansprüche, 4. Ansprüche aus vollstreckbaren Vergleichen oder vollstreckbaren Urkunden, 5. Ansprüche, die durch die im Insolvenzverfahren erfolgte Feststellung vollstreckbar geworden sind, und 6. Ansprüche auf Erstattung der Kosten der Zwangsvollstreckung.

§ 201 Beginn der Verjährungsfrist von festgestellten Ansprüchen	§ 201 Beginn der Verjährungsfrist von festgestellten Ansprüchen
Die Verjährung von Ansprüchen der in § 197 Abs. 1 Nr. 3 bis 5 bezeichneten Art beginnt mit der Rechtskraft der Entscheidung, der Errichtung des vollstreckbaren Titels oder der Feststellung im Insolvenzverfahren, nicht jedoch vor der Entstehung des Anspruchs. § 199 Abs. 5 findet entsprechende Anwendung.	Die Verjährung von Ansprüchen der in § 197 Abs. 1 Nr. 3 bis 6 bezeichneten Art beginnt mit der Rechtskraft der Entscheidung, der Errichtung des vollstreckbaren Titels oder der Feststellung im Insolvenzverfahren, nicht jedoch vor der Entstehung des Anspruchs. § 199 Abs. 5 findet entsprechende Anwendung.

§ 1996 Bestimmung einer neuen Frist	§ 1996 Bestimmung einer neuen Frist
(1) Ist der Erbe durch höhere Gewalt verhindert worden, das Inventar rechtzeitig zu errichten oder die nach den Umständen gerechtfertigte Verlängerung der Inventarfrist zu beantragen, so hat ihm auf seinen Antrag das Nachlassgericht eine neue Inventarfrist zu bestimmen. Das Gleiche gilt, wenn der Erbe von der Zustellung des Beschlusses, durch den die Inventarfrist bestimmt worden ist, ohne sein Verschulden Kenntnis nicht erlangt hat.	(1) War der Erbe ohne sein Verschulden verhindert, das Inventar rechtzeitig zu errichten, die nach den Umständen gerechtfertigte Verlängerung der Inventarfrist zu beantragen oder die in Absatz 2 bestimmte Frist von zwei Wochen einzuhalten, so hat ihm auf seinen Antrag das Nachlassgericht eine neue Inventarfrist zu bestimmen.

§ 1997 Hemmung des Fristablaufs	§ 1997 Hemmung des Fristablaufs
Auf den Lauf der Inventarfrist und der in § 1996 Abs. 2 bestimmten Frist von zwei Wochen finden die für die Verjährung geltenden Vorschriften der §§ 206, 210 entsprechende Anwendung.	Auf den Lauf der Inventarfrist und er im § 1996 Abs. 2 bestimmten Frist von zwei Wochen finden die für die Verjährung geltenden Vorschriften des § 210 entsprechende Anwendung.

Synopse

| Bisherige Rechtslage | Neue Rechtslage |

Wohnungsvermittlungsgesetz

§ 5 Rückforderung von Leistungen

(1) Soweit an den Wohnungsvermittler ein ihm nach diesem Gesetz nicht zustehendes Entgelt, eine Vergütung anderer Art, eine Auslagenerstattung, ein Vorschuß oder eine Vertragsstrafe, die den in § 4 genannten Satz übersteigt, geleistet worden ist, kann die Leistung nach den allgemeinen Vorschriften des bürgerlichen Rechts zurückgefordert werden; die Vorschrift des § 817 Satz 2 des Bürgerlichen Gesetzbuchs ist nicht anzuwenden. Der Anspruch verjährt in vier Jahren von der Leistung an.

§ 5 Rückforderung von Leistungen

(1) Soweit an den Wohnungsvermittler ein ihm nach diesem Gesetz nicht zustehendes Entgelt, eine Vergütung anderer Art, eine Auslagenerstattung, ein Vorschuß oder eine Vertragsstrafe, die den in § 4 genannten Satz übersteigt, geleistet worden ist, kann die Leistung nach den allgemeinen Vorschriften des bürgerlichen Rechts zurückgefordert werden; die Vorschrift des § 817 Satz 2 des Bürgerlichen Gesetzbuchs ist nicht anzuwenden.

Handelsgesetzbuch

§ 61 Verletzung des Wettbewerbsverbots

(2) Die Ansprüche verjähren in drei Monaten von dem Zeitpunkt an, in welchem der Prinzipal Kenntnis von dem Abschlusse des Geschäfts erlangt; sie verjähren ohne Rücksicht auf diese Kenntnis in fünf Jahren von dem Abschlusse des Geschäfts an.

§ 61 Verletzung des Wettbewerbsverbots

(2) Die Ansprüche verjähren in drei Monaten von dem Zeitpunkt an, in welchem der Prinzipal Kenntnis von dem Abschlusse des Geschäfts erlangt oder ohne grobe Fahrlässigkeit erlangen müsste; sie verjähren ohne Rücksicht auf diese Kenntnis oder grob fahrlässige Unkenntnis in fünf Jahren von dem Abschluss des Geschäfts an.

§ 88 Verjährung

Die Ansprüche aus dem Vertragsverhältnis verjähren in vier Jahren, beginnend mit dem Schluß des Jahres, in dem sie fällig geworden sind.

§ 88 *(außer Kraft)*

§ 113 Verletzung des Wettbewerbsverbots

(3) Die Ansprüche verjähren in drei Monaten von dem Zeitpunkt an, in welchem die übrigen Gesellschafter von dem Abschlusse des Geschäfts oder von der Teilnahme des Gesellschafters an der anderen Gesellschaft Kenntnis erlangen; sie verjähren ohne Rücksicht auf diese Kenntnis in fünf Jahren von ihrer Entstehung an.

§ 113 Verletzung des Wettbewerbsverbots

(3) Die Ansprüche verjähren in drei Monaten von dem Zeitpunkt an, in welchem die übrigen Gesellschafter von dem Abschluss des Geschäfts oder von der Teilnahme des Gesellschafters an der anderen Gesellschaft Kenntnis erlangen oder ohne grobe Fahrlässigkeit erlangen müssten; sie verjähren ohne Rücksicht auf diese Kenntnis oder grob fahrlässige Unkenntnis in fünf Jahren von ihrer Entstehung an.

§ 902 Zweijährige Verjährung

(1) Folgende Forderungen verjähren in zwei Jahren:
1. Forderungen gegen den Verfrachter aus Verträgen über die Beförderung von Reisenden;
2. Schadensersatzforderungen aus dem Zusammenstoß von Schiffen oder aus einem unter § 738c fallenden Ereignis;
3. Forderungen auf Bergelohn oder Sondervergütung einschließlich Bergungskosten;
4. Forderungen wegen der Beseitigung eines Wracks.

(2) Während des Laufs der Verjährungsfrist kann derjenige, der wegen einer in Absatz 1 Nr. 3 genannten Forderung in Anspruch genommen wird, die Verjährungsfrist durch eine Erklärung gegenüber dem Gläubiger verlängern. Eine weitere Verlängerung der Frist ist zulässig.

§ 902 Zweijährige Verjährung

Folgende Forderungen verjähren in zwei Jahren:
1. Forderungen gegen den Verfrachter aus Verträgen über die Beförderung von Reisenden;
2. Schadensersatzforderungen aus dem Zusammenstoß von Schiffen oder aus einem unter § 738c fallenden Ereignis;
3. Forderungen auf Bergelohn oder Sondervergütung einschließlich Bergungskosten;
4. Forderungen wegen der Beseitigung eines Wracks.

(2) *(außer Kraft)*

§ 903 Beginn der Verjährung

(3) Die Verjährung der in § 902 Abs. 1 Nr. 3 und 4 genannten Forderungen beginnt mit dem Ablauf des Tages, an welchem die Bergungs- oder Wrackbeseitigungsmaßnahmen beendet worden sind. Die Verjährung von Rückgriffsansprüchen des Schuldners dieser Forderungen beginnt jedoch erst mit dem Tag des Eintritts der Rechtskraft des Urteils gegen ihn oder, wenn kein rechtskräftiges Urteil vorliegt, mit dem Tag, an dem er den Anspruch befriedigt hat, es sei denn, der Rückgriffsschuldner wurde nicht innerhalb von drei Monaten, nachdem der Rückgriffsgläubiger Kenntnis von dem Schaden und der Person des Rückgriffsschuldners erlangt hat, über diesen Schaden unterrichtet.

§ 903 Beginn der Verjährung

(3) Die Verjährung der in § 902 Nr. 3 und 4 genannten Forderungen beginnt mit dem Ablauf des Tages, an welchem die Bergungs- oder Wrackbeseitigungsmaßnahmen beendet worden sind. Die Verjährung von Rückgriffsansprüchen des Schuldners dieser Forderungen beginnt jedoch erst mit dem Tag des Eintritts der Rechtskraft des Urteils gegen ihn oder, wenn kein rechtskräftiges Urteil vorliegt, mit dem Tag, an dem er den Anspruch befriedigt hat, es sei denn, der Rückgriffsschuldner wurde nicht innerhalb von drei Monaten, nachdem der Rückgriffsgläubiger Kenntnis von dem Schaden und der Person des Rückgriffsschuldners erlangt hat, über diesen Schaden unterrichtet.

Bisherige Rechtslage	**Neue Rechtslage**
§ 905 Verjährung der Forderungen aus dem Versicherungsvertrag	**§ 905** *(außer Kraft)*
(1) Es verjähren in fünf Jahren die Forderungen des Versicherers und des Versicherten aus dem Versicherungsvertrage. (2) Die Verjährung beginnt mit dem Ablaufe des Jahres, in welchem die versicherte Reise beendigt ist, und bei der Versicherung auf Zeit mit dem Ablaufe des Tages, an welchem die Versicherungszeit endet. Sie beginnt, wenn das Schiff verschollen ist, mit dem Ablaufe des Tages, an welchem die Verschollenheitsfrist endet.	

Umwandlungsgesetz

§ 93 Auseinandersetzung	**§ 93 Auseinandersetzung**
(4) Die Ansprüche verjähren in fünf Jahren. Die Verjährung beginnt mit dem Schluß des Kalenderjahres, in dem die Ansprüche fällig geworden sind.	(4) *(außer Kraft)*

Aktiengesetz

§ 51 Verjährung der Ersatzansprüche	**§ 51 Verjährung der Ersatzansprüche**
Ersatzansprüche der Gesellschaft nach den §§ 46 bis 49 verjähren in fünf Jahren. Die Verjährung beginnt mit der Eintragung der Gesellschaft in das Handelsregister oder, wenn die zum Ersatz verpflichtende Handlung später begangen worden ist, mit der Vornahme der Handlung.	Ersatzansprüche der Gesellschaft nach den §§ 46 bis 48 verjähren in fünf Jahren. Die Verjährung beginnt mit der Eintragung der Gesellschaft in das Handelsregister oder, wenn die zum Ersatz verpflichtende Handlung später begangen worden ist, mit der Vornahme der Handlung.
§ 54 Hauptverpflichtung der Aktionäre	**§ 54 Hauptverpflichtung der Aktionäre**
(1) Die Verpflichtung der Aktionäre zur Leistung der Einlagen wird durch den Ausgabebetrag der Aktien begrenzt. (2) Soweit nicht in der Satzung Sacheinlagen festgesetzt sind, haben die Aktionäre den Ausgabebetrag der Aktien einzuzahlen. (3) Der vor der Anmeldung der Gesellschaft eingeforderte Betrag kann nur in gesetzlichen Zahlungsmitteln oder durch Gutschrift auf ein Konto bei einem Kreditinstitut oder einem nach § 53 Abs. 1 Satz 1 oder § 53b Abs. 1 Satz 1 oder Abs. 7 des Gesetzes über das Kreditwesen tätigen Unternehmen der Gesellschaft oder des Vorstands zu seiner freien Verfügung eingezahlt werden. Forderungen des Vorstands aus diesen Einzahlungen gelten als Forderungen der Gesellschaft.	(1) Die Verpflichtung der Aktionäre zur Leistung der Einlagen wird durch den Ausgabebetrag der Aktien begrenzt. (2) Soweit nicht in der Satzung Sacheinlagen festgesetzt sind, haben die Aktionäre den Ausgabebetrag der Aktien einzuzahlen. (3) Der vor der Anmeldung der Gesellschaft eingeforderte Betrag kann nur in gesetzlichen Zahlungsmitteln oder durch Gutschrift auf ein Konto bei einem Kreditinstitut oder einem nach § 53 Abs. 1 Satz 1 oder § 53b Abs. 1 Satz 1 oder Abs. 7 des Gesetzes über das Kreditwesen tätigen Unternehmen der Gesellschaft oder des Vorstands zu seiner freien Verfügung eingezahlt werden. Forderungen des Vorstands aus diesen Einzahlungen gelten als Forderungen der Gesellschaft. (4) Der Anspruch der Gesellschaft auf Leistung der Einlagen verjährt in zehn Jahren von seiner Entstehung an. Wird das Insolvenzverfahren über das Vermögen der Gesellschaft eröffnet, so tritt die Verjährung nicht vor Ablauf von sechs Monaten ab dem Zeitpunkt der Eröffnung ein.
§ 62 Haftung der Aktionäre beim Empfang verbotener Leistungen	**§ 62 Haftung der Aktionäre beim Empfang verbotener Leistungen**
(3) Die Ansprüche nach diesen Vorschriften verjähren in fünf Jahren seit dem Empfang der Leistung.	(3) Die Ansprüche nach diesen Vorschriften verjähren in zehn Jahren seit dem Empfang der Leistung. § 54 Abs. 4 Satz 2 findet entsprechende Anwendung.
§ 88 Wettbewerbsverbot	**§ 88 Wettbewerbsverbot**
(3) Die Ansprüche der Gesellschaft verjähren in drei Monaten seit dem Zeitpunkt, in dem die übrigen Vorstandsmitglieder und die Aufsichtsratsmitglieder von der zum Schadenersatz verpflichtenden Handlung Kenntnis erlangen. Sie verjähren ohne Rücksicht auf diese Kenntnis in fünf Jahren seit ihrer Entstehung.	(3) Die Ansprüche der Gesellschaft verjähren in drei Monaten seit dem Zeitpunkt, in dem die übrigen Vorstandsmitglieder und die Aufsichtsratsmitglieder von der zum Schadenersatz verpflichtenden Handlung Kenntnis erlangen oder ohne grobe Fahrlässigkeit erlangen müssten. Sie verjähren ohne Rücksicht auf diese Kenntnis oder grob fahrlässige Unkenntnis in fünf Jahren von ihrer Entstehung an.

| Bisherige Rechtslage | Neue Rechtslage |

Bisherige Rechtslage

§ 284 Wettbewerbsverbot

(3) Die Ansprüche der Gesellschaft verjähren in drei Monaten seit dem Zeitpunkt, in dem die übrigen persönlich haftenden Gesellschafter und die Aufsichtsratsmitglieder von der zum Schadenersatz verpflichtenden Handlung Kenntnis erlangen. Sie verjähren ohne Rücksicht auf diese Kenntnis in fünf Jahren seit ihrer Entstehung.

§ 302 Verlustübernahme

(1) Besteht ein Beherrschungs- oder ein Gewinnabführungsvertrag, so hat der andere Vertragsteil jeden während der Vertragsdauer sonst entstehenden Jahresfehlbetrag auszugleichen, soweit dieser nicht dadurch ausgeglichen wird, daß den anderen Gewinnrücklagen Beträge entnommen werden, die während der Vertragsdauer in sie eingestellt worden sind.
(2) Hat eine abhängige Gesellschaft den Betrieb ihres Unternehmens dem herrschenden Unternehmen verpachtet oder sonst überlassen, so hat das herrschende Unternehmen jeden während der Vertragsdauer sonst entstehenden Jahresfehlbetrag auszugleichen, soweit die vereinbarte Gegenleistung das angemessene Entgelt nicht erreicht.
(3) Die Gesellschaft kann auf den Anspruch auf Ausgleich erst drei Jahre nach dem Tage, an dem die Eintragung der Beendigung des Vertrags in das Handelsregister nach § 10 des Handelsgesetzbuchs als bekanntgemacht gilt, verzichten oder sich über ihn vergleichen. Dies gilt nicht, wenn der Ausgleichspflichtige zahlungsunfähig ist und sich zur Abwendung des Insolvenzverfahrens mit seinen Gläubigern vergleicht oder wenn die Ersatzpflicht in einem Insolvenzplan geregelt wird. Der Verzicht oder Vergleich wird nur wirksam, wenn die außenstehenden Aktionäre durch Sonderbeschluß zustimmen und nicht eine Minderheit, deren Anteile zusammen den zehnten Teil des bei der Beschlußfassung vertretenen Grundkapitals erreichen, zur Niederschrift Widerspruch erhebt.

§ 327 Ende der Eingliederung

(4) Die Ansprüche gegen die frühere Hauptgesellschaft aus Verbindlichkeiten der bisher eingegliederten Gesellschaft verjähren in fünf Jahren seit dem Tage, an dem die Eintragung des Endes der Eingliederung in das Handelsregister nach § 10 des Handelsgesetzbuchs als bekanntgemacht gilt, sofern nicht der Anspruch gegen die bisher eingegliederte Gesellschaft einer kürzeren Verjährung unterliegt. Wird der Anspruch des Gläubigers erst nach dem Tage, an dem die Eintragung des Endes der Eingliederung in das Handelsregister als bekanntgemacht gilt, fällig, so beginnt die Verjährung mit dem Zeitpunkt der Fälligkeit.

Neue Rechtslage

§ 284 Wettbewerbsverbot

(3) Die Ansprüche der Gesellschaft verjähren in drei Monaten seit dem Zeitpunkt, in dem die übrigen persönlich haftenden Gesellschafter und die Aufsichtsratsmitglieder von der zum Schadensersatz verpflichtenden Handlung Kenntnis erlangen oder ohne grobe Fahrlässigkeit erlangen müssten. Sie verjähren ohne Rücksicht auf diese Kenntnis oder grob fahrlässige Unkenntnis in fünf Jahren von ihrer Entstehung an.

§ 302 Verlustübernahme

(1) Besteht ein Beherrschungs- oder ein Gewinnabführungsvertrag, so hat der andere Vertragsteil jeden während der Vertragsdauer sonst entstehenden Jahresfehlbetrag auszugleichen, soweit dieser nicht dadurch ausgeglichen wird, daß den anderen Gewinnrücklagen Beträge entnommen werden, die während der Vertragsdauer in sie eingestellt worden sind.
(2) Hat eine abhängige Gesellschaft den Betrieb ihres Unternehmens dem herrschenden Unternehmen verpachtet oder sonst überlassen, so hat das herrschende Unternehmen jeden während der Vertragsdauer sonst entstehenden Jahresfehlbetrag auszugleichen, soweit die vereinbarte Gegenleistung das angemessene Entgelt nicht erreicht.
(3) Die Gesellschaft kann auf den Anspruch auf Ausgleich erst drei Jahre nach dem Tage, an dem die Eintragung der Beendigung des Vertrags in das Handelsregister nach § 10 des Handelsgesetzbuchs als bekanntgemacht gilt, verzichten oder sich über ihn vergleichen. Dies gilt nicht, wenn der Ausgleichspflichtige zahlungsunfähig ist und sich zur Abwendung des Insolvenzverfahrens mit seinen Gläubigern vergleicht oder wenn die Ersatzpflicht in einem Insolvenzplan geregelt wird. Der Verzicht oder Vergleich wird nur wirksam, wenn die außenstehenden Aktionäre durch Sonderbeschluß zustimmen und nicht eine Minderheit, deren Anteile zusammen den zehnten Teil des bei der Beschlußfassung vertretenen Grundkapitals erreichen, zur Niederschrift Widerspruch erhebt.
(4) Die Ansprüche aus diesen Vorschriften verjähren in zehn Jahren seit dem Tag, an dem die Eintragung der Beendigung des Vertrages in das Handelsregister nach § 10 des Handelsgesetzbuchs als bekannt gemacht gilt.

§ 327 Ende der Eingliederung

(4) Endet die Eingliederung, so haftet die früher Hauptgesellschaft für die bis dahin begründeten Verbindlichkeiten der bisher eingegliederten Gesellschaft, wenn sie vor Ablauf von fünf Jahren nach dem Ende der Eingliederung fällig und daraus Ansprüche gegen die frühere Hauptgesellschaft in einer in § 197 Abs. 1 Nr. 3 bis 5 des Bürgerlichen Gesetzesbuchs bezeichneten Art festgestellt sind oder eine gerichtliche oder behördliche Vollstreckungshandlung vorgenommen oder beantragt wird; bei öffentlich-rechtlichen Verbindlichkeiten genügt der Erlass eines Verwaltungsakts. Die Frist beginnt mit dem Tag, an dem die Eintragung des Endes der Eingliederung in das Handelsregister nach § 10 des Handelsgesetzbuchs als bekannt gemacht gilt. Die für die Verjährung geltenden §§ 204, 206, 210, 211 und 212 Abs. 2 und 3 des Bürgerlichen Gesetzbuchs sind entsprechend anzuwenden. Einer Feststellung in einer in § 197 Abs. 1 Nr. 3 bis 5 des Bürgerlichen Gesetzbuchs bezeichneten Art bedarf es nicht, soweit die frühere Hauptgesellschaft den Anspruch schriftlich anerkannt hat.

Bisherige Rechtslage	Neue Rechtslage
Einführungsgesetz zum Aktiengesetz	
	(neu eingefügt:)
	§ 26e Übergangsregelung zum Gesetz zur Anpassung von Verjährungsvorschriften an das Gesetz zur Modernisierung des Schuldrechts
	§ 327 Abs. 4 des Aktiengesetzes in der ab dem ... [einsetzen: Datum des Inkrafttretens des Gesetzes zur Anpassung von Verjährungsvorschriften an das Gesetz zur Modernisierung des Schuldrechts] geltenden Fassung ist auf vor diesem Datum entstandene Verbindlichkeiten anzuwenden, wenn 1. die Eintragung des Endes der Eingliederung in das Handelsregister nach § 10 des Handelsgesetzbuchs nach diesem Datum als bekannt gemacht gilt und 2. die Verbindlichkeiten nicht später als vier Jahre nach dem Tag, an dem die Eintragung des Endes der Eingliederung in das Handelsregister nach § 10 des Handelsgesetzbuchs als bekannt gemacht gilt, fällig werden. Auf später fällig werdende Verbindlichkeiten im Sinne des Satzes 1 ist das bisher geltende Recht mit der Maßgabe anwendbar, dass die Verjährungsfrist ein Jahr beträgt.
GmbH-Gesetz	
§ 9 Nachzahlung bei Sacheinlage	**§ 9 Nachzahlung bei Sacheinlage**
(2) Der Anspruch der Gesellschaft verjährt in fünf Jahren seit der Eintragung der Gesellschaft in das Handelsregister.	(2) Der Anspruch der Gesellschaft verjährt in zehn Jahren seit der Eintragung der Gesellschaft in das Handelsregister.
§ 19 Leistungen auf die Stammeinlagen	**§ 19 Leistungen auf die Stammeinlagen**
(1) Die Einzahlungen auf die Stammeinlagen sind nach dem Verhältnis der Geldeinlagen zu leisten. (2) Von der Verpflichtung zur Leistung der Einlagen können die Gesellschafter nicht befreit werden. Gegen den Anspruch der Gesellschaft ist die Aufrechnung nicht zulässig. An dem Gegenstand einer Sacheinlage kann wegen Forderungen, welche sich nicht auf den Gegenstand beziehen, kein Zurückbehaltungsrecht geltend gemacht werden. (3) Durch eine Kapitalherabsetzung können die Gesellschafter von der Verpflichtung zur Leistung von Einlagen höchstens in Höhe des Betrags befreit werden, um den das Stammkapital herabgesetzt worden ist. (4) Vereinigen sich innerhalb von drei Jahren nach der Eintragung der Gesellschaft in das Handelsregister alle Geschäftsanteile in der Hand eines Gesellschafters oder daneben in der Hand der Gesellschaft, so hat der Gesellschafter innerhalb von drei Monaten seit der Vereinigung der Geschäftsanteile alle Geldeinlagen voll einzuzahlen oder der Gesellschaft für die Zahlung der noch ausstehenden Beträge eine Sicherung zu bestellen oder einen Teil der Geschäftsanteile an einen Dritten zu übertragen. (5) Eine Leistung auf die Stammeinlage, welche nicht in Geld besteht oder welche durch Aufrechnung einer für die Überlassung von Vermögensgegenständen zu gewährenden Vergütung bewirkt wird, befreit den Gesellschafter von seiner Verpflichtung nur, soweit sie in Ausführung einer nach § 5 Abs. 4 Satz 1 getroffenen Bestimmung erfolgt.	(1) Die Einzahlungen auf die Stammeinlagen sind nach dem Verhältnis der Geldeinlagen zu leisten. (2) Von der Verpflichtung zur Leistung der Einlagen können die Gesellschafter nicht befreit werden. Gegen den Anspruch der Gesellschaft ist die Aufrechnung nicht zulässig. An dem Gegenstand einer Sacheinlage kann wegen Forderungen, welche sich nicht auf den Gegenstand beziehen, kein Zurückbehaltungsrecht geltend gemacht werden. (3) Durch eine Kapitalherabsetzung können die Gesellschafter von der Verpflichtung zur Leistung von Einlagen höchstens in Höhe des Betrags befreit werden, um den das Stammkapital herabgesetzt worden ist. (4) Vereinigen sich innerhalb von drei Jahren nach der Eintragung der Gesellschaft in das Handelsregister alle Geschäftsanteile in der Hand eines Gesellschafters oder daneben in der Hand der Gesellschaft, so hat der Gesellschafter innerhalb von drei Monaten seit der Vereinigung der Geschäftsanteile alle Geldeinlagen voll einzuzahlen oder der Gesellschaft für die Zahlung der noch ausstehenden Beträge eine Sicherung zu bestellen oder einen Teil der Geschäftsanteile an einen Dritten zu übertragen. (5) Eine Leistung auf die Stammeinlage, welche nicht in Geld besteht oder welche durch Aufrechnung einer für die Überlassung von Vermögensgegenständen zu gewährenden Vergütung bewirkt wird, befreit den Gesellschafter von seiner Verpflichtung nur, soweit sie in Ausführung einer nach § 5 Abs. 4 Satz 1 getroffenen Bestimmung erfolgt. (6) Der Anspruch der Gesellschaft auf Leistung der Einlagen verjährt in zehn Jahren von seiner Entstehung an. Wird das Insolvenzverfahren über das Vermögen der Gesellschaft eröffnet, so tritt die Verjährung nicht vor Ablauf von sechs Monaten ab dem Zeitpunkt der Eröffnung ein.

Bisherige Rechtslage	Neue Rechtslage
§ 31 Erstattung vorschriftswidriger Zahlungen	**§ 31 Erstattung vorschriftswidriger Zahlungen**
(5) Die Ansprüche der Gesellschaft verjähren in fünf Jahren; die Verjährung beginnt mit dem Ablauf des Tages, an welchem die Zahlung, deren Erstattung beansprucht wird, geleistet ist. Fällt dem Verpflichteten eine bösliche Handlungsweise zur Last, so findet die Bestimmung keine Anwendung.	(5) Die Ansprüche der Gesellschaft verjähren in den Fällen des Absatzes 1 in zehn Jahren sowie in den Fällen des Absatzes 3 in fünf Jahren. Die Verjährung beginnt mit dem Ablauf des Tages, an welchem die Zahlung, deren Erstattung beansprucht wird, geleistet ist. In den Fällen des Absatzes 1 findet § 19 Abs. 6 Satz 2 entsprechende Anwendung.
(6) Für die in den Fällen des Absatzes 3 geleistete Erstattung einer Zahlung sind den Gesellschaftern die Geschäftsführer, welchen in betreff der geleisteten Zahlung ein Verschulden zur Last fällt, solidarisch zum Ersatz verpflichtet.	(6) Für die in den Fällen des Absatzes 3 geleistete Erstattung einer Zahlung sind den Gesellschaftern die Geschäftsführer, welchen in betreff der geleisteten Zahlung ein Verschulden zur Last fällt, solidarisch zum Ersatz verpflichtet. Die Bestimmung in § 43 Abs. 1 und 4 finden entsprechende Anwendung.
§ 55 Erhöhung des Stammkapitals	**§ 55 Erhöhung des Stammkapitals**
(4) Die Bestimmungen in § 5 Abs. 1 und 3 über den Betrag der Stammeinlagen sowie die Bestimmung in § 5 Abs. 2 über die Unzulässigkeit der Übernahme mehrerer Stammeinlagen finden auch hinsichtlich der auf das erhöhte Kapital zu leistenden Stammeinlagen Anwendung.	(4) Die Bestimmungen in § 5 Abs. 1 und 3 über den Betrag der Stammeinlagen, die Bestimmung in § 5 Abs. 2 über die Unzulässigkeit der Übernahme mehrerer Stammeinlagen sowie die Bestimmungen in § 19 Abs. 6 über die Verjährung finden auch hinsichtlich der auf das erhöhte Kapital zu leistenden Stammeinlagen Anwendung.

Genossenschaftsgesetz

§ 22 Herabsetzung des Geschäftsanteils oder der auf ihn zu leistenden Einzahlungen	**§ 22 Herabsetzung des Geschäftsanteils oder der auf ihn zu leistenden Einzahlungen**
(1) Werden der Geschäftsanteil oder die auf ihn zu leistenden Einzahlungen herabgesetzt oder die für die Einzahlungen festgesetzten Fristen verlängert, so ist der wesentliche Inhalt des Beschlusses der Generalversammlung durch das Gericht bei der Bekanntmachung der Eintragung in das Genossenschaftsregister anzugeben.	(1) Werden der Geschäftsanteil oder die auf ihn zu leistenden Einzahlungen herabgesetzt oder die für die Einzahlungen festgesetzten Fristen verlängert, so ist der wesentliche Inhalt des Beschlusses der Generalversammlung durch das Gericht bei der Bekanntmachung der Eintragung in das Genossenschaftsregister anzugeben.
(2) Den Gläubigern der Genossenschaft ist, wenn sie sich binnen sechs Monaten nach der Bekanntmachung bei der Genossenschaft zu diesem Zweck melden, Sicherheit zu leisten, soweit sie nicht Befriedigung verlangen können. In der Bekanntmachung ist darauf hinzuweisen.	(2) Den Gläubigern der Genossenschaft ist, wenn sie sich binnen sechs Monaten nach der Bekanntmachung bei der Genossenschaft zu diesem Zweck melden, Sicherheit zu leisten, soweit sie nicht Befriedigung verlangen können. In der Bekanntmachung ist darauf hinzuweisen.
(3) Genossen, die zur Zeit der Eintragung des Beschlusses der Genossenschaft angehörten, können sich auf die Änderung erst berufen, wenn die Bekanntmachung erfolgt ist und die Gläubiger, die sich rechtzeitig gemeldet haben, wegen der erhobenen Ansprüche befriedigt oder sichergestellt sind.	(3) Genossen, die zur Zeit der Eintragung des Beschlusses der Genossenschaft angehörten, können sich auf die Änderung erst berufen, wenn die Bekanntmachung erfolgt ist und die Gläubiger, die sich rechtzeitig gemeldet haben, wegen der erhobenen Ansprüche befriedigt oder sichergestellt sind.
(4) Das Geschäftsguthaben eines Genossen darf, solange er nicht ausgeschieden ist, von der Genossenschaft nicht ausgezahlt oder im geschäftlichen Betrieb zum Pfand genommen, eine geschuldete Einzahlung darf nicht erlassen werden. Die Genossenschaft darf den Genossen keinen Kredit zum Zweck der Leistung von Einzahlungen auf den Geschäftsanteil gewähren.	(4) Das Geschäftsguthaben eines Genossen darf, solange er nicht ausgeschieden ist, von der Genossenschaft nicht ausgezahlt oder im geschäftlichen Betrieb zum Pfand genommen, eine geschuldete Einzahlung darf nicht erlassen werden. Die Genossenschaft darf den Genossen keinen Kredit zum Zweck der Leistung von Einzahlungen auf den Geschäftsanteil gewähren.
(5) Gegen eine geschuldete Einzahlung kann der Genosse nicht aufrechnen.	(5) Gegen eine geschuldete Einzahlung kann der Genosse nicht aufrechnen.
	(6) Der Anspruch der Genossenschaft auf Leistung von Einzahlungen auf den Geschäftsanteil verjährt in zehn Jahren von seiner Entstehung an. Wird das Insolvenzverfahren über das Vermögen der Genossenschaft eröffnet, so tritt die Verjährung nicht vor Ablauf von sechs Monaten ab dem Zeitpunkt der Eröffnung ein.
§ 62 Pflichten und Haftung der Verbände, Prüfer und Prüfungsgesellschaften	**§ 62 Pflichten und Haftung der Verbände, Prüfer und Prüfungsgesellschaften**
(6) Die Ansprüche aus diesen Vorschriften verjähren in drei Jahren. Die Verjährung beginnt mit dem Eingang des Prüfungsberichts bei der Genossenschaft.	(6) *(außer Kraft)*

Bisherige Rechtslage	Neue Rechtslage
§ 74 Verjährung der Klage auf Auszahlung des Geschäftsguthabens Der Anspruch des ausgeschiedenen Genossen auf Auszahlung des Geschäftsguthabens und eines Anteils an der Ergebnisrücklage nach § 73 Abs. 3 verjährt in zwei Jahren.	**§ 74** *(außer Kraft)*
§ 77 Tod des Genossen (4) Bei Beendigung der Mitgliedschaft des Erben gelten die §§ 73 bis 75, im Falle der Fortsetzung der Mitgliedschaft gilt § 76 Abs. 3 entsprechend.	**§ 77 Tod des Genossen** (4) Bei Beendigung der Mitgliedschaft des Erben gelten die §§ 73 und 75, im Falle der Fortsetzung der Mitgliedschaft gilt § 76 Abs. 3 entsprechend.
§ 118 Kündigung bei Fortsetzung der Genossenschaft (4) Für die Auseinandersetzung des ausgeschiedenen Genossen mit der Genossenschaft ist die für die Fortsetzung der Genossenschaft aufgestellte Eröffnungsbilanz maßgeblich. Das Geschäftsguthaben des Genossen ist binnen sechs Monaten nach dem Ausscheiden auszuzahlen; auf die Rücklagen und das sonstige Vermögen der Genossenschaft hat er vorbehaltlich des § 73 Abs. 3 keinen Anspruch. § 74 ist anzuwenden.	**§ 118 Kündigung bei Fortsetzung der Genossenschaft** (4) Für die Auseinandersetzung des ausgeschiedenen Genossen mit der Genossenschaft ist die für die Fortsetzung der Genossenschaft aufgestellte Eröffnungsbilanz maßgeblich. Das Geschäftsguthaben des Genossen ist binnen sechs Monaten nach dem Ausscheiden auszuzahlen; auf die Rücklagen und das sonstige Vermögen der Genossenschaft hat er vorbehaltlich des § 73 Abs. 3 keinen Anspruch.

Patentanwaltsordnung

Bisherige Rechtslage	Neue Rechtslage
§ 45b Verjährung von Ersatzansprüchen Der Anspruch des Auftraggebers auf Schadenersatz aus dem zwischen ihm und dem Patentanwalt bestehenden Vertragsverhältnis verjährt in drei Jahren von dem Zeitpunkt an, in dem der Anspruch entstanden ist, spätestens jedoch in drei Jahren nach der Beendigung des Auftrags.	**§ 45b** *(außer Kraft)*
§ 52m Mitteilungspflichten; anwendbare Vorschriften; Verschwiegenheitspflicht (2) Für Patentanwaltsgesellschaften gelten sinngemäß die Vorschriften des Zweiten und Dritten Abschnitts des Zweiten Teils, die §§ 39 bis 40, 43 bis 44, 45a Abs. 1 sowie die §§ 45b, 49 und 50 bis 52.	**§ 52m Mitteilungspflichten; anwendbare Vorschriften; Verschwiegenheitspflicht** (2) Für Patentanwaltsgesellschaften gelten sinngemäß die Vorschriften des Zweiten und Dritten Abschnitts des Zweiten Teils, die §§ 39 bis 40, 43 bis 44, 45a Abs. 1 sowie die §§ 49 und 50 bis 52.

Steuerberatungsgesetz

Bisherige Rechtslage	Neue Rechtslage
§ 68 Verjährung von Ersatzansprüchen Der Anspruch des Auftraggebers auf Schadensersatz aus dem zwischen ihm und dem Steuerberater oder Steuerbevollmächtigten bestehenden Vertragsverhältnis verjährt in drei Jahren von dem Zeitpunkt an, in dem der Anspruch entstanden ist.	**§ 68** *(außer Kraft)*

Synopse

| **Bisherige Rechtslage** | **Neue Rechtslage** |

Verordnung über Allgemeine Bedingungen für die Elektrizitätsversorgung von Tarifkunden

§ 7 Verjährung

(1) Schadensersatzansprüche der in § 6 bezeichneten Art verjähren in einem Jahr von dem Zeitpunkt an, in welchem der Ersatzberechtigte von dem Schaden, von den Umständen, aus denen sich seine Anspruchsberechtigung ergibt, und von dem ersatzpflichtigen Elektrizitätsversorgungsunternehmen Kenntnis erlangt, ohne Rücksicht auf diese Kenntnis in zwei Jahren von dem schädigenden Ereignis an.

(2) Schweben zwischen dem Ersatzpflichtigen und dem Ersatzberechtigten Verhandlungen über den zu leistenden Schadensersatz, so ist die Verjährung gehemmt, bis der eine oder der andere Teil die Fortsetzung der Verhandlungen verweigert.

§ 7 *(außer Kraft)*

Verordnung über Allgemeine Bedingungen für die Gasversorgung von Tarifkunden

§ 7 Verjährung

(1) Schadensersatzansprüche der in § 6 bezeichneten Art verjähren in einem Jahr von dem Zeitpunkt an, in welchem der Ersatzberechtigte von dem Schaden, von den Umständen, aus denen sich seine Anspruchsberechtigung ergibt, und von dem ersatzpflichtigen Gasversorgungsunternehmen Kenntnis erlangt, ohne Rücksicht auf diese Kenntnis in zwei Jahren von dem schädigenden Ereignis an.

(2) Schweben zwischen dem Ersatzpflichtigen und dem Ersatzberechtigten Verhandlungen über den zu leistenden Schadensersatz, so ist die Verjährung gehemmt, bis der eine oder der andere Teil die Fortsetzung der Verhandlungen verweigert.

§ 7 *(außer Kraft)*

Verordnung über Allgemeine Bedingungen für die Versorgung mit Wasser

§ 7 Verjährung

(1) Schadensersatzansprüche der in § 6 bezeichneten Art verjähren in drei Jahren von dem Zeitpunkt an, in welchem der Ersatzberechtigte von dem Schaden, von den Umständen, aus denen sich seine Anspruchsberechtigung ergibt, und von dem ersatzpflichtigen Wasserversorgungsunternehmen Kenntnis erlangt, ohne Rücksicht auf diese Kenntnis in fünf Jahren von dem schädigenden Ereignis an.

(2) Schweben zwischen dem Ersatzpflichtigen und dem Ersatzberechtigten Verhandlungen über den zu leistenden Schadensersatz, so ist die Verjährung gehemmt, bis der eine oder der andere Teil die Fortsetzung der Verhandlungen verweigert.

(3) § 6 Abs. 5 gilt entsprechend.

§ 7 *(außer Kraft)*

Bisherige Rechtslage	Neue Rechtslage
Verordnung über Allgemeine Bedingungen für die Versorgung mit Fernwärme	
§ 7 Verjährung	**§ 7** *(außer Kraft)*
(1) Schadensersatzansprüche der in § 6 bezeichneten Art verjähren in drei Jahren von dem Zeitpunkt an, in welchem der Ersatzberechtigte von dem Schaden, von den Umständen, aus denen sich seine Anspruchsberechtigung ergibt, und von den ersatzpflichtigen Fernwärmeversorgungsunternehmen Kenntnis erlangt, ohne Rücksicht auf diese Kenntnis in fünf Jahren von dem schädigenden Ereignis an. (2) Schweben zwischen dem Ersatzpflichtigen und dem Ersatzberechtigten Verhandlungen über den zu leistenden Schadensersatz, so ist die Verjährung gehemmt, bis der eine oder der andere Teil die Fortsetzung der Verhandlungen verweigert. (3) § 6 Abs. 5 gilt entsprechend.	
Rindfleischetikettierungsgesetz	
§ 9 Unterlassungs- und Schadensersatzanspruch	**§ 9 Unterlassungs- und Schadensersatzanspruch**
(4) Die in den Absätzen 1 bis 3 genannten Ansprüche verjähren in drei Jahren von dem Zeitpunkt an, in dem der Anspruchsberechtigte von der Handlung und von der Person des Verpflichteten Kenntnis erlangt, ohne Rücksicht auf diese Kenntnis in 30 Jahren von der Begehung der Handlung an. § 852 Abs. 2 des Bürgerlichen Gesetzbuchs ist entsprechend anzuwenden. Hat der Verpflichtete durch die Handlung auf Kosten des Berechtigten etwas erlangt, so ist er auch nach Vollendung der Verjährung zur Herausgabe nach den Vorschriften über die ungerechtfertigte Bereicherung verpflichtet.	(4) *(außer Kraft)*
Telekom-Kundenschutz-VO	
§ 8 Verjährung	**§ 8 Verjährung**
Die vertraglichen Ansprüche der Anbieter von Telekommunikationsdienstleistungen für die Öffentlichkeit und ihrer Kunden aus der Inanspruchnahme dieser Leistungen verjähren in zwei Jahren. § 201 des Bürgerlichen Gesetzbuchs gilt entsprechend.	Die Verjährung der Ansprüche der Anbieter von Telekommunikationsdienstleistungen für die Öffentlichkeit und ihrer Kunden richtet sich nach den Regelungen über die regelmäßige Verjährung nach dem Bürgerlichen Gesetzbuch.
Verordnung über die Allgemeinen Beförderungsbedingungen für den Straßenbahn- und Obusverkehr sowie den Linienverkehr mit Kraftfahrzeugen	
§ 15 Verjährung	**§ 15** *(außer Kraft)*
(1) Ansprüche aus dem Beförderungsvertrag verjähren in 2 Jahren. Die Verjährung beginnt mit der Entstehung des Anspruchs. (2) Im übrigen richtet sich die Verjährung nach den allgemeinen Vorschriften.	

5 Synoptische Darstellung der Gesetzesänderungen des allgemeinen Verjährungsrechtes zum 1. Januar 2002

Rechtslage bis zum 31. Dezember 2001

Rechtslage ab dem 1. Januar 2002

Titel 1
Gegenstand und Dauer der Verjährung

§ 194 BGB Gegenstand der Verjährung

(1) Das Recht, von einem anderen ein Tun oder ein Unterlassen zu verlangen (Anspruch), unterliegt der Verjährung.
(2) Der Anspruch aus einem familienrechtlichen Verhältnis unterliegt der Verjährung nicht, soweit er auf die Herstellung des dem Verhältnis entsprechenden Zustandes für die Zukunft gerichtet ist.

§ 194 BGB Gegenstand der Verjährung

(1) Das Recht, von einem anderen ein Tun oder Unterlassen zu verlangen (Anspruch), unterliegt der Verjährung.
(2) Ansprüche aus einem familienrechtlichen Verhältnis unterliegen der Verjährung nicht, soweit sie auf die Herstellung des dem Verhältnis entsprechenden Zustandes für die Zukunft gerichtet sind.

§ 195 BGB Regelmäßige Verjährungsfrist

Die regelmäßige Verjährungsfrist beträgt dreißig Jahre.

Redaktionelle Anmerkung: Der in §§ 196 und 197 BGB bis zum 31.12.2001 enthaltene Regelungsgehalt ist ab dem 1.1.2002 in § 197 enthalten.

§ 195 BGB Regelmäßige Verjährungsfrist

Die regelmäßige Verjährungsfrist beträgt drei Jahre.

§ 196 BGB Zweijährige Verjährungsfrist

(1) In zwei Jahren verjähren die Ansprüche:
1. der Kaufleute, Fabrikanten, Handwerker und derjenigen, welche ein Kunstgewerbe betreiben, für Lieferung von Waren, Ausführung von Arbeiten und Besorgung fremder Geschäfte, mit Einschluß der Auslagen, es sei denn, daß die Leistung für den Gewerbebetrieb des Schuldners erfolgt;
2. derjenigen, welche Land- oder Forstwirtschaft betreiben, für Lieferung von land- oder forstwirtschaftlichen Erzeugnissen, sofern die Lieferung zur Verwendung im Haushalte des Schuldners erfolgt;
3. der Eisenbahnunternehmungen, Magnetschwebebahnunternehmen, Frachtfuhrleute, Schiffer, Lohnkutscher und Boten wegen des Fahrgeldes, der Fracht, des Fuhr- und Botenlohns, mit Einschluß der Auslagen;
4. der Gastwirte und derjenigen, welche Speisen oder Getränke gewerbsmäßig verabreichen, für Gewährung von Wohnung und Beköstigung sowie für andere den Gästen zur Befriedigung ihrer Bedürfnisse gewährte Leistungen, mit Einschluß der Auslagen;
5. derjenigen, welche Lotterielose vertreiben, aus dem Vertriebe der Lose, es sei denn, daß die Lose zum Weitervertriebe geliefert werden;
6. derjenigen, welche bewegliche Sachen gewerbsmäßig vermieten, wegen des Mietzinses;
7. derjenigen, welche, ohne zu den in Nummer 1 bezeichneten Personen zu gehören, die Besorgung fremder Geschäfte oder die Leistung von Diensten gewerbsmäßig betreiben, wegen der ihnen aus dem Gewerbebetriebe gebührenden Vergütungen, mit Einschluß der Auslagen;
8. derjenigen, welche im Privatdienste stehen, wegen des Gehalts, Lohnes oder anderer Dienstbezüge, mit Einschluß der Auslagen, sowie der Dienstberechtigten wegen der auf solche Ansprüche gewährten Vorschüsse;
9. der gewerblichen Arbeiter - Gesellen, Gehilfen, Lehrlinge, Fabrikarbeiter -, der Tagelöhner und Handarbeiter wegen des Lohnes und anderer anstelle oder als Teil des Lohnes vereinbarter Leistungen, mit Einschluß der Auslagen, sowie der Arbeitgeber wegen der auf solche Ansprüche gewährten Vorschüsse;
10. der Lehrherren und Lehrmeister wegen des Lehrgeldes und anderer im Lehrvertrage vereinbarter Leistungen sowie wegen der für die Lehrlinge bestrittenen Auslagen;

§ 196 BGB Verjährungsfrist bei Rechten an einem Grundstück

Ansprüche auf Übertragung des Eigentums an einem Grundstück sowie auf Begründung, Übertragung oder Aufhebung eines Rechts an einem Grundstück oder auf Änderung des Inhalts eines solchen Rechts sowie die Ansprüche auf die Gegenleistung verjähren in zehn Jahren.

Rechtslage bis zum 31. Dezember 2001

11. der öffentlichen Anstalten, welche dem Unterrichte, der Erziehung, Verpflegung oder Heilung dienen, sowie der Inhaber von Privatanstalten solcher Art für Gewährung von Unterricht, Verpflegung oder Heilung und für die damit zusammenhängenden Aufwendungen;
12. derjenigen, welche Personen zur Verpflegung oder zur Erziehung aufnehmen, für Leistungen und Aufwendungen der in Nummer 11 bezeichneten Art;
13. der öffentlichen Lehrer und der Privatlehrer wegen ihrer Honorare, die Ansprüche der öffentlichen Lehrer jedoch nicht, wenn sie aufgrund besonderer Einrichtungen gestundet sind;
14. der Ärzte, insbesondere auch der Wundärzte, Geburtshelfer, Zahnärzte und Tierärzte, sowie der Hebammen für ihre Dienstleistungen, mit Einschluß der Auslagen;
15. der Rechtsanwälte, Notare sowie aller Personen, die zur Besorgung gewisser Geschäfte öffentlich bestellt oder zugelassen sind, wegen ihrer Gebühren und Auslagen, soweit nicht diese zur Staatskasse fließen;
16. der Parteien wegen der ihren Rechtsanwälten geleisteten Vorschüsse;
17. der Zeugen und Sachverständigen wegen ihrer Gebühren und Auslagen.

(2) Soweit die im Absatz 1 Nr. 1, 2, 5 bezeichneten Ansprüche nicht der Verjährung von zwei Jahren unterliegen, verjähren sie in vier Jahren.

§ 197 BGB Vierjährige Verjährungsfrist

In vier Jahren verjähren die Ansprüche auf Rückstände von Zinsen, mit Einschluß der als Zuschlag zu den Zinsen zum Zwecke allmählicher Tilgung des Kapitals zu entrichtenden Beträge, die Ansprüche auf Rückstände von Miet- und Pachtzinsen, soweit sie nicht unter die Vorschrift des § 196 Abs. 1 Nr. 6 fallen, und die Ansprüche auf Rückstände von Renten, Auszugsleistungen, Besoldungen, Wartegeldern, Ruhegehalten, Unterhaltsbeiträgen und allen anderen regelmäßig wiederkehrenden Leistungen.

Redaktionelle Anmerkung: Der bis 31.12.2001 in § 198 BGB geregelte Verjährungsbeginn ist ab dem 1.1.2002 in § 199 BGB enthalten.

§ 198 BGB Verjährungsbeginn

Die Verjährung beginnt mit der Entstehung des Anspruchs. Geht der Anspruch auf ein Unterlassen, so beginnt die Verjährung mit der Zuwiderhandlung.

§ 199 BGB Verjährungsbeginn bei Kündigung

Kann der Berechtigte die Leistung erst verlangen, wenn er dem Verpflichteten gekündigt hat, so beginnt die Verjährung mit dem Zeitpunkte, von welchem an die Kündigung zulässig ist. Hat der Verpflichtete die Leistung erst zu bewirken, wenn seit der Kündigung eine bestimmte Frist verstrichen ist, so wird der Beginn der Verjährung um die Dauer der Frist hinausgeschoben.

Rechtslage ab dem 1. Januar 2002

Redaktionelle Anmerkung: § 197 BGB in der ab 1.1.2002 geltenden Fassung enthält den Regelungsinhalt der §§ 196, 197, 218 und 219 BGB.

§ 197 BGB Dreißigjährige Verjährungsfrist

(1) In 30 Jahren verjähren, soweit nicht ein anderes bestimmt ist,
1. Herausgabeansprüche aus Eigentum und anderen dinglichen Rechten,
2. familien- und erbrechtliche Ansprüche,
3. rechtskräftig festgestellte Ansprüche,
4. Ansprüche aus vollstreckbaren Vergleichen oder vollstreckbaren Urkunden und
5. Ansprüche, die durch die im Insolvenzverfahren erfolgte Feststellung vollstreckbar geworden sind.

(2) Soweit Ansprüche nach Absatz 1 Nr. 2 regelmäßig wiederkehrende Leistungen oder Unterhaltsleistungen und Ansprüche nach Absatz 1 Nr. 3 bis 5 künftig fällig werdende regelmäßig wiederkehrende Leistungen zum Inhalt haben, tritt an die Stelle der Verjährungsfrist von 30 Jahren die regelmäßige Verjährungsfrist.

§ 198 BGB Verjährung bei Rechtsnachfolge

Gelangt eine Sache, hinsichtlich derer ein dinglicher Anspruch besteht, durch Rechtsnachfolge in den Besitz eines Dritten, so kommt die während des Besitzes des Rechtsvorgängers verstrichene Verjährungszeit dem Rechtsnachfolger zugute.

§ 199 BGB Beginn der regelmäßigen Verjährungsfrist und Höchstfristen

(1) Die regelmäßige Verjährungsfrist beginnt mit dem Schluss des Jahres, in dem
1. der Anspruch entstanden ist, und
2. der Gläubiger von den den Anspruch begründenden Umständen und der Person des Schuldners Kenntnis erlangt oder ohne grobe Fahrlässigkeit erlangen müsste.

Synopse – Allgemeines Verjährungsrecht

Rechtslage bis zum 31. Dezember 2001	Rechtslage ab dem 1. Januar 2002

Rechtslage ab dem 1. Januar 2002

(2) Schadensersatzansprüche, die auf der Verletzung des Lebens, des Körpers, der Gesundheit oder der Freiheit beruhen, verjähren ohne Rücksicht auf ihre Entstehung und die Kenntnis oder grob fahrlässige Unkenntnis in 30 Jahren von der Begehung der Handlung, der Pflichtverletzung oder dem sonstigen, den Schaden auslösenden Ereignis an.
(3) Sonstige Schadensersatzansprüche verjähren
1. ohne Rücksicht auf die Kenntnis oder grob fahrlässige Unkenntnis in zehn Jahren von ihrer Entstehung an, und
2. ohne Rücksicht auf ihre Entstehung und die Kenntnis oder grob fahrlässige Unkenntnis in 30 Jahren von der Begehung der Handlung, der Pflichtverletzung oder dem sonstigen, den Schaden auslösenden Ereignis an.

Maßgeblich ist die früher endende Frist.
(4) Andere Ansprüche als Schadensersatzansprüche verjähren ohne Rücksicht auf die Kenntnis oder grob fahrlässige Unkenntnis in zehn Jahren von ihrer Entstehung an.
(5) Geht der Anspruch auf ein Unterlassen, so tritt an die Stelle der Entstehung die Zuwiderhandlung.

§ 200 BGB Verjährungsbeginn bei Anfechtung

Hängt die Entstehung eines Anspruchs davon ab, daß der Berechtigte von einem ihm zustehenden Anfechtungsrechte Gebrauch macht, so beginnt die Verjährung mit dem Zeitpunkte, von welchem an die Anfechtung zulässig ist. Dies gilt jedoch nicht, wenn die Anfechtung sich auf ein familienrechtliches Verhältnis bezieht.

§ 200 BGB Beginn anderer Verjährungsfristen

Die Verjährungsfrist von Ansprüchen, die nicht der regelmäßigen Verjährungsfrist unterliegen, beginnt mit der Entstehung des Anspruchs, soweit nicht ein anderer Verjährungsbeginn bestimmt ist. § 199 Abs. 5 findet entsprechende Anwendung.

§ 201 BGB Beginn der kurzen Verjährungsfristen

Die Verjährung der in §§ 196, 197 bezeichneten Ansprüche beginnt mit dem Schlusse des Jahres, in welchem der nach §§ 198 bis 200 maßgebende Zeitpunkt eintritt. Kann die Leistung erst nach dem Ablauf einer über diesen Zeitpunkt hinausreichenden Frist verlangt werden, so beginnt die Verjährung mit dem Schlusse des Jahres, in welchem die Frist abläuft.

Redaktionelle Anmerkung: Die bis zum 31.12.2001 in § 202 BGB geregelte Verjährungshemmung aus Rechtsgründen ist ab dem 1.1.2002 in § 205 BGB geregelt.

§ 201 BGB Beginn der Verjährungsfrist von festgestellten Ansprüchen

Die Verjährung von Ansprüchen der in § 197 Abs. 1 Nr. 3 bis 5 bezeichneten Art beginnt mit der Rechtskraft der Entscheidung, der Errichtung des vollstreckbaren Titels oder der Feststellung im Insolvenzverfahren, nicht jedoch vor der Entstehung des Anspruchs. § 199 Abs. 5 findet entsprechende Anwendung.

§ 202 BGB Verjährungshemmung aus Rechtsgründen

(1) Die Verjährung ist gehemmt, solange die Leistung gestundet oder der Verpflichtete aus einem anderen Grunde vorübergehend zur Verweigerung der Leistung berechtigt ist.
(2) Diese Vorschrift findet keine Anwendung auf die Einrede des Zurückbehaltungsrechts, des nicht erfüllten Vertrags, der mangelnden Sicherheitsleistung, der Vorausklage sowie auf die nach § 770 dem Bürgen und nach §§ 2014, 2015 dem Erben zustehenden Einreden.

§ 202 BGB Unzulässigkeit von Vereinbarungen über die Verjährung

(1) Die Verjährung kann bei Haftung wegen Vorsatzes nicht im Voraus durch Rechtsgeschäft erleichtert werden.

(2) Die Verjährung kann durch Rechtsgeschäft nicht über eine Verjährungsfrist von 30 Jahren ab dem gesetzlichen Verjährungsbeginn hinaus erschwert werden.

Rechtslage bis zum 31. Dezember 2001	Rechtslage ab dem 1. Januar 2002

Rechtslage ab dem 1. Januar 2002

**Titel 2
Hemmung, Ablaufhemmung und Neubeginn der Verjährung**

Redaktionelle Anmerkung: Die bis zum 31.12.2001 in § 203 BGB geregelte Verjährungshemmung ist ab dem 1.1.2002 in § 206 BGB geregelt.

Rechtslage bis zum 31. Dezember 2001

§ 203 BGB Verjährungshemmung aus tatsächlichen Gründen

(1) Die Verjährung ist gehemmt, solange der Berechtigte durch Stillstand der Rechtspflege innerhalb der letzten sechs Monate der Verjährungsfrist an der Rechtsverfolgung verhindert ist.

(2) Das gleiche gilt, wenn eine solche Verhinderung in anderer Weise durch höhere Gewalt herbeigeführt wird.

Redaktionelle Anmerkung: Die bis zum 31.12.2001 in § 204 BGB geregelte Hemmung aus familiären Gründen ist ab dem 1.1.2002 in § 207 BGB geregelt.

§ 204 BGB Hemmung aus familiären Gründen

Die Verjährung von Ansprüchen zwischen Ehegatten ist gehemmt, solange die Ehe besteht. Das gleiche gilt von Ansprüchen zwischen Eltern und Kindern während der Minderjährigkeit der Kinder und von Ansprüchen zwischen dem Vormund und dem Mündel während der Dauer des Vormundschaftsverhältnisses.

Rechtslage ab dem 1. Januar 2002

§ 203 BGB Hemmung der Verjährung bei Verhandlungen

Schweben zwischen dem Schuldner und dem Gläubiger Verhandlungen über den Anspruch oder die den Anspruch begründenden Umstände, so ist die Verjährung gehemmt, bis der eine oder der andere Teil die Fortsetzung der Verhandlungen verweigert. Die Verjährung tritt frühestens drei Monate nach dem Ende der Hemmung ein.

Redaktionelle Anmerkung § 204 in der ab 1.1.2002 geltenden Fassung enthält den früheren Regelungsgehalt der §§ 209, 210, 211, 212, 212 a, 213, 214, 215, 220 BGB.

§ 204 BGB Hemmung der Verjährung durch Rechtsverfolgung

(1) Die Verjährung wird gehemmt durch
1. die Erhebung der Klage auf Leistung oder auf Feststellung des Anspruchs, auf Erteilung der Vollstreckungsklausel oder auf Erlass des Vollstreckungsurteils,
2. die Zustellung des Antrags im vereinfachten Verfahren über den Unterhalt Minderjähriger,
3. die Zustellung des Mahnbescheids im Mahnverfahren,
4. die Veranlassung der Bekanntgabe des Güteantrags, der bei einer durch die Landesjustizverwaltung eingerichteten oder anerkannten Gütestelle oder, wenn die Parteien den Einigungsversuch einvernehmlich unternehmen, bei einer sonstigen Gütestelle, die Streitbeilegungen betreibt, eingereicht ist; wird die Bekanntgabe demnächst nach der Einreichung des Antrags veranlasst, so tritt die Hemmung der Verjährung bereits mit der Einreichung ein,
5. die Geltendmachung der Aufrechnung des Anspruchs im Prozess,
6. die Zustellung der Streitverkündung,
7. die Zustellung des Antrags auf Durchführung eines selbständigen Beweisverfahrens,
8. den Beginn eines vereinbarten Begutachtungsverfahrens oder die Beauftragung des Gutachters in dem Verfahren nach § 641a,
9. die Zustellung des Antrags auf Erlass eines Arrestes, einer einstweiligen Verfügung oder einer einstweiligen Anordnung, oder, wenn der Antrag nicht zugestellt wird, dessen Einreichung, wenn der Arrestbefehl, die einstweilige Verfügung oder die einstweilige Anordnung innerhalb eines Monats seit Verkündung oder Zustellung an den Gläubiger dem Schuldner zugestellt wird,
10. die Anmeldung des Anspruchs im Insolvenzverfahren oder im Schifffahrtsrechtlichen Verteilungsverfahren,
11. den Beginn des schiedsrichterlichen Verfahrens,
12. die Einreichung des Antrags bei einer Behörde, wenn die Zulässigkeit der Klage von der Vorentscheidung dieser Behörde abhängt und innerhalb von drei Monaten nach Erledigung des Gesuchs die Klage erhoben wird; dies gilt entsprechend für bei einem Gericht oder bei einer in Nummer 4 bezeichneten Gütestelle zu stellende Anträge, deren Zulässigkeit von der Vorentscheidung einer Behörde abhängt,
13. die Einreichung des Antrags bei dem höheren Gericht, wenn dieses das zuständige Gericht zu bestimmen hat und innerhalb von drei Monaten nach Erledigung des Gesuchs die Klage erhoben oder der Antrag, für den die Gerichtsstandsbestimmung zu erfolgen hat, gestellt wird, und

Rechtslage bis zum 31. Dezember 2001	Rechtslage ab dem 1. Januar 2002
	14. die Veranlassung der Bekanntgabe des erstmaligen Antrags auf Gewährung von Prozesskostenhilfe; wird die Bekanntgabe demnächst nach der Einreichung des Antrags veranlasst, so tritt die Hemmung der Verjährung bereits mit der Einreichung ein. (2) Die Hemmung nach Absatz 1 endet sechs Monate nach der rechtskräftigen Entscheidung oder anderweitigen Beendigung des eingeleiteten Verfahrens. Gerät das Verfahren dadurch in Stillstand, dass die Parteien es nicht betreiben, so tritt an die Stelle der Beendigung des Verfahrens die letzte Verfahrenshandlung der Parteien, des Gerichts oder der sonst mit dem Verfahren befassten Stelle. Die Hemmung beginnt erneut, wenn eine der Parteien das Verfahren weiter betreibt. (3) Auf die Frist nach Absatz 1 Nr. 9, 12 und 13 finden die §§ 206, 210 und 211 entsprechende Anwendung.
Redaktionelle Anmerkung: Die bis zum 31.12.2001 in § 205 BGB geregelte Wirkung der Hemmung ist ab dem 1.1.2002 in § 209 geregelt.	
§ 205 BGB Wirkung der Hemmung	**§ 205 BGB Hemmung der Verjährung bei Leistungsverweigerungsrecht**
Der Zeitraum, während dessen die Verjährung gehemmt ist, wird in die Verjährungsfrist nicht eingerechnet.	Die Verjährung ist gehemmt, solange der Schuldner aufgrund einer Vereinbarung mit dem Gläubiger vorübergehend zur Verweigerung der Leistung berechtigt ist.
Redaktionelle Anmerkung: Die bis zum 31.12.2001 in § 206 BGB geregelte Ablaufhemmung ist ab dem 1.1.2002 in § 210 BGB geregelt.	
§ 206 BGB Ablaufhemmung	**§ 206 BGB Hemmung der Verjährung bei höherer Gewalt**
(1) Ist eine geschäftsunfähige oder in der Geschäftsfähigkeit beschränkte Person ohne gesetzlichen Vertreter, so wird die gegen sie laufende Verjährung nicht vor dem Ablaufe von sechs Monaten nach dem Zeitpunkt vollendet, in welchem die Person unbeschränkt geschäftsfähig wird oder der Mangel der Vertretung aufhört. Ist die Verjährungsfrist kürzer als sechs Monate, so tritt der für die Verjährung bestimmte Zeitraum an die Stelle der sechs Monate. (2) Die Vorschriften finden keine Anwendung, soweit eine in der Geschäftsfähigkeit beschränkte Person prozeßfähig ist	Die Verjährung ist gehemmt, solange der Gläubiger innerhalb der letzten sechs Monate der Verjährungsfrist durch höhere Gewalt an der Rechtsverfolgung gehindert ist.
Redaktionelle Anmerkung: Die bis zum 31.12.2001 in § 207 BGB geregelte Ablaufhemmung bei Nachlaßsachen ist ab dem 1.1.2002 in § 211 geregelt.	
§ 207 BGB Ablaufhemmung bei Nachlaßsachen	**§ 207 BGB Hemmung der Verjährung aus familiären und ähnlichen Gründen**
Die Verjährung eines Anspruchs, der zu einem Nachlasse gehört oder sich gegen einen Nachlaß richtet, wird nicht vor dem Ablaufe von sechs Monaten nach dem Zeitpunkte vollendet, in welchem die Erbschaft von dem Erben angenommen oder das Insolvenzverfahren über den Nachlaß eröffnet wird oder von welchem an der Anspruch von einem Vertreter oder gegen einen Vertreter geltend gemacht werden kann. Ist die Verjährungsfrist kürzer als sechs Monate, so tritt der für die Verjährung bestimmte Zeitraum an die Stelle der sechs Monate.	(1) Die Verjährung von Ansprüchen zwischen Ehegatten ist gehemmt, solange die Ehe besteht. Das Gleiche gilt für Ansprüche zwischen 1. Lebenspartnern, solange die Lebenspartnerschaft besteht, 2. Eltern und Kindern und dem Ehegatten eines Elternteils und dessen Kindern während der Minderjährigkeit der Kinder, 3. dem Vormund und dem Mündel während der Dauer des Vormundschaftsverhältnisses, 4. dem Betreuten und dem Betreuer während der Dauer des Betreuungsverhältnisses, und 5. dem Pflegling und dem Pfleger während der Dauer der Pflegschaft. Die Verjährung von Ansprüchen des Kindes gegen den Beistand ist während der Dauer der Beistandschaft gehemmt. (2) § 208 BGB bleibt unberührt.

Rechtslage bis zum 31. Dezember 2001	Rechtslage ab dem 1. Januar 2002

§ 208 BGB Unterbrechung der Verjährung durch Anerkenntnis

Die Verjährung wird unterbrochen, wenn der Verpflichtete dem Berechtigten gegenüber den Anspruch durch Abschlagszahlung, Zinszahlung, Sicherheitsleistung oder in anderer Weise anerkennt.

Redaktionelle Anmerkung: Der in § 209 BGB bis zum 31.12.2001 enthaltene Regelungsgehalt ist ab dem 1.1.2002 in § 204 BGB enthalten.

§ 209 BGB Unterbrechung durch gerichtliche Geltendmachung

(1) Die Verjährung wird unterbrochen, wenn der Berechtigte auf Befriedigung oder auf Feststellung des Anspruchs, auf Erteilung der Vollstreckungsklausel oder auf Erlassung des Vollstreckungsurteils Klage erhebt.
(2) Der Erhebung der Klage stehen gleich:
1. die Zustellung eines Mahnbescheids im Mahnverfahren;
1a. die Geltendmachung eines Anspruchs durch Anbringung eines Güteantrags bei einer Gütestelle der im § 794 Abs. 1 Nr. 1 der Zivilprozeßordnung bezeichneten Art;
1b. die Zustellung eines Antrags im vereinfachten Verfahren zur Festsetzung von Unterhalt;
2. die Anmeldung des Anspruchs im Insolvenzverfahren oder im Schiffahrtsrechtlichen Verteilungsverfahren;
3. die Geltendmachung der Aufrechnung des Anspruchs im Prozesse;
4. die Streitverkündung in dem Prozesse, von dessen Ausgange der Anspruch abhängt;
5. die Vornahme einer Vollstreckungshandlung und, soweit die Zwangsvollstreckung den Gerichten oder anderen Behörden zugewiesen ist, die Stellung des Antrags auf Zwangsvollstreckung.

Redaktionelle Anmerkung: Der in § 210 BGB bis zum 31.12.2001 enthaltene Regelungsgehalt ist ab dem 1.1.2002 in § 204 BGB enthalten.

§ 210 BGB Unterbrechung durch Antrag auf Vorentscheidung

Hängt die Zulässigkeit des Rechtswegs von der Vorentscheidung einer Behörde ab oder hat die Bestimmung des zuständigen Gerichts durch ein höheres Gericht zu erfolgen, so wird die Verjährung durch die Einreichung des Gesuchs an die Behörde oder das höhere Gericht in gleicher Weise wie durch Klageerhebung oder durch Anbringung des Güteantrags unterbrochen, wenn binnen drei Monaten nach der Erledigung des Gesuchs die Klage erhoben oder der Güteantrag angebracht wird. Auf diese Frist finden die Vorschriften der §§ 203, 206, 207 entsprechende Anwendung.

§ 208 BGB Hemmung der Verjährung bei Ansprüchen wegen Verletzung der sexuellen Selbstbestimmung

Die Verjährung von Ansprüchen wegen Verletzung der sexuellen Selbstbestimmung ist bis zur Vollendung des 21. Lebensjahres des Gläubigers gehemmt. Lebt der Gläubiger von Ansprüchen wegen Verletzung der sexuellen Selbstbestimmung bei Beginn der Verjährung mit dem Schuldner in häuslicher Gemeinschaft, so ist die Verjährung auch bis zur Beendigung der häuslichen Gemeinschaft gehemmt.

§ 209 BGB Wirkung der Hemmung

Der Zeitraum, während dessen die Verjährung gehemmt ist, wird in die Verjährungsfrist nicht eingerechnet.

§ 210 BGB Ablaufhemmung bei nicht voll Geschäftsfähigen

(1) Ist eine geschäftsunfähige oder in der Geschäftsfähigkeit beschränkte Person ohne gesetzlichen Vertreter, so tritt eine für oder gegen sie laufende Verjährung nicht vor dem Ablauf von sechs Monaten nach dem Zeitpunkt ein, in dem die Person unbeschränkt geschäftsfähig oder der Mangel der Vertretung behoben wird. Ist die Verjährungsfrist kürzer als sechs Monate, so tritt der für die Verjährung bestimmte Zeitraum an die Stelle der sechs Monate.

(2) Absatz 1 findet keine Anwendung, soweit eine in der Geschäftsfähigkeit beschränkte Person prozessfähig ist.

Synopse – Allgemeines Verjährungsrecht

Rechtslage bis zum 31. Dezember 2001

Redaktionelle Anmerkung: Die bis zum 31.12.2001 in § 211 BGB geregelte Unterbrechung bei Klage ist ab dem 1.1.2002 in § 204 BGB geregelt.

§ 211 BGB Unterbrechung bei Klage

(1) Die Unterbrechung durch Klageerhebung dauert fort, bis der Prozeß rechtskräftig entschieden oder anderweit erledigt ist.
(2) Gerät der Prozeß infolge einer Vereinbarung oder dadurch, daß er nicht betrieben wird, in Stillstand, so endigt die Unterbrechung mit der letzten Prozeßhandlung der Parteien oder des Gerichts. Die nach der Beendigung der Unterbrechung beginnende neue Verjährung wird dadurch, daß eine der Parteien den Prozeß weiter betreibt, in gleicher Weise wie durch Klageerhebung unterbrochen.

Redaktionelle Anmerkung: Der in § 212 BGB bis zum 31.12.2001 enthaltene Regelungsgehalt ist ab dem 1.1.2002 in § 204 BGB enthalten.

§ 212 BGB Unterbrechung bei Klagerücknahme

(1) Die Unterbrechung durch Klageerhebung gilt als nicht erfolgt, wenn die Klage zurückgenommen oder durch ein nicht in der Sache selbst entscheidendes Urteil rechtskräftig abgewiesen wird.

(2) Erhebt der Berechtigte binnen sechs Monaten von neuem Klage, so gilt die Verjährung als durch die Erhebung der ersten Klage unterbrochen. Auf diese Frist finden die Vorschriften der §§ 203, 206, 207 entsprechende Anwendung.

Redaktionelle Anmerkung: Der in § 212a BGB bis zum 31.12.2001 enthaltene Regelungsgehalt ist ab dem 1.1.2002 in § 204 BGB enthalten.

§ 212a BGB Unterbrechung bei Güteantrag

Die Unterbrechung durch Anbringung des Güteantrags dauert bis zur Erledigung des Güteverfahrens und, wenn an dieses Verfahren sich ein Streitverfahren unmittelbar anschließt, nach Maßgabe der §§ 211, 212 fort. Gerät das Güteverfahren dadurch, daß es nicht betrieben wird, in Stillstand, so finden die Vorschriften des § 211 Abs. 2 entsprechende Anwendung. Wird der Güteantrag zurückgenommen, so gilt die Unterbrechung der Verjährung als nicht erfolgt.

Redaktionelle Anmerkung: Der in § 213 BGB bis zum 31.12.2001 enthaltene Regelungsgehalt ist ab dem 1.1.2002 in § 204 BGB enthalten.

§ 213 BGB Unterbrechung bei Mahnbescheid

Auf die Unterbrechung durch Zustellung eines Mahnbescheids im Mahnverfahren finden die Vorschriften des § 212a entsprechende Anwendung. Die Unterbrechung gilt als nicht erfolgt, wenn der Mahnbescheid seine Kraft verliert (§ 701 der Zivilprozeßordnung).

Rechtslage ab dem 1. Januar 2002

§ 211 BGB Ablaufhemmung in Nachlassfällen

Die Verjährung eines Anspruchs, der zu einem Nachlass gehört oder sich gegen einen Nachlass richtet, tritt nicht vor dem Ablauf von sechs Monaten nach dem Zeitpunkt ein, in dem die Erbschaft von dem Erben angenommen oder das Insolvenzverfahren über den Nachlass eröffnet wird oder von dem an der Anspruch von einem oder gegen einen Vertreter geltend gemacht werden kann. Ist die Verjährungsfrist kürzer als sechs Monate, so tritt der für die Verjährung bestimmte Zeitraum an die Stelle der sechs Monate.

§ 212 BGB Neubeginn der Verjährung

(1) Die Verjährung beginnt erneut, wenn
1. der Schuldner dem Gläubiger gegenüber den Anspruch durch Abschlagszahlung, Zinszahlung, Sicherheitsleistung oder in anderer Weise anerkennt, oder
2. eine gerichtliche oder behördliche Vollstreckungshandlung vorgenommen oder beantragt wird.
(2) Der erneute Beginn der Verjährung infolge einer Vollstreckungshandlung gilt als nicht eingetreten, wenn die Vollstreckungshandlung auf Antrag des Gläubigers oder wegen Mangels der gesetzlichen Voraussetzungen aufgehoben wird.
(3) Der erneute Beginn der Verjährung durch den Antrag auf Vornahme einer Vollstreckungshandlung gilt als nicht eingetreten, wenn dem Antrag nicht stattgegeben oder der Antrag vor der Vollstreckungshandlung zurückgenommen oder die erwirkte Vollstreckungshandlung nach Absatz 2 aufgehoben wird.

(außer Kraft)

§ 213 BGB Hemmung, Ablaufhemmung und erneuter Beginn der Verjährung bei anderen Ansprüchen

Die Hemmung, die Ablaufhemmung und der erneute Beginn der Verjährung gelten auch für Ansprüche, die aus demselben Grund wahlweise neben dem Anspruch oder an seiner Stelle gegeben sind.

Rechtslage bis zum 31. Dezember 2001	Rechtslage ab dem 1. Januar 2002
	Titel 3 **Rechtsfolgen der Verjährung**
Redaktionelle Anmerkung: Der in § 214 BGB bis zum 31.12.2001 enthaltene Regelungsgehalt ist ab dem 1.1.2002 in § 204 BGB enthalten.	
§ 214 BGB Unterbrechung bei Anmeldung im Konkurs und im Seerechtlichen Verteilungsverfahren	**§ 214 BGB Wirkung der Verjährung**
(1) Die Unterbrechung durch Anmeldung im Insolvenzverfahren dauert fort, bis das Insolvenzverfahren beendigt ist. (2) Die Unterbrechung gilt als nicht erfolgt, wenn die Anmeldung zurückgenommen wird. (3) Wird bei der Beendigung des Insolvenzverfahrens für eine Forderung, die infolge eines bei der Prüfung erhobenen Widerspruchs in Prozeß befangen ist, ein Betrag zurückbehalten, so dauert die Unterbrechung auch nach der Beendigung des Insolvenzverfahrens fort; das Ende der Unterbrechung bestimmt sich nach den Vorschriften des § 211. (4) Auf die Unterbrechung durch Anmeldung im Schiffahrtsrechtlichen Verteilungsverfahren sind die Absätze 1 bis 3 entsprechend anzuwenden.	(1) Nach Eintritt der Verjährung ist der Schuldner berechtigt, die Leistung zu verweigern. (2) Das zur Befriedigung eines verjährten Anspruchs Geleistete kann nicht zurückgefordert werden, auch wenn in Unkenntnis der Verjährung geleistet worden ist. Das gleiche gilt von einem vertragsmäßigen Anerkenntnis sowie einer Sicherheitsleistung des Schuldners.
Redaktionelle Anmerkung: Der in § 215 BGB bis zum 31.12.2001 enthaltene Regelungsgehalt ist ab dem 1.1.2002 in § 204 BGB enthalten.	
§ 215 BGB Unterbrechung bei Aufrechnung oder Streitverkündung	**§ 215 BGB Aufrechnung und Zurückbehaltungsrecht nach Eintritt der Verjährung**
(1) Die Unterbrechung durch Geltendmachung der Aufrechnung im Prozeß oder durch Streitverkündung dauert fort, bis der Prozeß rechtskräftig entschieden oder anderweit erledigt ist; die Vorschriften des § 211 Abs. 2 finden Anwendung. (2) Die Unterbrechung gilt als nicht erfolgt, wenn nicht binnen sechs Monaten nach der Beendigung des Prozesses Klage auf Befriedigung oder Feststellung des Anspruchs erhoben wird. Auf diese Frist finden die Vorschriften der §§ 203, 206, 207 entsprechende Anwendung.	Die Verjährung schließt die Aufrechnung und die Geltendmachung eines Zurückbehaltungsrechts nicht aus, wenn der Anspruch in dem Zeitpunkt noch nicht verjährt war, in dem erstmals aufgerechnet oder die Leistung verweigert werden konnte.
Redaktionelle Anmerkung: Der in § 216 BGB bis zum 31.12.2001 enthaltene Regelungsgehalt ist ab dem 1.1.2002 in § 204 BGB enthalten	
§ 216 BGB Unterbrechung bei Vollstreckungshandlungen	**§ 216 BGB Wirkung der Verjährung bei gesicherten Ansprüchen**
(1) Die Unterbrechung durch Vornahme einer Vollstreckungshandlung gilt als nicht erfolgt, wenn die Vollstreckungsmaßregel auf Antrag des Berechtigten oder wegen Mangels der gesetzlichen Voraussetzungen aufgehoben wird. (2) Die Unterbrechung durch Stellung des Antrags auf Zwangsvollstreckung gilt als nicht erfolgt, wenn dem Antrage nicht stattgegeben oder der Antrag vor der Vornahme der Vollstreckungshandlung zurückgenommen oder die erwirkte Vollstreckungsmaßregel nach Absatz 1 aufgehoben wird.	(1) Die Verjährung eines Anspruchs, für den eine Hypothek, eine Schiffshypothek oder ein Pfandrecht besteht, hindert den Gläubiger nicht, seine Befriedigung aus dem belasteten Gegenstand zu suchen. (2) Ist zur Sicherung eines Anspruchs ein Recht verschafft worden, so kann die Rückübertragung nicht aufgrund der Verjährung des Anspruchs gefordert werden. Ist das Eigentum vorbehalten, so kann der Rücktritt vom Vertrag auch erfolgen, wenn der gesicherte Anspruch verjährt ist. (3) Die Absätze 1 und 2 finden keine Anwendung auf die Verjährung von Ansprüchen auf Zinsen und andere wiederkehrende Leistungen.

Synopse – Allgemeines Verjährungsrecht

| **Rechtslage bis zum 31. Dezember 2001** | **Rechtslage ab dem 1. Januar 2002** |

Redaktionelle Anmerkung: Der in § 217 BGB bis zum 31.12.2001 enthaltene Regelungsgehalt ist ab dem 1.1.2002 in § 204 BGB enthalten.

§ 217 BGB Wirkung der Unterbrechung

Wird die Verjährung unterbrochen, so kommt die bis zur Unterbrechung verstrichene Zeit nicht in Betracht; eine neue Verjährung kann erst nach der Beendigung der Unterbrechung beginnen.

§ 217 BGB Verjährung von Nebenleistungen

Mit dem Hauptanspruch verjährt der Anspruch auf die von ihm abhängenden Nebenleistungen, auch wenn die für diesen Anspruch geltende besondere Verjährung noch nicht eingetreten ist.

Redaktionelle Anmerkung: Der in § 218 BGB bis zum 31.12.2001 enthaltene Regelungsgehalt ist ab dem 1.1.2002 in § 204 BGB enthalten.

§ 218 BGB Verjährung des rechtskräftig festgestellten Anspruchs

(1) Ein rechtskräftig festgestellter Anspruch verjährt in dreißig Jahren, auch wenn er an sich einer kürzeren Verjährung unterliegt. Das gleiche gilt von dem Anspruch aus einem vollstreckbaren Vergleich oder einer vollstreckbaren Urkunde sowie von einem Ansprucbe, welcher durch die im Insolvenzverfahren erfolgte Feststellung vollstreckbar geworden ist.

(2) Soweit sich die Feststellung auf regelmäßig wiederkehrende, erst künftig fällig werdende Leistungen bezieht, bewendet es bei der kürzeren Verjährungsfrist.

§ 218 BGB Unwirksamkeit des Rücktritts

(1) Der Rücktritt wegen nicht oder nicht vertragsgemäß erbrachter Leistung ist unwirksam, wenn der Anspruch auf die Leistung oder der Nacherfüllungsanspruch verjährt ist und der Schuldner sich hierauf beruft. Dies gilt auch, wenn der Schuldner nach § 275 Abs. 1 bis 3, § 439 Abs. 3 oder § 635 Abs. 3 nicht zu leisten braucht und der Anspruch auf die Leistung oder der Nacherfüllungsanspruch verjährt wäre. § 216 Abs. 2 Satz 2 bleibt unberührt.
(2) § 214 Abs. 2 findet entsprechende Anwendung.

§ 219 BGB Rechtskräftige Vorbehaltsurteile

Als rechtskräftige Entscheidung im Sinne des § 211 Abs. 1 und des § 218 Abs. 1 gilt auch ein unter Vorbehalt ergangenes rechtskräftiges Urteil.

(außer Kraft)

§ 220 BGB Unterbrechung bei sonstigen Verfahren

(1) Ist der Anspruch vor einem Schiedsgericht oder einem besonderen Gerichte, vor einem Verwaltungsgericht oder einer Verwaltungsbehörde geltend zu machen, so finden die Vorschriften der §§ 209 bis 213, 215, 216, 218, 219 entsprechende Anwendung.
(2) Sind in dem Schiedsvertrage die Schiedsrichter nicht ernannt oder ist die Ernennung eines Schiedsrichters aus einem anderen Grunde erforderlich oder kann das Schiedsgericht erst nach der Erfüllung einer sonstigen Voraussetzung angerufen werden, so wird die Verjährung schon dadurch unterbrochen, daß der Berechtigte das zur Erledigung der Sache seinerseits Erforderliche vornimmt.

(außer Kraft)

§ 221 BGB Verjährung bei Rechtsnachfolge

Gelangt eine Sache, in Ansehung deren ein dinglicher Anspruch besteht, durch Rechtsnachfolge in den Besitz eines Dritten, so kommt die während des Besitzes des Rechtsvorgängers verstrichene Verjährungszeit dem Rechtsnachfolger zustatten.

(außer Kraft)

Rechtslage bis zum 31. Dezember 2001	Rechtslage ab dem 1. Januar 2002

Redaktionelle Anmerkung: Die in § 222 BGB bis zum 31.12.2001 geregelte Wirkung der Verjährung ist ab dem 1.1.2002 in § 214 BGB geregelt.

§ 222 BGB Wirkung der Verjährung *(außer Kraft)*

(1) Nach der Vollendung der Verjährung ist der Verpflichtete berechtigt, die Leistung zu verweigern.
(2) Das zur Befriedigung eines verjährten Anspruchs Geleistete kann nicht zurückgefordert werden, auch wenn die Leistung in Unkenntnis der Verjährung bewirkt worden ist. Das gleiche gilt von einem vertragsmäßigen Anerkenntnisse sowie einer Sicherheitsleistung des Verpflichteten.

Redaktionelle Anmerkung: Der in § 223 BGB bis zum 31.12.2001 enthaltene Regelungsgehalt ist ab dem 1.1.2002 in § 216 BGB enthalten.

§ 223 BGB Wirkung bei gesicherten Ansprüchen *(außer Kraft)*

(1) Die Verjährung eines Anspruchs, für den eine Hypothek, eine Schiffshypothek oder ein Pfandrecht besteht, hindert den Berechtigten nicht, seine Befriedigung aus dem verhafteten Gegenstande zu suchen.
(2) Ist zur Sicherung eines Anspruchs ein Recht übertragen worden, so kann die Rückübertragung nicht aufgrund der Verjährung des Anspruchs gefordert werden.
(3) Diese Vorschriften finden keine Anwendung bei der Verjährung von Ansprüchen auf Rückstände von Zinsen oder anderen wiederkehrenden Leistungen.

Redaktionelle Anmerkung: Der in § 224 BGB bis zum 31.12.2001 enthaltene Regelungsgehalt ist ab dem 1.1.2002 in § 217 BGB enthalten.

§ 224 BGB Verjährung der Nebenleistungen *(außer Kraft)*

Mit dem Hauptanspruche verjährt der Anspruch auf die von ihm abhängenden Nebenleistungen, auch wenn die für diesen Anspruch geltende besondere Verjährung noch nicht vollendet ist.

Redaktionelle Anmerkung: Der in § 225 BGB bis zum 31.12.2001 enthaltene Regelungsgehalt ist ab dem 1.1.2002 in § 202 BGB enthalten.

§ 225 BGB Vereinbarung über die Verjährung *(außer Kraft)*

Die Verjährung kann durch Rechtsgeschäft weder ausgeschlossen noch erschwert werden. Erleichterung der Verjährung, insbesondere Abkürzung der Verjährungsfrist, ist zulässig.

6 Aufsätze zum Verjährungsrecht

Altmeppen, Holger, Fortschritte im modernen Verjährungsrecht, DB 2002, 514

Amann, Hermann, Das Verjährungsrecht nach der Schuldrechtsreform aus notarieller Sicht, DNotZ 2002, 94

Amend, Anja, Auswirkungen des neuen Verjährungsrechtes auf das Erbrecht, JuS 2002, 743

Ballaschk, Wilfred, Verjährung von Kosten der Zwangsvollstreckung, ZAP 2004, Fach 24, 817

Baronikians, Patrick, Eilverfahren und Verjährung, WRP 2001, 121

Bergjahn, Ralf / Wermes, Sybille, Die Verjährung titulierter Unterhaltsansprüche bereits nach drei Jahren?, FamRZ 2004, 1087

Bescht, Volker / Kiene, Lorenz, Zur Verjährung von Ansprüchen fehlerhaft beratener Familienfondanleger, ZfIR 2004, 624

Besch, Volker / Kiene, Lorenz, Die Verjährung von Anlegeransprüchen gegenüber Anlagevermittlern und Anlageberatern zum 1.1.2005, DB 2004, 1819

Brinkmann, Moritz, Neues Verjährungsrecht kontra Gläubigerschutz?, NZG 2002, 855

Budzikiewicz, Christine, Die Verjährung im Darlehensrecht, WM 2003, 264

Budzikiewicz, Christine, Stehen gelassene Sicherungsgrundschulden – Beginn der Verjährung des Rückgewähranspruchs, ZGS 2002, 357

Buschbell, Hans / Dollendorf, Wolfgang, Das neue Verjährungsrecht, ZfS Sonderheft 2002, 9

Büttner, Helmut, Schuldrechtsmodernisierung und Familienrecht, insbesondere Verjährung, Wirkung und Verzug, FamRZ 2002, 361

Dahl, Michael, Neue Verjährungsprobleme im GmbH-Recht als Folge des Schuldrechtsmodernisierungsgesetzes, NZI 2003, 428

Dobmaier, Michael, Der allgemeine Teil des neuen Verjährungsrechts – ein Überblick über die wichtigsten Neuerungen, AnwBl 2002, 107

Drasdo, Michael, Die Auswirkungen der Neuregelung des Verjährungsrechts des BGB auf das Wohnungseigentumsrecht, Wohnungseigentümer 2002, 113

Ebert, Bertram, Verjährungshemmung durch Mahnverfahren, NJW 2003, 732

Eidenmüller, Horst, Die Verjährung beim Rechtskauf, NJW 2002, 1625

Emde, Raimond, Zur Verjährung des Schadenersatzanspruches des Vertragshändlers, EWiR 2002, 765

Fischer, Claudius, Die Verjährung von Vergütungsansprüchen in der gesetzlichen Krankenversicherung, NZS 2003, 301

Fischer, Olaf, Verjährung bereits titulierter Zinsen – eine Haftungsfalle, ZAP 2003, Fach 2, 403

Foerste, Ulrich, Zur Verjährungshemmung durch Zustellung des Mahnbescheides, EWiR 2002, 779

Friedrich, Fabian, Verjährungshemmung durch Güteverfahren, NJW 2003, 1781

Gaier, Reinhard, Der Beginn der regelmäßigen Verjährung von gemeinschaftlichen Ansprüchen der Wohnungseigentümer nach neuem Recht, NZM 2003, 90

Gather, Hans-Herbert , Die neuen Verjährungsregelungen in Mietverhältnissen, Grundeigentum 2003, 641

Gsell, Beate, Schuldrechtsreform – die Übergangsregelung für die Verjährungsfristen, NJW 2002, 1297

Hakenberg, Michael, Die Neuregelung der Verjährung durch das Schuldrechtsmodernisierungs-Gesetz, DRiZ 2002, 370

Handschumacher, Johannes, Hemmung der Verjährung durch Verhandlungen, BauR 2002, 1440

Heerstraßen, Frank / Reinhard, Thorsten, Die Verjährung von Rechtsmängelansprüchen beim Beteiligungskauf nach der Schuldrechtsreform, BB 2002, 1429

Heinrich, Martin, Die kurze Verjährung nach der Schuldrechtsreform, ZGS 2003, 459

Heselhaus, Dr. Sebastian, Die Verjährung im Staatshaftungsrecht nach der Schuldrechtsreform, DVBl 2004, 411

Heß, Rainer, Neuregelung des Verjährungsrechtes – Auswirkung auf das Verkehrszivilrecht, NZV 2002, 65

Hoffmeister, Jörg, Zur Auswirkung des neuen Verjährungsrechts auf die Nachhaftung der Gesellschafter, NZG 2002, 851

Hogenschurz, Johannes, Verjährung und Verwirkung von Beseitigungs- und Wiederherstellungsansprüchen bei baulichen Veränderungen nach dem Gesetz zur Modernisierung des Schuldrechts, ZWE 2002, 512

Hohmann, Jörg, Verjährung und Kreditsicherung, WM 2004, 757

Hornung, Anton, Neues Verjährungsrecht des BGB, KKZ 2002, 49

Jaeger, Lothar, Verjährung des Schmerzensgeldanspruchs, ZGS 2003, 329

Jungbauer, Sabine, Regelmäßige Verjährungsfrist von drei Jahren durch die Schuldrechtsreform und ihre Bedeutung für die anwaltlichen Vergütungsansprüche, JurBüro 2002, 117

Jungk, Antje, Besondere Verjährungsvorschriften nach der Schuldrechtsreform, AnwBl 2002, 174

Karst, Thomas / Schmidt-Hieber, Celine, Vor der Schuldrechtsreform entstandene Ansprüche: Verjährung mit Ablauf des 31.12.2004?, BB 2004, 1766

Keim, Christopher, Wie kann die Verjährungsfrist von Pflichtteilsansprüchen verlängert werden?, ZEV 2004, 173

Kirschhoff, Hans-Peter, Einfluss des neuen Verjährungsrechts auf die Insolvenzanfechtung, WM 2002, 2037

Krämer, Ulrich, Hemmung, Ablaufhemmung und Neubeginn der Verjährung nach der Schuldrechtsreform, ZAP 2004, Fach 2, 405

Krämer, Ulrich, Die Zulässigkeit von Verjährungsvereinbarungen nach neuem Recht, ZAP 2004, Fach 2, 413

Krämer, Ulrich, Praxisrelevante Problemfälle des neuen Verjährungsrechts, ZGS 2003, 379

Krämer, Ulrich, Verjährungshemmung bei Ansprüchen wegen Verletzung der sexuellen Selbstbestimmung gemäß § 208 BGB , ZFE 2003, 363

Krams, Hartmut, Zur neuen Regelverjährung des Erfüllungsanspruchs auf die Bauleistung, BauR 2002, 1461

Lakkis, Panajotta, Die Verjährungsvereinbarung nach neuem Recht, AcP 2003, 763

Lange, Knut Werner, Kann die Verjährung des Pflichtteilsanspruchs verlängert werden?, ZEV 2003, 433

Leenen, Detlef, Die Neugestaltung des Verjährungsrechts durch das Schuldrechtsmodernisierungsgesetz, DStR 2002, 34

Lenkeit, Olaf, Das modernisierte Verjährungsrecht, BauR 2002, 196

Löhnig, Martin, Hemmung der Verjährung durch Teilklage, JA 2003, 1

Lux, Jochen, Verjährung von Prospekthaftungsansprüchen, NJW 2003, 2966

Magnus, Ulrich , UN Kaufrecht und neues Verjährungsrecht des BGB – Wechselwirkungen und Praxisfolgen, RIW 2002, 577

Maier-Reimer, Georg, Nachhaftungsbegrenzung und neues Verjährungsrecht, DB 2002, 1818

Mankowski, Peter / Höpker, Tilo, Die Hemmung der Verjährung bei Verhandlung gemäß § 203 BGB, MDR 2004, 721

Mansell, Hans-Peter, Die Neuregelung des Verjährungsrechts, NJW 2002, 89

Mansell, Heinz-Peter / Budzikiewicz, Christine, Einführung in das neue Verjährungsrecht, Jura 2003, 1

Mansell, Heinz-Peter, Neues Verjährungsrecht und Anwaltsvertrag – Vorteile für den Rechtsanwalt, NJW 2002, 418

Marburger, Horst, Schadensersatzansprüche nach § 116 SGB X – Zweifelsfragen zur Verjährung nach neuem Recht, VersR 2003, 1232

Maurer, Jörg, Verjährungshemmung durch vorläufigen Rechtsschutz, GRUR 2003, 208

Müller, Hans-Friedrich, Die Verjährung von Einlageansprüchen im Kapitalgesellschaftsrecht, ZGS 2002, 280

Müller, Klaus, Verjährung des Einlageanspruchs der GmbH nach der Schuldrechtsreform, BB 2002, 177

Ott, Sieghard, Die neuen Schuldrechts-Überleitungsvorschriften und Verjährung, MDR 2002, 1

Peters, Frank, Das Anerkenntnis des Schuldners im System des Verjährungsrechts, JZ 2003, 838

Peters, Frank, Der Antrag auf Gewährung von Prozesskostenhilfe und die Hemmung der Verjährung, JR 2004, 137

Pfeiffer, Thomas, Der Übergang von der Unterbrechung zur Hemmung der Verjährung, ZGS 2002, 275

Rieble, Volker, Verjährung verhaltener Ansprüche am Beispiel der Vertragsstrafe, NJW 2004, 2270

Schach, Klaus, Aufrechnung mit verjährter Forderung auch weiterhin möglich, Grundeigentum 2002, 716

Schach, Klaus, Hemmung der Verjährung – Zustellung „demnächst", Grundeigentum 2002, 1118

Schaller, Hans, Neuregelung des Verjährungsrechtes, RiA 2003, 23

Schimmel, Roland / Buhlmann, Dirk, Verjährungsklauseln in AGB nach der Schuldrechtsmodernisierung, ZGS 2002, 109

Schimmel, Roland, Verjährungsrecht nach der Schuldrechtsmodernisierung, JA 2002, 977

Schmid, Karsten, Der Beginn der Regelverjährung nach §§ 195, 199 BGB bei juristischen Personen, ZGS 2002, 180

Schmidt-Burgk, Klaus / Ludwig, Marc, Abstrakte Schuldversprechen in der Bankpraxis und die Reform des Verjährungsrechts, DB 2003, 1046

Schnorr, Randolf, Die Verjährung von Einlageforderungen im Kapitalgesellschaftsrecht, DStR 2002, 1269

Schockenhoff, Martin / Fiege, Carsten, Neue Verjährungsfragen im Kapitalgesellschaftsrecht, ZIP 2002, 917

Schulte, Winhold, Schuldrechtsreform – neues Verjährungsrecht im Arbeitsrecht, ArbRB 2002, 42

Siegmann, Gerhard, Die Auswirkungen des neuen Verjährungsrechts auf die Inventarfrist, ZEV 2003, 179

Siegmann, Thiers / Polt, Nina, Verjährungshemmung bei Bürgschaftsgesicherten Darlehensforderungen, WM 2004, 766

Strunk, Frank-Rainer, Drohende Verjährung von Vollstreckungskosten – Zwangsvollstreckung vor dem Kollaps, ZVI 2003, 153

Tiedtke, Werner, Zur Verjährung der Kostenforderung des Notars nach der mit der 1.1.2002 veränderten und nach der bis zu diesem Datum geltenden Rechtslage, ZNotP 2004, 39

Vogel, Olrik, Verjährung und Insolvenzverfahren, BauR 2004, 1365

von Wietersheim, Mark, Verjährungsfallen nach dem Schuldrechtsmodernisierungsgesetz zum Stichtag 31.12.2004, BauRB 2004, 145

Wagner, Gerhard, Die Verjährung gewährleistungsrechtlicher Rechtsbehelfe nach neuem Schuldrecht, ZIP 2002, 789

Wernecke, Frauke, Die Einrede der Verjährung – Schnittpunkt zwischen materiellem Recht und Zivilprozessrecht, JA 2004, 331

Witt, Carl-Heinz, Schuldrechtsmodernisierung 2001 / 2002 – das neue Verjährungsrecht, JuS 2002, 105

Wolfsteiner, Hans, Zur Verjährung des Rückgewährsanspruchs und zum Rechtscharakter des § 1169 BGB, DNotZ 2003, 321

Stichwortverzeichnis

Ablaufhemmung 39 f. 44 47 f. 112 f. 118 f. 123 f.
Abschlagszahlung 125
Abschlussprüfer 34 55 57
Agrarerzeugnisse 74
Aktien- und GmbH-Recht 21
Aktiengesellschaft 35 ff. 42 ff.
Allgemeine Deutsche Seeversicherungsbedingungen 32
Altlasten 70
Amtshaftung 55
Anerkenntnis 125 f.
Anfechtung 37 ff. 48 61 64 85 104
    Anfechtungsanspruch 61
    Anfechtungsgesetz 39
Anlegerschutzverbesserungsgesetz 18
Anspruch 91 ff.
    auf Aufhebung der Gemeinschaft 88
    eines Reisenden 93
    Entstehung 103
    Fälligkeit 103
Anspruch auf Rückgabe der Sache 98
Anwalts-GmbH 57
Anwaltshaftung 56
Anwaltsvergleich 100
Anwaltsvertrag 55 58
Anwendungsbereich der §§ 194 ff. BGB 93 ff.
Arrest 120
Arzneimittel 69
    Arzneimittelgesetz 20 69 f.
Athener Übereinkommen 31
Aufrechnung 93 95 123
    Aufrechnungserklärung 93
    Aufrechnungslage 93
Aufsichtsrat 34 38 41 f.
Auseinandersetzung 33
    der Miterbengemeinschaft 93
    Auseinandersetzungsanspruch 32 53 80
Auseinandersetzungsbilanz 54
Ausfallhaftung 38 50
Ausschlussfristen 22

Bareinlagen 37
    Bareinlagepflicht 48
Beerdigungskosten 98
Befangenheit des Richter 91
Beförderungsverträge 76 f.
Beginn der Verjährungsfrist 97
Begutachtungsverfahren 117
Beherrschungsvertrag 42
Beratungsfehler 58
Bergelohn 30
Bergungskosten 30
Berichtigung des Grundbuches 88
beschränkt dingliche Rechte 87

Besitzverschaffungsansprüche 97
besondere Verjährungsfristen 97 99
Beweisschwierigkeiten 36 121
Bodenveränderungen 70
Börsengeschäfte 17
Bundesbodenschutzgesetz 15 71
Bundesrechtsanwaltsordnung 20 56 f.

Checkliste
    Familien- und erbrechtlichen Ansprüche 98
    Sonderregelungen im BGB 97
    Herausgabeansprüche 93
    Unverjährbare Ansprüche 88

D&O-Versicherer 22 38
D&O-Versicherung 40
Dauernutzungsrecht 97
Dauerschuldverhältnis 88
Dauerwohnrecht 97 f.
Dekontaminationsmaßnahmen 70
deliktische Ansprüche 94
    deliktischer Sicherungsanspruch 93
Dividendenempfänger 40
dreißigjährige Verjährung 100

e-commerce-Richtlinie 13
Eigentum 87 ff.
    Eigentumsverschaffungsanspruch 97
    Eigentumsvorbehalt 92 95
Eingliederung 44
Einlage 34 ff. 36 f.
    Einlageforderung 36
    Einlageverpflichtung 21 47
Einpersonengesellschaft 47
einstweilige Verfügung 118 120
Elektrizitätsversorgung 62 ff.
Energiewirtschaft 62 ff.
Energiewirtschaftsgesetz 62 65
Enthaftung 86
Entstehung, Anspruch 103
Erbbaurecht 97 ff.
Erbe 27
Erbschaftsbesitzer 98
Erstattung verbotener Leistungen 49

Fälligkeit, Anspruch 103
Fernwärme 67 ff.
    Fernwärmeversorgungsunternehmen 67 f.
Finanzmarktförderungsgesetz 16 f.
Finanztermingeschäfte 17
Früchte 91

Gasversorgung 64 f.
Gegenleistungsanspruch 96
Geldeinlage 46 ff.

Genossenschaft 32 51 f.
    Genossenschaftsgläubiger 52
    Genossenschaftsprüfer 53
Geschäftsfähigkeit, beschränkte 123
Geschäftsführerhaftung 48 51
Geschäftsführung ohne Auftrag 85
Geschäftsunfähigkeit 123
Gesellschafter der OHG 29 41
Gesellschaftsgläubiger 21 35
Gesetz zur Regelung der Wohnungsvermittlung 20
Gesetzgebungskompetenz 15
Gestaltungsrechte 87 ff.
Gewässer 70
Gewinnabführungsvertrag 42
GKG 15
GmbH 45
Grenzansprüche 89
grobe Fahrlässigkeit 105 112
Grundbuchbereinigungsgesetz 77
Grundschuld, stehen gelassene 96
Gründungsprüfer 34 ff.
Güteantrag 116
Gütestellen 100
GVKostG 15

Hafenabgaben 30
Haftungsbegrenzung 75
Haftungshöchstgrenzen 62 64
Haftungsprivileg 60
Handels- und Gesellschaftsrecht 21 24 27
Handelsvertreter 28 f.
    Handelsvertretervertrag 29
Handlungsgehilfe 28 f.
Hemmung 112 ff.
    Berechnung 113
    familiäre Gründe 121
    höhere Gewalt 120
    Leistungsverweigerungsrecht 120
    Rechtsverfolgung 119
    Tatbestände 119
    Verhandlungen 113
Herausgabeansprüche 97 f.
Hinterlegungsverhältnis 104
Hinweis auf Verjährung 90 f.
höhere Gewalt 120 f.
Hypothek 89 96

Indizien 104
Insolvenzkündigung 54
Insolvenzmasse 61
Insolvenzordnung 58 f.
Insolvenzverfahren 36 39 40 f. 124
Insolvenzverwalter 39 43 49 62
Inventarfrist 27
Inventarverzeichnis 27

Jahresfehlbetrag 42 f.

Kaduzierung 37 f. 48
Kapitalaufbringung 21 40 46 52
Kapitalerhaltung 21 40 43 46
Kapitalerhöhung 38
Kapitalherabsetzung 47
Kartellverbot 28 f. 42
Kaufrecht 110
kaufvertragliche Mängelrechte 93
Kenntnis 108
KG a.A 42
Klage 119
    Klagerücknahme 83
Kosten der Zwangsvollstreckung 100 f. 110
Kostenfestsetzung 24
    Kostenfestsetzungsbeschluss 24 99 ff.
Kostenrechtsmodernisierungsgesetz 15
Kostenvorschuss nach § 26 InsO 59
KostO 16
Kraftfahrzeuge 76 ff.
Kündigung 87 104

Lebensmitteln 77
    Lebensmittelspezialitätengesetz 20 73 f.
Leihverhältnis 103
Leistungsverweigerungsrecht 90 ff. 120
Linienverkehr 76 f.
Lotsgelder 30

Mahnverfahren 116
Massegläubiger 59
Masseverbindlichkeit 59
Mietrecht 110
Mietverträge 71 f.
Mitwirkungsrechte 87

nachbarrechtliche Ansprüche 88
Nacherfüllungsanspruch 90 92
Nachforschungsmöglichkeiten 105
Nachhaftungsansprüche 44
Nachhaftungsbegrenzung 22 f. 33 44
Nachhaftungsbegrenzungsgesetz 44
Nachhaftungsfrist 23
Nachlassstreitigkeit 124
Nachschüsse 49
Nachschusspflicht 52 54
Nachtragsverteilung 60
Namensaktien 37
Nebenansprüche 89
Nebenleistungen 91 f.
Neubeginn der Verjährung 124
Neubeginn der Verjährungsfrist 14
Nießbrauch 96 f.
Notar 55 57
Nutzungen 91
Nutzungsrecht 96 f.

Obusverkehr 76 f.
öffentlichen Recht 15
Organhaftung 22 33 35

Patentanwalt 55 57
Patentanwaltsgesellschaft 57
Patentanwaltsordnung 20 57
persönlich haftender Gesellschafter 42
Persönlichkeitsrechte 87
Pfandrecht 89 91 98
Planerfüllung 60
Principles of European Contract Law 14
Produkthaftung 70 95
Prospekthaftungsansprüche 17
Provisionen 91
    Provisionsansprüche 29
Prozesskostenhilfe 11 115
    Prozesskostenhilfeverfahren 100
Prüfungsfolge 94
Prüfungsgesellschaften 53
Publizitätserfordernis 23

Rechte an einem Grundstück 95
Rechtsanwälte 55 57
    Rechtsanwaltsgesellschaften 57
Rechtsnachfolge 102
regelmäßige Verjährungsfrist 94
Reisevertragsrecht 110
Richtlinie zur Bekämpfung von
    Zahlungsverzug im Geschäftsverkehr 13
Rindfleischerzeugnisse 74
Rindfleischetikettierungsgesetz 20 74
Rückgewähranspruch 40
Rückgriffsansprüche 93
Rücktritt 89 91 f. 104
RVG 15

Sacheinlage 37 46
Schadensersatzansprüche, Verjährungsbeginn 107 f.
Schadensersatzansprüche, Verjährungshöchstfrist 106
Schiedsspruch 99
Schiffshypothek 91
Schuldanerkenntnis 99
Schuldrechtsmodernisierung 82
Schuldrechtsreform 13 f.
Seefrachtverträge 30
Seehandelsänderungsgesetz 30
Seehandelsrecht 15 30
Seerechtsänderungsgesetz 31
Sekundärhaftung 56 ff.
selbständiges Beweisverfahren 100 119
Selbstbestimmung, sexuelle 122
Sicherheiten 91
    Sicherheitsleistung 125
Sicherungsmaßnahmen 70
Sonderverjährungsrecht 30
Stammeinlage 47 ff.
Stammkapital 49
Steuerberater 55 58
    Steuerberatergesetz 58
    Steuerberatervertrag 58
    Steuerberatungsgesetz 20

Steuerbescheid 58
Straßenbahn 77
Streitverkündung 117
Strukturreform 13
Sylvesterregelung 94 106

Telekommunikationsgesetz 75
Telekommunikations-Kundenschutzverordnung 20 75
Testamentsvollstrecker 98
Treu und Glauben 91

Übergangsrecht 2002 82
Übergangsregelung 78
Überschuldung 54
Umwandlungsgesetz 20 32
Unkenntnis, grob fahrlässige 105
Unterbrechung 115
    der Verjährung 85
    Unterbrechungstatbestände 14
Unternehmensspaltung 23
Unverjährbarkeit 21 89

Verbraucher 69
Verbrauchsgüterkauf 93
    Verbrauchsgüterkaufrichtlinie 13
Verfrachter 30
Verjährung 91
    Erstreckung 124
    Gegenstand 87
    Neubeginn 124
Verjährungsbeginn 19 103
    festgestellte Ansprüche 109
    regelmäßige Verjährung 102
    sonstige Ansprüche 110
    Zwangsvollstreckungskosten 100
Verjährungsfolgen 89
Verjährungsfrist
    festgestellte Ansprüche 109
    Verkürzung 111
    Verlängerung 111
Verjährungshöchstfrist 106 ff.
    Berechnung 106
    Schadensersatzansprüche 106
Verjährungshöchstgrenze 28 94
Verjährungsvereinbarung 93 111
Verkehrswert 77 f.
Verlängerungsantrag 27
Verlöbnis 110
Vermächtnisnehmer 98
Vermieterpfandrecht 98
Verordnung über Allgemeine Bedingungen für die Elektrizitätsversorgung von Tarifkunden 20
Verordnung über Allgemeine Bedingungen für die Gasversorgung von Tarifkunden 20
Verordnung über Allgemeine Bedingungen für die Versorgung mit Fernwärme 20
Verordnung über Allgemeine Bedingungen für die Versorgung mit Wasser 20

Verordnung über die Allgemeinen
 Beförderungsbedingungen für den
 Straßenbahn- und Omnibusverkehr sowie
 für den Linienverkehr mit
 Kraftfahrzeugen 20
Verschmelzung 32 80
 Verschmelzungsprüfer 35
verschuldensunabhängige Differenzhaftung
 46
Versicherungsvertragsrecht 15
Vertragserbe 110
Vertragskosten 91
Verwahrungsverhältnis 104
Verzichtsfrist 44
Verzugszinsen 91
vollstreckbare Kostenrechnung 100
vollstreckbare Urkunde 100
vollstreckbarer Vergleich 98 ff.
Vollstreckungsbescheid 99
Vorstandshaftung 37 f.
Vorstandsmitglied 41 ff.

Wandlung 92
Wasserversorgung 65 ff.
 Wasserversorgungsunternehmen 69

werkvertragliche Gewährleistungsansprüche
 93
Werkvertragsrecht 110 117
Wertpapierhandelsunternehmen 17
Wettbewerbsverbot 23 28 41 ff.
Wiedereinsetzung 27
Wirtschaftsprüfer 55 57
Wirtschaftsprüfungsexamens-Reformgesetz
 34 53 55
Wohnräume 71 f.
Wohnungseigentumsgesetz 96
Wohnungserbbaurecht 97
Wohnungsrecht 97
Wohnungsvermittler 72 f.

Zinsen, Vollstreckungskosten 101
Zinszahlung 125
Zivilprozess 90
Zurückbehaltungsrecht 89 91
 Verjährungszweck 89
Zwangsvollstreckungskosten 25 100
Zwangsvollstreckungsnovelle 24
Zwischenscheine 37